墨香财经学术文库

"十二五"辽宁省重点图书出版规划项目

Research on Local Public Finance

during the Transitional Period

Based on the Perspective of
Dalian Government Financial Management

转型时期
地方财政问题研究

基于大连政府理财视角

王家永 ◎ 著

东北财经大学出版社
Dongbei University of Finance & Economics Press

大连

图书在版编目（CIP）数据

转型时期地方财政问题研究：基于大连政府理财视角／王家永著．一大连：东北
财经大学出版社，2015.9
（墨香财经学术文库）
ISBN 978-7-5654-1586-9

Ⅰ．转…　Ⅱ．王…　Ⅲ．地方财政-研究-中国　Ⅳ．F812.7

中国版本图书馆 CIP 数据核字（2014）第 145154 号

东北财经大学出版社出版发行

大连市黑石礁尖山街 217 号　邮政编码　116025
教学支持：（0411）84710309
营销部：（0411）84710711
总编室：（0411）84710523
网　　址：http：//www.dufep.cn
读者信箱：dufep@dufe.edu.cn
大连图腾彩色印刷有限公司印刷

幅面尺寸：170mm×240mm　字数：334千字　印张：23 1/4　插页：1
2015 年 9 月第 1 版　2015 年 9 月第 1 次印刷
责任编辑：高　鹏　李　彬　王　斌　责任校对：刘　洋　王　娟
封面设计：冀贵收　　　　　　　　版式设计：钟福建
定价：49.00 元

本书由

　　大连市学术专著资助出版评审委员会

资助出版

The published book is sponsored by the Dalian
Evaluation Committee for Publishing Academic
Works Financed

前　言

当前，我国正处于从计划经济向市场经济、传统社会向现代社会全面转型的特定历史时期，经济社会等领域都面临机制转轨、结构转换、利益调整和观念转变的深刻变革之中，民众的生活方式、行为准则和价值取向也在发生根本性的变化。在以利益为基础的动力机制推动经济社会快速发展的同时，也引致资源配置不合理、区域发展不平衡、贫富差距扩大、民生问题凸显和群体性事件频发等诸多亟待解决的难题。作为掌控政府绝大部分资源的财政部门，对遏制效率与公平失衡、化解社会矛盾冲突、加速经济社会转型、完善国家治理体系发挥着关键性作用。党的十八届三中全会指出："财政是国家治理的基础和重要支柱。科学的财税体制是优化资源配置、维护市场统一、促进社会公平、实现国家长治久安的制度保障。"这也印证了亚当·斯密的精辟阐释："财政乃庶政之母。"由此，深入研究我国转型时期的财政，尤其是国家治理"基础之基础"的地方财政政策取向，对推进经济社会协调持续发展，提高13亿民众的物质文化生活水平，最终实现伟大的中国梦具有极其重要的现实意义。

笔者在大连市财政科学研究所从事财政相关工作19年，亲身经历了经济社会转型重要时期的财政职能转变、财税体制变迁、财政政策调整及其带来的成就与荣耀，也真切感受到政府财政部门所承载的使命与责任、蕴含的挑战与艰辛。在财政理论与实践的苦苦求索中，笔者深刻体会到：转型时期我国现存的矛盾和问题皆是经济社会发展问题，必须依靠发展来加以解决。经济要发展、社会要发展，财政更要发展。在我国构建公共财政框架体系的大背景下，财政的根本发展方向就是：满足社会公共需求，与市场分工合作，实现社会总效益和总福利的最大化。基于本职工作和个人体会，笔者十分注重地方财政热点、难点和焦点问题的研究与探索，尤其注重研究成果的实效性和价值性，对每一个问题都尽力深入实地，开展扎实的调查和研究，努力做到理论与实践的密切结合。经过近五年的努力，最终得以完成此书。

本书对以下问题进行了思考和探索：

1. 保障和改善民生问题。本书从民生的基本理论出发，对公共财政与民生财政的内涵进行了系统阐述，对保障和改善民生领域的重点问题进行了深入剖析，对大连财政保障和改善民生的成效及现存问题进行了全面总结，针对性地提出了大连财政保障和改善民生的政策取向与建议。最后附典型调研：大连养老服务业发展报告。

2. 实现基本公共服务均等化问题。本书从基本公共服务均等化理论分析入手，论述了公共财政与实现基本公共服务均等化的关系，财政实现基本公共服务均等化的责任、作用机制和实现模式，厘清了基本公共服务不均等的现状及形成机制，提出了实现基本公共服务均等化的目标路径与政策取向。最后附实证分析：经济增长与收入均等分配。

3. 推进全域城市化问题。推进全域城市化是大连市委、市政府近年来全力实施的发展战略。本书在概述全域城市化规划布局及其特点的基础上，对大连城市化现状进行了全面分析，对大连实现全域城市化的模式及区域实践进行了现实考察，提出了大连实现全域城市化的着力点和财政政策取向。最后附典型调研：全域城市化进程中被征地农民社会保障问题；专题研究：甘井子区农民市民化转型成本测算与分担机制。

4. 加强县乡财源建设问题。本书在概述财源与财源建设理论的基础上，系统剖析了县乡财力构成及大连部分县乡财源建设情况，提出了加强县乡财源建设的现实举措。最后附典型调研：增加大连金州新区可用财力的现实考察。

5. 促进区域经济发展问题。本书结合大连市政府近年来在经济领域的重点工作，对大连职业教育资源整合、出租车行业管理、设施农业建设问题进行了深入调查研究，相应提出了富于针对性的对策和建议。

6. 财政发展历程与理财体系构建。本书回顾总结了大连财政百年的风雨历程和改革开放三一年所取得的伟大成就，梳理提炼出"十一五"时期大连政府理财体系。最后附专题研究：建设富庶美丽文明大连的财政思考。

附录两篇文章，调查研究是拙作的起点和特色，大势研判表明了希冀的方向，笔者将始终牢记"学不可以已"。

笔者喜欢研读各时期的经济学经典著作，以及理论与实践深度结合的财经文章，不喜欢空泛的、纯学术的"宏论"，更不喜欢背离国情、照抄他国经验的所谓"典籍"。"堂堂正正做人，踏踏实实做事"是笔者的人生信条，做学问亦然。笔者的文章通常以调研为基础，以事实为依据，以数据分析为载体，剖析问题实事求是，陈述观点客观明达。故此，书中部分观点可能与传统论述相悖，抑或与现实说法相左，作为学术探讨、工作研究，万望智者品评。

静思己言，以此为序。

王家永
2015 年 6 月于大连

目　录

第四篇　加强县乡财源建设问题

第五篇　促进区域经济发展问题

第一篇　保障和改善民生问题

党的"十七大"报告明确指出："必须在经济发展的基础上，更加注重社会建设，着力保障和改善民生。"温家宝同志强调：关注民生、重视民生、保障民生、改善民生是人民政府的基本职责。党的十八届三中全会的决定中也明确指出："紧紧围绕更好保障和改善民生、促进社会公平正义，深化社会体制改革，改革收入分配制度，促进共同富裕，推进社会领域制度创新，推进基本公共服务均等化，加快形成科学有效的社会治理体制，确保社会既充满活力又和谐有序。"由此，加大民生投入，着力保障和改善民生已经成为各级党委、政府尤其是地方党委和政府的重心工作。

第1章　民生的理论分析

1.1　民生的内涵

民生问题是中国当今社会各界普遍关注的重大公共性问题。从字面理解，"民生"是指人民生存、生活和发展的一种状态。其主体包括两个层面：一是集合或整体意义上的"人民"或"国民"；二是个体意义上的每一个社会成员或自然人。民生的改善和保障既包括宏观的全体国民，也涵盖微观的特定群体及个人。从经济学角度分析，民生的客体对象表现为人的最终基本消费，包括基本营养、基本医疗保健、基本教育、基本住房、基本安全等。从社会学角度看，民生的客体对象表现为人能够享有社会公平正义，即公民能够更广泛地、平等地分配所有社会价值：自由和机会、收入和财富、自尊的基础。

现代意义上的民生概念有广义和狭义之分。广义的民生是指凡与人民生存、生活和发展有关的所有问题。从直接相关和间接相关的视角看，这一概念可以延伸到经济社会、政治、文化等任一领域。由于广义民生概念范围太大，使民生问题难以同保障和改善民生的具体政策和措施有效结合，政府据此加大民生投入不易操作。因此，在具体政策和实际生活领域，人们一般不使用广义民生概念。狭义的民生概念通常被解读为社会建设内容，从权威性的高层讲话和文献即可看出这一点。狭义的民生是指人民基本生存、生活和发展的一种状态。"基本"的实质框定了狭义民生内容与基本公共服务范围的趋同性，这也决定了市场经济条件下的政府在保障和改善民生与实现基本公共服务均等化的过程中必须承担责任。恰如温家宝同志所说："关注民生、重视民生、保障民生、改善民生是人民政府的基本职责。"需要强调的是，尽管狭义民生内容与基本公共服务范围具有趋同性，但并不完全相同，狭义民生的内容比基本公共服务的范围更宽泛，还应包括政府依据职能为实现特定目标而借助政策工具为社会全体成员或部分阶层提升其生存和发展的条件，如取消农业税收、政府工作人员普调薪资等。当前专家学者有关民生的研讨及政府保障和改善民生的执政对象主要限于狭义民生范畴。

从满足人们需求的层次角度出发，在温饱阶段的群体希望获得最基本的衣、食、住、安全等方面的满足；处于小康阶段的群体希望在社会和尊重方面得到满足；处于富裕阶段的群体则重点追求自我人生价值的实现。马斯洛的基本需求层次理论表明，只有满足人们最迫切需求的公共服务才能最大限度地体现出政府公共服务的效率和社会公平。人们需求的层次性决定了民生内容的层次性，处于不同发展阶段的群体会有不同的最迫切需求。具体而言，民生的第一层面主要指民众基本生存条件，即满足民众维持自身生存的最基本要求，包括基本社会保障、义务教育、基本公共卫生、基本住房保障、基本生存环境等等；第二层面主要指民众基本发展能力，即为民众提供最起码的发展平台和发展前景，包括就业、职业培训、消除歧视等等；第三层面主要指民众福利水平，即为民众提供较高的生活质量，包括免费的高等教育、民众权利得到充分保护、良好的自我价值实现环境等等。一般而言，民生的三层面内容呈现出一种由低到高的递进规律，即前一层面内容的基本实现是后一层面实施的前提条件。不过，需要指出的是，民生的层次性不是一成不变的，在不同国家（地区）或同一国家（地区）的不同发展阶段，其包含的具体内容会有所不同。实践表明，民生内容受限于一国或一个地区的市场发育程度、经济发展状况、政府财力水平、资源禀赋等多种因素，这些因素也决定了民生的具体内容和阶段性重点。

1.2　保障和改善民生的现实意义

保障和改善民生是实现社会和谐的前提和基础，其直接表现是政府不断加大民生投入。保障和改善民生不仅与市民的幸福安康息息相关，也与各级政府转变经济发展方式、推进经济可持续发展密不可分。在新的历史时期，保障和改善民生将对我国各地区推动经济社会科学发展，率先步入小康社会具有重大的理论和现实意义。

第一，保障和改善民生是实现经济社会科学发展的需要。科学发展观的第一要义是发展，核心是以人为本，基本要求是全面协调可持续，根本方法是统筹兼顾。就地方政府而言，要实现经济社会科学发展，一是努力实现经济又好又快发展，在追求经济增速的同时切实注重经济发展质量，不继壮大财政实力，为保障和改善民生夯实物质基础；二是要加快社会事业发展，全面提高民众生活水平。无论是经济发展还是社会发展其核心必须坚持以人为本，以人为本是我党全心全意为人民服务根本宗旨的集中体现，是人类社会进步的重要标志。实现以人为本，具体表现就是解决民生问题，切实提高人民生活水平和质量。西方200年的市场经济发展实践表明，民生既是一国或一地区经济社会发展的逻辑起点，也是经济社会发展的逻辑终点。加大民生投入，保障和改善民生业已成为地方各级党委和政府执政为民的切入点和落脚点。

第二，保障和改善民生是构建和谐社会的需要。构建社会主义和谐社会，是我党从中国特色社会主义事业总体布局和全面建设小康社会全局出发提出的重大战略任务。从党的"十七大"到"十八大"中央重要文献和施政方略，以及地方各级党委和政府贯彻落实中央精神所实施的各项举措中，均对如何构建区域和谐社会提出了明确要求。这些要求可概括为：以解决民众最关心、最直接、最现实的利益问题为重点，着力发展教育、社保、医疗、文化、治安等社会事业，促进社会公平正义；扩大公共服务，逐步实现基本公共服务均等化；理顺分配关系，增加城乡居民收入。上述要求的实现取决于民生问题的解决程度，只有加大民生投入，逐步解决民生问题，才能形成全体民众各尽所能、各得其所而又和谐相处的局面。

第三，保障和改善民生是体现政府职能转变的需要。党的十六届三中全会明确提出了适应社会主义市场经济体制的政府职能是"经济调节、市场监管、社会管理和公共服务"。这四项职能的实质是适应公共需求全面增长和社会深刻变化的客观现实，确立以公共服务为目标的政府转型，要求政府归位到提供公共服务、改善民生的基本职能上来。这意味着政府职能的内涵是为社会提供公共服务，解决民生问题。正如美国著名经济学家马斯格雷夫所说，由于存在公共产品，其供给无法按市场机制决定，只能靠政府解决；由于社会分配不公平，必须由政府进行再分配以实现分配公平的目标。市场经济发展史表明，政府这只有形的手可以阻止财富、收入差距的迅速扩大，但无法逆转和消除。政府所能做的就是利用公共权力获取公共资源，以此为民众提供更多的公共服务，即按照市场运行规则和政府职能加大民生投入，保障和改善民生，从而使每一个社会成员均可获得基本的生存条件和基本的发展能力。由此可见，保障和改善民生既是政府职能所在，也是政府职能转变的重要标志。

第四，保障和改善民生是完善公共财政体系的需要。自 1998 年我国提出建立公共财政框架伊始，历经 10 年的改革实践使我国初步构建起公共财政体系。公共财政的实质是为了满足社会公共需求，弥补市场机制在提供公共产品、解决民生问题、维护宏观经济稳定和促进社会财富公平分配方面的失灵，其核心就是通过有效提供各种公共产品，解决人民基本生存、生活和发展问题，为公众提供更广泛的、基本的公共服务，从而提高公民整体生活水平，促进经济和社会协调发展。一套有效的公共财政体制，不仅仅是为了提供高质量的公共服务，更重要的是为民众提供平等的机会，使不同地区、不同收入水平的人们，特别是农村居民，享受相对均等的基本生存条件和发展能力。公共财政的建立是解决民生问题的基础和前提，民生问题的解决程度是公共财政"公共性"的重要体现，也是公共财政配合政府构建和谐社会这一大政方针而树立的协调目标。受多种因素影响，目前我国城乡差距仍然很大，城乡居民收入水平相对较低．市县乡间财力水平相差悬殊，基本公共服务供给不足且不均衡，这与公共财政实现的目标相悖。从经济学角度分析，加大民生投入、保障和改善民生本身就是完善公共财政体系。毫不夸张地说，民生问题解决之日即是公共财政体系完善之时。

第 2 章　公共财政与民生财政

2.1　公共财政的内涵

公共财政目前已经成为我国财政界乃至全社会广为流行的一个概念。自 1998 年全国财政工作会议肯定这种说法以来，公共财政从学术讨论走向政府主导下的探索与实践已历经十多年的时间，建立公共财政框架体系现已成为我国财政改革的目标。实践证明，公共财政是适应我国经济转型、政府职能转变和社会主义市场经济发展而确立且不断完善的一种财政形态。尽管学术界对我国的公共财政是否与西方财政具有本质的一致性存在争议，但不可否认的是，就现阶段而言我国的公共财政是适应时代要求、能够与新时期社会主义市场经济新体制和总体经济社会发展要求相匹配的财政形态。

按照当前学术界的代表性论述，公共财政是指为满足一国社会公共需求而构建的政府收支活动或财政运行机制模式，是与市场经济相适应的一种财政模式。公共财政的职能可概括为宏观调控、资源配置和收入分配，其关键的内在导向是强调财政的公共性，其特征主要体现在以下几个方面：

1）公共性

公共财政是在市场机制不能有效发挥作用的公共产品和公共服务供给领域配置公共资源，其"核心是满足社会公共需求"①。市场经济理论和政府干预理论发展与实践证明，市场在资源配置过程中起基础性作用，但它不是万能的，在公共资源配置领域存在失灵，难以甚至可能不发挥作用，需要财政予以弥补。现实表明，公共领域的资源配置是必不可少且极其重要的，往往关乎社会进步、国家兴亡和人类的生存发展，财政必须承担起公共领域配置资源的历史使命，为社会和民众提供那些市场不能有效提供的公共产品和公共服务。至此，市场与政府就形成了相辅相成的分工合作格局，共同配置社会所有资源，以实现社会总效益和总福利的最大化。公共财政与市场经济具有共生性，市场经济是建立公共财政的基本前提，公共财政是确保市场经济高效运行的现实保障。由于公共需要具有递进式的层次性，因此财政提供公共产品和公共服务的合理边界呈动态变化。同时，公共性也包含公平、公开的特征。财政收支"取之于民、用之于民"，政府财力源自纳税人，源自公众，同时受公众委托、为公众服务，财政应一视同仁地为社会成员提供同质化的公共产品和服务。政府作为公众的代理人，政府财力管理运行必须尊重公众的知情权，财政资金安排使用应公开透明，并接受公众监督。

2）非营利性

在市场经济条件下，政府作为社会公共资源的掌控者和管理者，其执政动机不是、也不能是取得相应的报偿或盈利，应该遵循"公权民授"的治世理念，以追求公共利益为己任，代表公众治世。按照契约理论，国家是社会成员达成契约的一种结果，国家与公众是"委托-代理"关系，公众是委托人，政府是代理人。财政作为掌控政府绝大部分资源的政府职能部门，其施政动机绝不是盈利，而是通过满足社会公共需要的活动，为市场的有序运转和公众生产生活提供必要的制度保证和物质基础。即便有时提供的公共产品或服务也会附带产生数额不等的收益，但其基本出发点或归宿仍然是满足社会公共需要而不是盈利。表

① 李岚清. 健全和完善社会主义市场经济下的公共财政和税收体制［N］. 人民日报，2003-02-22.

现在财政收支上，财政收入的取得要建立在为满足社会公共需要而筹集资金的基础上；财政支出的安排，要始终以满足社会公共需要为宗旨。

3）法治性

公共财政是市场经济的产物，是与市场经济相适应的财政模式，是保证市场经济得以存在和顺利运行的根本条件。市场经济所具有的经济等价交换的内在要求，必然外在化为上层建筑上的平等状态。具有"人人平等"形式特征的法律治理方式，成为实现市场这一内在要求的最佳手段和必然结果。这就是为什么一个社会市场化过程，也必然伴之以法治化过程的经济根源①。既然市场经济是法治经济，那么实行市场经济的国家或地区就必然强调社会治理主体法治的自觉性、能动性和权变性，以此为基础建立的公共财政也必须依照法律治理原则运行。政府财政所有活动必须在法律法规的约束规范下进行；依靠法律法规的强制保障手段，使社会公众得以真正知情、约束、决定、规范和监督政府的财政活动，确保其符合公众意愿和根本利益。

2.2 民生财政的内涵

民生问题自古有之，泛指民众的生存、生活和发展问题，它包括民众的衣食住行、生老病死等方方面面。民生问题是重要的经济问题、社会问题，也是政治问题，其之所以成为当今我国社会各界普遍关注的重大公共性问题，缘于改革开放三十多年尤其是实行市场经济近二十年以来，政府过度偏向经济建设而忽视社会建设，财政资金更多投向经济领域而相对弱化社会公共需求的供给，造成经济社会发展失衡，城乡差距日益扩大，民众生产生活环境日渐恶化，为我国经济社会持续协调发展埋下了巨大隐患。如前所述，在市场经济条件下社会资源需要市场和政府合作互补配置，才能实现社会总效益和总福利的最大化。在我国社会主义市场经济确立的前后 10 年，政府本着"发展才是硬道理"的理念，全力发展经济，忽视了公共财政构建。过度的市场化改革，使得普

---

① 张馨．法制化：政府行为·财政行为·预算行为［J］．厦门大学学报，2001（4）：11-17.

通民众在医疗卫生、社会保障、文化教育、失业就业和住房等基本生计方面的保障越来越弱，随之带来上学难、生活难，看病难、住房难等一系列社会问题，民众不满情绪与日俱增。同时，由于过分强调 GDP 增长，各地无原则地投建高污染、高耗能、高风险的产业项目，导致环境恶化、矿难频发、资源浪费现象严重。这些问题引起了中央高层的重视，于是 2005 年的政府工作报告中首次提出"要让全体人民共享改革和发展的成果"，自此以后."关注民生"、"以人为本"、"保障和改善民生"、"加大民生投入"成为全社会高度关注和热议的话题。中央政府将保障和改善民生的目标定位为：学有所教、劳有所得、病有所医、老有所养、住有所居。至此，着力保障和改善民生业已成为各级党委、政府的重心工作，民生财政概念应运而生。

民生财政，目前学术界没有统一的解释。综合经济学界和各级政府对民生财政的阐述，结合民生财政的缘起与实践，民生财政的基本内涵应包括：政府应牢固树立以人为本的理念，把人的需求作为思维尺度，把人的利益作为核心价值，把人的发展作为终极目标，改变传统的"经济建设财政"模式，建立"满足社会公共需求"的"人本位"财政模式，加速推进财政资源由经济建设领域向社会事业领域转移，最大限度地解决人民群众最关心、最现实、最迫切的公共需求难题，不断提升人民群众的安全感、满意度和幸福观。具体而言，民生财政就是政府利用公共权力汲取公共资源，以此为社会大众提供平等的公共服务，通过建立食品、失业、养老、医疗、教育等社会保障体系来提供公共消费，使每一个社会成员都可以获得基本的生存条件和生存能力①。

2.3 民生财政的实质是公共财政

公共财政的核心是满足社会公共需求，公共需求反映和体现了全体人民共同的生产生活需求，这些需求囊括了市场经济条件下民生财政所包含的所有内容。公共财政的实质是"公共化"，即以满足社会公共需

---

① 刘尚希．以人为本的财政观：民生财政［M］//财政部财政科学研究所．热点与对策：2007—2008 年度财政研究报告．北京：中国财政经济出版社，2008.

要作为财政分配的主要目标和工作重心；以提供公共产品和服务为"以财行政"的基本方式；以法治化、民主化的公共选择作为财政资源配置的决策、运行与监督机制；以公开、透明、完整的预算体系作为公共财政分配的运行载体[①]；以实现社会总效益和总福利的最大化作为终极目标。由此可见，公共财政的内在逻辑、运行体系和全部特征，都涵盖了现阶段我国学术界及政府部门对民生财政内涵的理解和阐述，可以说，民生财政的实质就是公共财政。

公共财政是与市场经济相适应的财政模式。我国实行社会主义市场经济近二十年时间，目前已经构建起公共财政的基本框架，公共财政管理体系日渐完善，之所以在此期间产生民生财政的论述与实践，根本原因在于民生财政表述与公共财政表述相比，更贴近我国经济社会发展面临的较严重公共性问题的现状，更符合中国语境（国际语境中没有民生概念），更易于公众对国家施政理念和政府政策的理解和认同。究其实质，民生财政是公共财政在中国语境下的直观表述，重点强调的是政府在践行公共财政职能时将财政资金更多地投向教育、医疗卫生、社保、就业、环保和公共安全等涉及民众基本生活的领域。依照现在流行的观点，财政资金在上述领域投入的比重越大，说明政府更体恤民情、更贴近百姓、更符合中央政策，民生财政建设得越充分。事实上，公共财政是建立在合理划分市场与政府配置社会资源的可能边界基础之上的，市场与政府都必须遵循公平和效率原则，过分强调效率或过分强调公平，都可能招致难以预测的社会风险。

总之，民生财政的实质是公共财政。在社会主义市场经济条件下，无论如何阐述和解析民生财政的内涵与实践，都不能脱离公共财政体系框架，更不能也没必要从实质上否定公共财政而独创一种所谓符合社会主义市场经济发展的民生财政模式。

---

① 贾康等. 关于"民生财政"分析解读 [M] //财政部财政科学研究所. 热点与对策：2010—2011 年度财政研究报告. 北京：中国财政经济出版社，2012.

第 3 章　保障和改善民生应予以重点关注的问题

保障和改善民生现已成为各级政府的重心工作。各级政府近年来在解决民生问题方面取得了较好成效，但实际工作中仍然存在对民生内涵认识不够全面、对政府财力供给与民生需求之间的矛盾理解不够充分、对保障和改善民生的总体思路不够清晰等问题，尤值关注。

3.1　对民生内涵的理解与认识

在着力保障和改善民生的呼声日益高涨的新形势下，许多政府职能部门从社会学角度推断其本职工作皆与民生息息相关，并认为这些问题都亟待解决，因此，这些部门常常以保障和改善"民生"为"出发点"，增设民生项目，提高民生标准，极力争取财政资金支持，一旦其要求未被满足，动辄以财政支出结构不合理、必须予以调整而大书特书。民众也往往把凡与自身生存、生活和发展有关的问题都归于民生问题，一旦自身要求或问题未得到满足或满意的解决，就倾向于把过错或责任完全归咎于政府。不可否认，各级政府在推进经济社会发展过程中或多或少都存在一些问题，但把造成民生问题和解决民生问题不顺的根源都归于现政府，不免有失公道。究其原因，主要是一些政府部门和民众对民生的内涵认识不足所至。

现代意义上的民生概念有广义和狭义之分：广义的民生是指凡与人民生存、生活和发展有关的所有问题；狭义的民生是指人民基本生存、生活和发展的一种状态。"基本"的实质框定了狭义民生内容与基本公共服务范围的趋同性，这也决定了市场经济条件下的政府在保障和改善民生过程中必须承担责任。需要强调的是，狭义民生的内容比基本公共服务的范围更宽泛，还应包括政府为社会全体成员或部分阶层提升其生存和发展条件而实施的特定政策，如取消农业税收、财政供养人员普调薪资等。由于广义民生概念范围太大，使民生问题难以同保障和改善民生的具体政策和措施有效结合，因此在具体政策和实际生活领域，人们一般使用狭义民生概念。马斯洛基本需求层次理论表明，人们需求具有层次性，这也决定了民生内容的层次性，处于不同发展阶段的群体会有不同的最迫切需求。具体而言，民生的第一层面主要指民众基本生存条件，即满足民众维持自身生存的最基本要求，包括基本工资水平、基本社会保障、义务教育、公共卫生等等；第二层面主要指民众基本发展能力，即为民众提供最起码的发展平台和发展前景，包括就业、职能培训、消除歧视等等；第三层面主要指民众福利水平，即为民众提供较高的生活质量，包括免费的高等教育等。一般而言，民生三层面内容呈现一种由低到高的递进规律，即前一层面内容的基本实现是后一层面实施的前提条件，但民生的层次性不是一成不变的，在不同国家（地区）或同一国家（地区）的不同发展阶段，其民生具体内容会有所不同。实践表明，民生内容受限于一国或一个地区的市场发育程度、经济发展状况、政府财力水平、资源禀赋等多种因素，这些因素也决定了民生的具体内容和阶段性重点。

综上所述，民生的层次性决定了政府解决民生问题具有阶段性和渐进性特点，不可能一蹴而就。那种把广义民生和狭义民生一概而论且忽视民生的限制因素的观点是片面的、不切实际的。为此，政府应适当加大民生的宣传力度，让政府部门和民众充分认识和理解民生问题形成的历史和现实原因及解决民生问题的渐进性、复杂性和艰巨性，为加大民生投入、更好地解决民生问题创造良好的内外环境。

3.2 保障和改善民生与财力匹配

加大民生投入是保障和改善民生的基础和前提，而加大民生投入必须有充足的财力支撑。由于中央和省级政府尚未确定民生项目的指导性标准，使得各级政府和政府部门往往从"本位"出发，以相对指标衡量保障和改善民生的力度和效果，致使民生需求具有"无限"的扩张性，这与政府财力的有限性之间形成一种天然的博弈关系。随着解决民生问题的逐层深入，民生需求与财力供给之间的矛盾不但不会缓解，反而会呈加剧态势，各级政府都将面临更严峻的民生支出压力。从行政管理角度看，在各级政府支出责任和民生项目标准未明确的前提下，上级政府常常借助行政权力优势要求加大民生投入，但上级政府不负担或不完全负担所增加的民生支出，形成"上级请客、下级买单"的局面，导致下级政府尤其是县乡政府的财力供给与民生需求之间的矛盾日益突出，事权与财权不匹配日趋严重，下级政府调整财政支出结构的压力日渐增强，甚而有些县乡财力根本无法保证法定民生支出需要。

此外，民生消费需求的同质性决定了同一地区的所有居民都要求获得"一视同仁"的、更多的公共服务，这也决定了地区人口数量与民生需求具有明显的正相关，即人口越多，提供基本公共服务、解决民生问题所需财政资金就越多。一般而言，凡有涉农乡镇的县（市），农村人口比重大，民生的历史欠账多，民生需求与财力供给就越发紧张。抛开区域经济发展原因，这是取消农业税收、涉农乡镇失去自生财政收入主要来源所引致的必然结果。如要解决民生问题，就无法摆脱对城镇财力和上级财政转移支付的路径依赖。然而，上级政府同时需要承担解决同层次或更高层次的城市民生需求，进而使各级政府都倍感压力。结果造成凡是新的加大民生投入的政策出台，上下级政府间就会为摆脱财力"窘境"而屡屡协商。需要强调的是，政府财政能力与加大民生投入呈明显正相关，经济实力和财力雄厚地区，民生投入就越大，标准越高，反之亦然，致使区域间或同一区域内解决民生问题的差距愈加突出。实证分析表明，多种因素造成了全国范围内省、市、县、乡政府间财力和改善民生质量纵向和横向"网状"不均等格局。尽管近年来中央和省市政府逐步加大对财力困难地区的转移支付力度并取得了一定成效，但这种"网状"不均等格局并未从根本上得到改变，短时期内困难地区政府依靠自生财力仍然无法弥合由于财力不足而引致的民生供给的严重不均衡。

实现保障和改善民生就必须做到民生需要与财力供给相匹配，政策可选择：一是中央政府和省级政府应着手深化分税制财政管理体制改革，在科学界定市场与政府职能基础上，遵循公平与效率原则，逐步明确各级政府支出责任（事权），据此调整和完善财政分权，突破行政区划财政收入"既得利益"格局，在全国范围内实现事权与财权的基本匹配；二是遵循需要与可能的原则，从全国和地方区域整体角度统筹规划，统一测算地区民生需求与政府财力间的现实差距，确定民生投入重点和民生项目的指导性标准，明确处于民生平均标准以下地区的基本范围；三是建立健全以因素法为基础的转移支付制度，改变政府通过估算转移支付比例和政治协商缓解基层财政困难的做法，重点加大对财政能力较弱的下级政府一般性转移支付力度，努力实现各级政府解决民生问题所需财力的相对均衡。

3.3　保障和改善民生的重点与标准确定

各部门在制定保障和改善民生政策时，常常比照发达国家相对指标或以民生项目投入标准高的同类城市为依据来争取财政资金支持。下级政府部门通常不考虑地区财力和物价水平，机械参照上级政府部门制定的民生项目标准来制定本地区政策，造成民生投入重点和标准的盲从和无序。

人均 GDP 是衡量一个国家或地区解决民生问题能力的主要指标之一。该指标越高，解决民生问题的范围可能就越大，标准可能就越高。实践表明，主要西方发达国家落实全国性的福利制度时，人均 GDP 最低在 3 000 美元以上，目前已达 3 万多美元，并且，西方发达国家构筑福利社会体系并非一蹴而就，而是从解决中低收入者和无收入能力者基本生存条件和发展条件开始的，之后逐步扩展到养老、医疗、义务教育、失业、住房等民生领域，而且标准分步提高，最终实现了全国范围的均等。发达国家解决民生问题尚且审慎分步实施，发展中国家解决民生问题更应注重层次性和渐进性。2012 年我国实现人均 GDP 约为 6 100 美元，应该说我国初步具备了在全国范围内考虑实现基本公共服务均等化的财力条件。但这一较为薄弱的经济基础决定了解决民生问题的重点不应过宽，标准也不应太高。各级政府所能做的只有力求实现民生需求与政府供给之间达成一种社会公众广为认同的平衡。

需要强调的是，近 10 年来我国经济保持了 10% 左右的高速增长，财政收入也以年均超 20% 的增速高位运行，从一般规律角度看，经济增长和财政收入增幅不可能长期保持这一态势。在美国金融危机波及全球的大背景下，经济波动对我国经济和财政收入增长的影响在 2008 年就有所体现，隐患日渐加重，尤其是县乡领域。同时，全国大多数地方政府正处于战略性产业结构调整和产业升级的关键时期，加之反周期性积极财政政策的实施，财政建设性支出压力更加强劲。考虑到近年来教育、社保、科技、农业等法定增长助推此类支出逐年刚性上升，即便是根据"最低标准"解决民生问题，财政支出结构也不得不进行调整。促进经济发展与解决民生问题反映到政府决策上"先有鸡还是先有蛋"的博弈论战，可能在一段时间内难以止歇。由此，受限于经济发展水平，集中财力重点解决几项影响民众长期生存、生活和发展的最紧迫、最突出的民生问题或许是明智的选择。

基于我国经济社会发展现状和发展战略，加大民生投入重点应侧重保障民生和改善民生两个层面：其一，从保障民生角度看，重点是贯彻落实好各级政府制定的现行民生政策措施，注重民生项目落实质量。保障民生应界定在以下领域：公共环境、公共治安、公共文化、公共基础设施、居住保障、失业就业等。其二，从改善民生角度看，重点是将新增财力更多投向事关全体人民基本的、长远的生存、生活和发展的民生项目。改善民生应界定在以下领域：提高城乡居民收入水平，建立健全义务教育体系、社会保障体系、公共医疗卫生体系和城乡低收入群体生活补助体系。

民生具体项目标准的确定，应充分考虑全国各区域经济发展和财力水平、发展环境及民生现状等因素，本着"最低保障"原则，建立与区域综合发展水平相当的民生项目标准体系。

3.4 保障和改善民生与政府政绩考核

现行政府政绩考核机制存在的制度性缺陷，导致各级政府尤其是县乡财政支出对公共服务投入的必然忽视。政府政绩考核指标一般有"硬指标"和"软指标"之分。GDP、财政收入等经济类指标属于"硬指标"，而教育、医疗、卫生、社保等社会类指标属于"软指标"。长期以来，上级政府以"硬指标"考核下级政府政绩，在相当程度上造成下级政府"重投资，轻民生"。

适应形势需要，各级政府应把民生视为与自由、民主、平等、博爱一样的普世价值[1]，把民生作为一种执政理念融入到具体工作中。无论是上级政府还是基层政府都要切实转变职能，创新社会管理，健全公共财政体系，努力打造服务型政府，在注重经济建设的同时，更加注重社会建设，切实做到关注民生、重视民生、保障民生和改善民生。为此，应进一步完善现行政府政绩考核制度，适时把提高城乡居民收入、居民消费水平、健康素质、文化素养等指标列入考核官员政绩的"硬指标"；应加大政府政绩考核力度，促使上级政府抛开本位主义思想，从宏观大局出发，在提高本级政府公共服务水平、解决民生问题能力的同时，帮助和支持下级政府提高解决民生问题的能力；应促使落后地区丢掉消极被动思想，充分利用现有资源，提升经济运行质量，努力实现财力增长，发挥主观能动作用，尽可能地缩小与相对发达地区的差距。

---

[1] 刘尚希. 论民生财政 [J]. 财政研究, 2008 (8): 2–10.

3.5　保障和改善民生的问责机制构建

加大民生投入是改善民生质量的基础和前提，但改善民生质量与民生项目系统管理水平和服务提供者的服务水平息息相关，我国屡屡发生的公共食品安全事件也能佐证这一判断。现实工作中，常常出现财政对民生项目投入较大但效率不高、资金浪费等情况，同时也出现了部分地区不重要的民生项目先行得到解决，而急需解决的项目政府却未予考虑。究其原因，主要是缺乏上级对下级、政府对民生服务提供者、民众对政府的相互问责机制。

在保障和改善民生目标既定的情况下，上级政府应根据国家发展战略和区域发展战略，尽快明确保障和改善民生的重点范围和基本标准，打破部门各自为战的做法，统筹规划、因地制宜地制定出台保障和改善民生的具体政策措施。以此为基础，建立上对下的问责机制，确保各级政府保障和改善民生的重点得以实现；同时，按照责权与成效统一原则，建立政府对各部门的问责机制，让各部门必须为其使用政府资源履行职责而承担责任。政府应建立民生投入绩效考核机制，加强保障和改善民生项目监管，时时督导各部门注重政府资源使用效率，切实提高民生质量；改善地方各级政府和民生服务提供者如医院、学校等事业单位的问责关系，努力实现服务提供者与政府服务目标保持一致。政府应加强服务提供者履行解决民生问题的职责监管，防止削弱政府加大民生投入取得的真正效果；建立民众对政府、各部门、服务提供者的问责机制，政府应为民众创造良好表达民生诉求的环境，充分发挥民众对民生实施主体的监督作用，形成区域范围内相互问责、相互监督的民生改善机制。

第 4 章　大连财政保障和改善民生的现状分析[①]

4.1　2003—2012 年财政民生投入情况

2003—2012 年，大连市委、市政府坚决贯彻落实科学发展观，进一步转变政府职能，健全公共财政体系，调整和优化财政支出结构，加大民生投入力度，着力保障和改善民生，将政府新增财力重点向社会事业发展的薄弱环节倾斜，向困难地区、困难基层、困难群众倾斜，倾力建设民生财政，努力实现"学有所教、劳有所得、病有所医、老有所养、住有所居"的目标。

1）注重提高县乡财政收入比重，进一步缩小城乡差距

为实现城乡和区域协调发展，2003 年市政府实行了以"属地征税、分税、分享"为主要内容的新的市对县财政管理体制。新体制进一步调整和规范财政分配秩序，适当提高县乡政府财政收入在全市财政收入

---

① 本章数据主要来自各相关年度大连市政府工作报告、大连市财政预算执行情况和预算草案的报告以及大连市财政决算。

中所占的比重,使该比重由 2002 年的 55.9% 提高到 2012 年的 66.8%。随着县乡政府财力的增强,基层政府逐年加大区域内与民众生活密切相关的基本公共服务的供给,全地区公共服务均等水平日益提高,广大市民尤其是农村居民更多地享受到了改革开放和经济繁荣所带来的丰硕成果。2002—2012 年,全市城市居民人均可支配收入由 8 200 元提高到 27 539 元,增长了 2.36 倍;农民人均纯收入由 4 140 元增加到 15 990 元,增长了 2.86 倍,超过市民人均可支配收入增幅 0.5 倍。与此同时,市本级财政适时调整支出结构,将新增财政收入更多地向北三市等经济发展相对滞后的县区和困难乡镇倾斜。市本级财政每年直接拨付补助资金 0.24 亿元专项用于缓解乡镇财政困难,进而提高了基层政权正常运转的保障能力,推动了市县社会协调发展。县区财政收入增幅明显高于市本级,城乡及区域差距逐步缩小。

2)加大公共基础设施投入,经济社会发展环境质量进一步改善

2003—2007 年,大连基本建设和城市维护费累计支出 266.4 亿元,年均递增 17.1%。重点完成了周水子机场改扩建、烟大轮渡等重大交通口岸基础设施建设项目;完成引英入连二期应急工程;新建、改造市区煤气管网 228 公里、自来水管网 214 公里;投资 1.89 亿元建成煤气新厂二期工程,使大连市煤气日生产能力达到 140 万立方米;改造完成排水管网 78 公里;新建、扩建立交桥 6 座和市区主要道路 8 条;拓宽改造道路 46 条;新建公园 12 个;新增公共绿地 657 万平方米,人均公共绿地面积由 9.8 平方米提高到 11.1 平方米。农村基础设施也明显改善。

2008—2012 年[1],按照市政府“集中财力办大事、推动全域城市化进程、实现跨越式发展”的指导思想,财政部门对预算内投资资金、各类专项建设基金和其他政府性资金予以整合,统筹用于全市重大基础设施和重点民生工程建设。财政资金安排按照轻重缓急的原则,着重保续建,保民生事业,保全域城市化基础设施建设项目,对已完成或将要

---

① 2007 年财政部对财政支出科目进行调整,一些科目与以前科目无法直接进行比较,为体现财政民生支出的完整性和延续性,现状部分内容分两个阶段(2003—2007 年和 2008—2012 年)论述。

完成项目审批手续的项目优先安排。改革政府投资管理模式，改变过去行政主管部门各自为政、财政资金条块分割和分散使用的局面，通过跨行业、跨部门整合资源，集中财力推动了一批重大基础设施项目建设。五年间共筹集资金 375 亿元，建成了东联路、BRT 工程、胜利路拓宽改造工程、国际会议中心、快轨三号线续建工程等重点工程，启动建设地铁、渤海大道、金州—普湾城际铁路、202 轨道延伸线、大连北站南北广场、北站站房、大伙房水库输水入连工程、三道沟净水厂改扩建工程、长山群岛跨海引水等重点项目。

公共基础设施投入的扩大，不仅改变了大连的市容市貌，解决了制约大连经济发展的"瓶颈"，也相应提高了城乡居民的生产生活质量。

3）大力支持农业发展，农民收入水平明显提高

2003—2007 年，全市用于"三农"投入累计 78.6 亿元，年均递增 30%，是政府支持"三农"力度最大、农民获得实惠最多的时期。为减轻农民负担，增加农民收入，大连市委、市政府积极落实农村税费改革：2003 年取消屠宰税和"三提五统"；2004 年在辽宁省率先免征农业税、取消农业特产税，为农民直接减负 3 亿多元，全市农民税费负担由改革前的人均 135 元降至零。为弥补涉农县区因税费改革形成的财政资金缺口，市本级财政加大对县区的转移支付力度，主动承担了约 80% 的税费改革成本。2004 年，全市实施粮食直补、良种补贴和链轨式拖拉机修复补贴政策，目前种粮直补每亩补助标准已由 4.6 元提高到 20 元，农民收入进一步增加。同时，以新农村建设为目标，积极推动小城镇建设，全市农村城镇化率已达 39.5%。农村基础设施明显改善，全部实现村村通油路，150 万农民实现饮水安全，6 个县区被评为"全国造林绿化百佳县"。广大农民真正尝到了建设社会主义新农村的"甜头"，2007 年全市农民人均纯收入超过 8 000 元。

2008—2012 年，全市财政用于农林水事务支出累计达 203.6 亿元，年均递增 26%，主要用于：一是农业新品种新技术引进推广，以提高农业生产能力和现代化水平。二是推进村级公益事业建设。仅 2012 年市本级财政就筹集资金 3.45 亿元，带动农民筹资筹劳和社会投入 2.3 亿元，重点发展农村公益事业，改善农村生产环境和提高农民生活质

量。三是推广实施农业高效节水灌溉工程，确保农业增产增收。在全市开展了小流域综合治理，完成水土保持治理面积5.5万亩。投入财政资金2亿元，用于河道生态建设，全市共完成重点河道生态工程建设125项，治理河长346公里，推进了大连全域水生态保护和水环境治理，改善了大连城乡人居环境。四是由财政投入农村安全饮水项目资金1亿元，村民筹资酬劳和社会投入2.11亿元，完成了96项农村安全饮水工程，解决了10.5万人的饮水安全问题。五是发挥财政资金引导作用，带动全社会投入达100亿元，用于青山生态系统工程建设，植树2.06亿株，造林90.6万亩，预计将实现林业总产值200多亿元，城市生态环境得到进一步改善。六是支持设施农业建设。设施农业建设是发展都市型现代农业的重要载体和促进农民增收的有效途径。5年间市本级财政投入设施农业扶持资金超过10亿元，重点建设标准日光温室设施农业小区，做大做强设施蔬菜、设施水果、设施食用菌和设施花卉四大优势产业基地。七是财政拨付专项资金上亿元，用于重大动物疫病防控、农产品质量安全、渔业安全、森林防火和防汛抗旱，保障了涉农公共安全。通过对农林水事务高强度的持续投入，使大连农业发展步入了现代化、产业化的新阶段，促进了农民增产增收，2012年大连农村居民家庭人均纯收入达到15 990元。

4）大力支持社会保障事业发展，市民生存保障日渐增强

2003—2007年，大连财政社会保障及抚恤社救支出累计154.4亿元，年均递增22.3%。大连初步建立了以养老、医疗、失业、工伤和生育保险为主，以就业扶助、城乡低保、取暖费和重大节日生活救助等为辅的社会保障体系。具体措施如下：一是积极落实各项再就业扶持政策，支持就业再就业。2003年以来，各级财政安排再就业资金累计20.1亿元，重点满足政府开发公益性岗位、就业服务机构补贴、职业技能培训补贴等项支出需要，全力支持大龄就业困难群体、零就业家庭失业人员和高校毕业生就业寻就业，2007年全市实现新增就业人数达16.1万人，登记失业率控制在3%以内。二是扩大社会保险覆盖面，待遇标准不断提高。2001年以来，大连建立了较为完善的社会统筹与个人账户相结合的企业养老保险制度，养老保险覆盖全市所有企事业单位

和个体劳动者。连续 5 次提高企业离退休人员基本养老金水平，由最初的人月均 630 元提高至 1 058 元。市财政累计投入养老保险基金补助资金累计 69 亿元，保证了全市 50 万名企业离退休人员养老金按时足额发放，做实 125.5 万在职参保职工养老金个人账户；市财政筹集资金0.93 亿元，将 2.5 万名关闭破产企业退休人员纳入医疗保险统筹；救济城乡困难群众 122.4 万人次。截至 2007 年年底，全市养老、医疗、失业、工伤和生育保险城镇参保人数分别达 175.9 万人、256 万人、78万人、113.5 万人和 80.2 万人，分别比 2002 年增加 37.7 万人、129.5万人、8.9 万人、45.8 万人和 12.6 万人。三是完善城乡最低生活保障制度。低保标准由最初的人月均 140 元已提高到 280 元，保障人数由3 020 人增加到 9.6 万人，基本实现了应保尽保；2005 年，低保范围扩大到农村，农村低保标准由人年均 920 元提高到 1 650 元，年均救助由2.6 万人增加至 5.5 万人。四是积极推进取暖费社会化发放改革。市县两级财政向采暖费基金注入资金近 3 亿元，拨付采暖费补贴 2.2 亿元，为 20.5 万名企事业单位离退休人员采暖费实现社会化发放。

2008—2012 年，大连各级财政部门累计投入 128.2 亿元，连续五次提高企业退休人员养老金水平，月人均养老金由 1 182 元提高至 1 775元，位居辽宁省首位；5 次提高城乡低保家庭待遇标准，其中城市低保月标准由 320 元提高至 480 元，农村低保年标准由 1 800 元提高至 3 010元；连续 5 次提高在乡老复员军人等优抚对象抚恤补助标准；将百岁老人补贴标准由月均 100 元提高至城市低保标准，并将高龄生活补助扩大至年满 90～99 周岁以上户籍老年人，每人每月补助 100 元。实施更加积极的就业政策，全方位促进就业增长。出台新一轮促进就业政策，实现"六个转变"：由临时应急性政策举措为主，向建立长效性政策机制与实施阶段性政策相结合，保持就业形势长期稳定转变；由挖掘用人单位岗位为主，向重点扶持小微企业和家庭服务业发展，引导市场主体更多吸纳就业转变；由政府援助就业为主，向注重结合区域产业发展特色、实施全员技能培训、提高扶助对象能力、促进市场就业转变；由以促进城镇登记失业人员就业为主，向突出高校毕业生、失地失海和大龄困难等人员，统筹各类重点群体就业转变；由扶持创业带头人为主，向实施有利于全民创业的扶持政策，鼓励创业实体创造就业岗位转变；由单纯关注就业人员数量，向依法规范劳动关系、提高就业质量、促进劳动者体面就业转变。5 年间，财政共筹集就业再就业资金 53.8 亿元，年均增长 13%，就业再就业资金支出 53 亿元，年均增幅 14%，累计实现城镇就业再就业 85 万人次，城镇登记失业率控制在 3% 以下，80.8万人次领取社会保险补贴，14 万人次在公益性岗位就业，14.4 万人次领取培训补贴。建立新型农村社会养老保险和城镇居民社会养老保险制度，实现社会养老保险全覆盖。财政累计拨付补助资金 13 亿元，50 余万城乡老年居民领取到了基础养老金。建立城乡医疗救助制度，资助城乡困难居民参加城镇居民基本医疗保险和新型农村合作医疗，做好医疗救助与现行基本医疗保障制度衔接工作，实现即时报销，切实减轻困难居民就医负担。将国有企业老工伤人员全部纳入工伤保险覆盖范围，按照工伤保险规定享受各项待遇，对于缴费困难企业由同级财政部门给予适当补助。在全国范围内率先建立城乡低保标准自然增长机制。从2009 年开始，按照人均消费支出比例折算法，每年对城乡低保进行一次测算、调整，并根据物价变化情况，适时发放物价补贴，确保城乡困难群众的生活水平不降低，4 年间财政累计拨付城乡低保补助资金 19.5亿元。创新完善城乡救助制度，将社会救助形式整合为城乡低保救助和临时救助两种，救助力量由原来的单纯政府救助转变为"政府主导、慈善辅助"的模式，救助对象由仅针对低保、低收入家庭救助，发展到面向各类临时困难家庭的普惠性救助制度。建立孤儿养育标准自然增长机制，提高孤儿养育标准，城乡散居孤儿基本生活费按照当地城市低保标准上浮 100%，城乡福利机构集中养育的孤儿养育标准按照城市低保标准上浮 200%。加大残疾人康复救助力度，对困难家庭残疾人实施肢体矫治、康复机构训练、辅助器具免费配发等多项救助措施。

5）大力支持卫生事业发展，城乡居民医疗条件逐步提高

2003—2007 年，全市财政卫生事业支出累计 32.5 亿元，年均递增24.4%。为全面提升区市县医疗卫生水平，解决农村居民看病难问题，市政府实施了公共卫生 3 年规划。从 2005 年开始，市县两级财政累计投入 6.5 亿元，改扩建 6 个区市县 67 所乡镇卫生院、6 个妇幼保健院、

5 个急救分中心及 27 个急救分站，易地新建市传染病医院，市民医疗卫生条件大为改善。为实现农村居民"病有所医"，2004 年，市政府启动新型农村合作医疗制度改革。截至 2007 年，市政府将新型农村合作医疗年人均筹资标准由 35 元提高至 80 元，其中财政补助 70 元，承担了绝大部分成本。农民从医保改革中实实在在获益，参保规模由 2004 年 13.1 万人增加到 2007 年的 212 万人，参合率基本达到 100%。

2008—2012 年，政府积极深化医药卫生体制改革，完善基本医疗保障体系，将未成年、大学生、老年居民等城镇非从业人口纳入基本医疗保障范围。市财政拨付专项资金 2 亿元，帮助地方政策性破产等困难企业退休人员参加城镇职工基本医疗保险。城镇职工和城镇居民基本医疗保险实行市级统筹，解决了大连行政区域内跨县区就医结算问题。此外，市政府将新型农村合作医疗与城镇居民基本医疗保险的财政补助标准分别由人均 80 元和 40 元，提高至人均 260 元和 240 元；为减轻参保居民个人负担水平，还多次提高基本医疗保障支付限额和报销比例。5 年间财政部门累计拨付基本医疗保障补助资金 26 亿元。逐年提高基本公共卫生服务经费补助标准，由人均 15 元提高至 25 元。同时，开展为 15 岁以下人群补种乙肝疫苗，农村妇女两癌筛查及孕前和孕早期补服叶酸，贫困白内障患者复明，农村改水改厕等国家重大公共卫生服务项目。深入落实国家基本药物制度，改革基层医疗卫生机构补偿机制，根据基层医疗卫生机构门诊量、各项医疗服务项目的工作量，按规定标准给予合理补偿。

6）大力支持教育事业发展，城乡教育环境质量日益改善

2003—2007 年，全市教育支出累计 124.1 亿元，年均递增 22%。重点支持扶困助学体系建设，全面落实城乡义务教育阶段困难家庭学生"两免一补"政策，免除了全市 2.8 万余名困难学生的杂费和课本费，并对 1.5 万名困难家庭寄宿学生补助生活费，保证了这部分学生顺利完成义务教育阶段的学习。2004 年，实行农村贫困家庭学生中等职业教育扶助政策，帮助近 1.2 万名农村困难学生顺利接受了中等职业教育。为改善农村办学条件，2004 年财政部门筹集资金 3.5 亿元，新建及改、扩建农村校舍 256 个，基本消除了农村中小学危房，并为北三市困难地

区各新建一所标准化高中。2005 年市县两级财政安排资金 8 000 万元，扩建了 112 个农村远程教室，增配计算机 12 708 台，初步建成了覆盖全市的现代化远程教育系统。2006 年，大连提前启动农村义务教育经费保障机制改革。全部免除农村义务教育阶段学生杂费和课本费。截至 2007 年，享受"两免"的受益学生达 29.1 万人。

2008—2012 年，政府财政以"惠民、利民、便民"为主线，持续加大教育投入力度，不断提高城乡教育服务水平。一是全市实现免费义务教育。2008 年在免除农村义务教育学杂费基础上，全面免除了城市义务教育阶段杂费，2012 年向城市中小学生免费提供教科书，实现了大连城乡义务教育阶段由收费教育向免费教育的历史性跨越。同时，逐年提高中小学生均公用经费保障水平，截至 2012 年，全市义务教育阶段生均公用经费财政拨款年标准达到小学 750 元、初中 950 元，在辽宁省处于领先地位。5 年间财政累计投入义务教育经费 14 亿元，建立了覆盖城乡的义务教育经费保障体系，生均减轻家庭年负担 600 元左右。二是积极推进教育事业城乡均衡发展。2010 年以来财政投入资金 0.8 亿元，实施农村中小学"班班通"信息化建设，为农村地区学校的教室配备多媒体联网教学设备，并为教师配备教学计算机。财政累计投入资金 0.3 亿元，开展中小学教师尤其是农村教师培训，并通过城市教师下乡支教，农村教师进城挂职等形式，切实推进区域教育均衡化发展。三是完善贫困学生资助政策，促进教育公平。2008 年建立普通高中政府助学金制度，对全市普通高中全日制在籍在校生中大连户籍的家庭经济困难学生予以资助，并在 2010 年进一步扩大资助范围和提高补助标准。2009 年，免除中职学校涉农专业学生学费。2010 年，免除中职学校家庭经济困难学生学费。2011 年，免除学前教育家庭经济困难学生入园托保费。2012 年，免除中职学校农村学生学费。这些奖助学政策与原有义务教育阶段奖助学政策共同构筑了大连市贫困学生奖助学体系，实现了学前教育、义务教育、高中阶段教育、职业教育、高等教育的全覆盖。5 年间财政累计拨付奖助学资金近 3 亿元，资助学生达 34 万人次，为保障贫困学生接受教育提供了政策和资金保障。四是学前教育投入实现跨越。自 2011 年起，财政每年投入资金 2.3 亿元，用于免除家庭经济困难学生入园托保费，扶持普惠性公办幼儿园发展，扩大公办学前教育覆盖范围和改善农村幼儿园办园条件，在全市范围内解决了学前儿童"入园难"问题。

7）大力支持文体计生事业发展，市民整体素质进一步提升

2003—2007年，全市财政文化、体育和广播事业费累计支出16.6亿元，年均递增21.2%。市财政累计投入专项资金500多万元，推出了"公益电影进山乡"、"公益文化百村行"等活动，受益市民达120万人次，安排专项资金实施农村电影"2131"工程，每年为农民群众放映电影12 000余场。市本级财政累计安排资金800万元，实施"农民体育健身工程"，为全市200个示范村每村建设了一个标准篮球场。2005年，大连启动了有线电视数字化转化工程，财政累计投入资金5 574.5万元，完成有线电视数字转换91万户。2006年，市本级财政每年安排资金40万元，实施广播电视村村通工程，实现了全市农村广播电视无线覆盖。实施农村计划生育家庭奖励扶助制度，从2004年开始，对农村只有1个子女或2个女孩的计划生育家庭，在夫妇年满60周岁后给予奖励扶助，每人每年补助600元；市县两级财政累计安排资金1 556万元，使1.1万名扶助对象及时得到奖扶。

2008—2012年，政府全方位构建文化、体育和计划生育服务体系，促进文体计生发展。一是着力扶持农村文化建设，财政累计投入资金1亿元，启动农家书屋建设工程，建成农家书屋987个，为农民提供公共图书服务。扩大农村电影放映覆盖范围，为农民提供更加丰富的文化娱乐服务。二是完善城市公共文化服务平台。5年间财政累计投入0.3亿元，推进数字图书馆建设，支持博物馆、纪念馆、美术馆等公共文化设施向市民免费开放。三是发挥财政资金引导作用，推进文化体制改革，支持文艺事业发展，提升城市文化层次和市民欣赏水平。2010—2012年，财政安排专项资金1亿元，用于大连报业集团改革后党报和时政类报刊补贴。财政累计拨付资金1亿元，实施市直专业艺术团体演出超场次补贴、拔尖人才岗位津贴、优秀剧目作品创作奖励及文艺新人培养等一系列政策，支持"打造文化大连"活动，为市民提供了丰富多彩的文化"食粮"，创作了一批优秀的文艺作品。5年间市直专业艺术团体

共创作演出剧（节）目 50 余部，国内外演出 5 000 余场。四是支持全民健身活动。财政拨付资金 0.3 亿元，支持"农民体育健身工程"和"社区体育健身活动室"建设，在全市 510 个示范村建设了标准篮球场并配备体育指导员，在 500 个城市社区建了健身场。同时，建成了以市级体育场馆为核心，以市民健身中心为支撑，以社区体育健身活动室为依托，以健身路径为基础的四级公共体育设施建设网络，保证了城乡居民开展体育活动的基本需求。此外，积极支持大连运动员参加全国、省各类体育赛事。五是实施农村计生奖扶新政策。5 年间财政共安排农村计奖扶资金 1.6 亿元，对农村已婚孕龄妇女、独生子女父母、计生工作人员和计生技术服务给予补助，对独生子女伤残家庭予以扶助。

4.2 保障和改善民生的成效与现存问题

回顾和总结 2003—2012 年大连政府保障和改善民生情况，成效显著。

1）政府职能因时转变，财政支出逐年向民生领域倾斜，民生投入逐年加大，城乡居民生产生活得到进一步改善

政府职能决定财政支出方向，从 1998—2002 年与 2003—2007 年和 2008—2012 年的财政支出结构变化中能够直观地看出政府职能转变的程度及保障和改善民生的力度（见图 4-1、图 4-2 和表 4-1）。

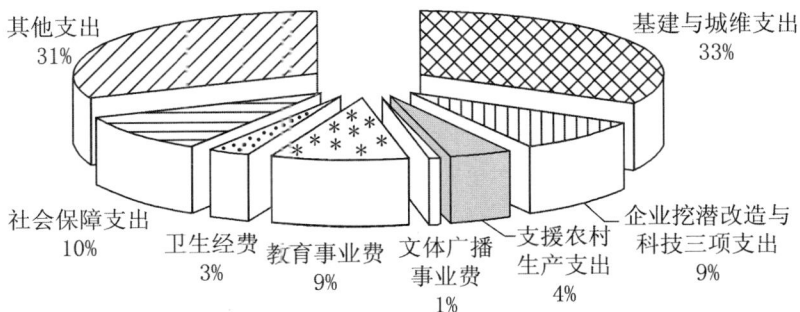

图 4-1 1998—2002 年大连财政支出结构

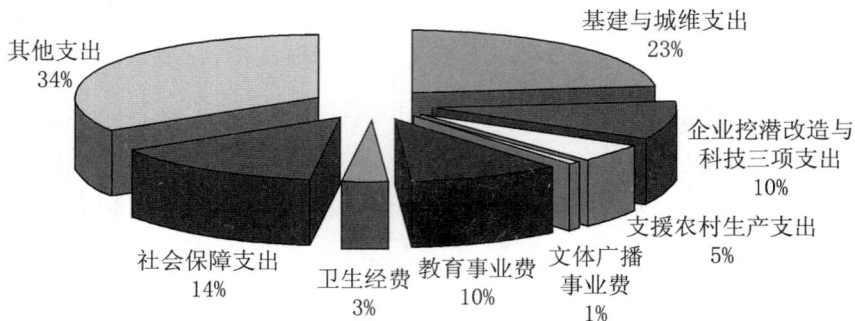

图 4-2　2003—2007 年大连财政支出结构

表 4-1　　　　　2008—2012 年大连市公共财政支出情况表　　　　　单位：万元

项目	2008 年	2009 年	2010 年	2011 年	2012 年	合计	比重
公共财政支出合计	4 100 013	4 711 648	6 114 743	7 349 406	8 909 590	31 185 400	100.0%
一般公共服务	522 743	609 873	632 517	724 630	823 294	3 313 057	10.6%
国防	10 661	20 423	12 467	28 745	16 192	88 488	0.3%
公共安全	201 048	209 596	276 618	369 725	359 204	1 416 191	4.5%
教育	529 379	585 612	753 455	968 528	1 369 604	4 206 578	13.5%
科学技术	146 311	185 188	266 033	331 652	392 872	1 322 056	4.2%
文化体育与传媒	55 595	76 564	87 975	110 802	130 393	461 329	1.5%
社会保障和就业	718 951	767 597	923 147	1 092 240	1 226 919	4 728 854	15.2%
医疗卫生	154 093	224 577	268 487	337 096	311 201	1 295 454	4.2%
节能环保	65 699	75 010	111 680	82 567	101 420	436 376	1.4%
城乡社区事务	634 077	758 563	781 190	794 891	1 245 401	4 214 122	13.5%
农林水事务	216 105	285 834	349 591	443 116	564 409	1 859 055	6.0%
交通运输	96 897	112 806	187 054	267 253	512 054	1 176 064	3.8%
资源勘探电力信息等事务	422 339	339 283	663 838	794 660	912 174	3 132 294	10.0%
商业服务业等事务			93 056	107 497	91 807	292 360	0.9%
金融监管等事务支出		28 073	20 979	21 414	39 498	109 964	0.4%
国土资源气象等事务			138 629	267 421	127 158	533 208	1.7%
住房保障支出			164 450	204 599	169 203	538 252	1.7%
粮油物资储备事务		77 414	16 404	19 078	8 631	121 527	0.4%
国债还本付息支出	145 795	100 410	191 415	195 122	177 845	810 587	2.6%
其他支出	180 320	254 825	175 758	188 370	330 311	1 129 584	3.6%

　　注：自 2007 年始，财政部对财政支出科目进行重大调整，使其与之前年度的财政支出无法进行比较。2008—2012 年财政民生支出情况，只能根据具体支出科目独立分析。

由图 4-1、图 4-2 可见，1998—2002 年与 2003—2007 年前后 5 年财政支出结构比较，政府逐渐从以经济建设为重心向经济社会建设并重方向转变。基建与城维支出占财政支出比重下降了 10%，教育事业费则增长了 1%，社会保障支出增幅最大，同比上升了 4 个百分点。文体广播事业费、卫生经费比重持平。上述民生项目的支出比重是建立在财政总支出保持超过 20% 增长速度基础上的比重，意味着即使具体民生项目的支出占总支出比重保持原有水平，该项支出总量也在以总支出增长速度同幅递增。2008—2012 年 5 年间，财政对民生重点领域如教育、社会保障和就业、城乡社区事务、农林水事务和医疗卫生等投入比前两个 5 年更大。2013 年，大连政府用于民生方面的财政支出达到 712 亿元，占公共财政支出的 65.7%，比 2012 年提高 2.5 个百分点。财政对民生总量投入和民生重点领域投入的逐年增加，使市民公共服务受益面进一步扩大，标准逐年提高，市民生存、生活和发展环境大幅改善。

2）财政对民生重点领域投入年均增幅保持相对均衡水平，社会事业协调发展

从图 4-3 可见，2003—2007 年财政支出除基建与城维支出年均增幅较低外，重点民生项目如教育、农业、医疗卫生、社保、文体计生、公检法司等支出年均增幅均保持在 21% 左右，说明大连财政对主要民生项目投入的协调性相对较好，均得到了同步保障和改善。表 4-1 显示，2008—2012 年，财政用于教育、社会保障、城乡社区事务方面的重点民生支出均在 10% 以上，呈现城乡社会事业协调共进的良好态势。

3）财政民生投入体制机制建设取得长足进步，为保障和改善民生奠定了坚实的制度保障

2003 年以来，大连市委、市政府高度重视民生投入体系和相关投入机制建设，坚决贯彻落实民生法定增长目标，逐步建立了义务教育经费保障机制，基本医疗卫生、城乡社会保障、社会救助等财政投入增长机制，保证了财政对民生投入的稳定性和持续性。同时，财政通过完善财政资金相关办法和制度，建立了较规范的财政资金使用监管体制，提高了投向民生领域的财政资金使用效益，让市民更充分地享受到了经济社会发展的现实成果。某种意义上说，大连政府已经建立了民生财政。

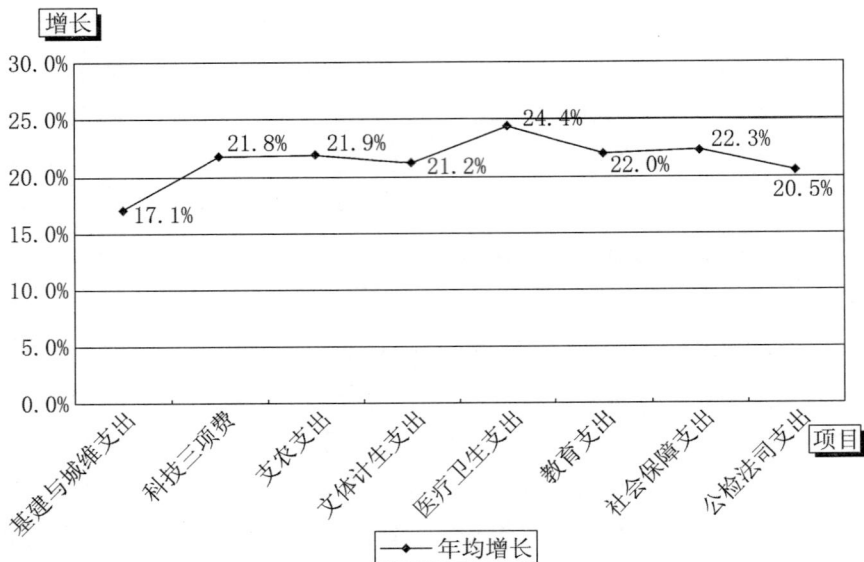

图 4-3　2003—2007 年大连财政民生重点支出年均增长情况

肯定成效的同时，我们也无法回避民生现存的突出问题：

（1）政府财政收入的有限性与民生需求和经济建设需求的无限性之间的矛盾日益突出，各级政府尤其是县乡政府调整财政支出的压力日渐增强，有些县乡财力无法保证有关民生的法定支出要求，部分困难乡镇甚至无法保障政府机关正常运转。

（2）从财力角度看，大连市区域内民生投入形成了市县乡纵向和县乡横向"网"状不均等格局。区域内具体项目标准和财政投入差距较大，这种状态在短时间内很难消除。

（3）城乡居民收入尤其是城市居民收入与同类城市相比差距很大。市民的工资性收入是民生问题的综合体现，是市民幸福指数高低的重要标尺，也是大连市人力资本可持续发展的原动力。目前大连城市居民人均工资性收入与同类城市相比差距过大，尤其财政供养人员工资水平处于较低水平，而农村居民纯收入处于同类城市较高水平。在工业化时代，这种状况将直接影响大连市在全国范围内的人才吸引力和经济竞争力。

（4）民生质量差距较大。尽管加大民生投入是改善民生质量的基础和前提，但改善民生质量也与民生项目系统管理水平和服务主体服务水平息息相关。在财政投入相同的情况下，市县乡同类民生项目质量存在较大差距。如义务教育，由于城乡师资水平不同，真正实现全市教育均衡化发展，尚需时日。

（5）现行政府政绩考核机制存在制度性缺陷，导致各级政府尤其是县乡财政支出对公共服务投入的必然忽视。政府政绩考核指标一般有"硬指标"和"软指标"之分。GDP、财政收入等经济类指标属于"硬指标"，而教育、医疗、卫生、社保等社会类指标属于"软指标"。长期以来，上级政府以"硬指标"考核下级政府政绩，一定程度上造成下级政府"重投资，轻民生"。

（6）尚未建立有效的民生投入绩效问责制度。尽管大连市各级政府逐年加大民生投入，但缺乏民生投入上级对下级、政府对民生服务主体、市民对政府的绩效问责机制，导致一些民生项目财政投入较大但效率不高、资金浪费等情况。同时也出现了部分地区不重要的民生项目先行得到解决，而急需解决的项目却未予考虑的问题。

4.3　保障和改善民生的重点与标准分析

人均 GDP、人均财政支出或财力是衡量一个国家或地区保障和改善民生的主要指标。上述指标越高，解决民生问题的范围可能就越大，标准就越高。实践表明，西方发达国家构筑福利社会体系是从解决中低收入者和无收入能力基本生存条件和发展条件开始的，之后逐步扩展到养老、医疗、义务教育、失业、住房等民生领域，而且标准分步逐渐提高，最终实现了全国范围的均等。主要西方发达国家落实全国性的福利制度时，人均 GDP 最低的国家也在 3 000 美元以上，目前已达 3 万多美元。2012 年按年平均常住人口计算的大连人均 GDP 约为 16 336 美元（按 2012 年年末汇率折算）。应该说，大连市在一定程度上具备了在全地区解决民生问题的财力条件。

保障和改善民生需要政府财力支撑。人们对公共产品消费需求的同质性决定了同一地区的所有居民都要求获得"一视同仁"的、更多的公共服务,这也决定了地区人口数量与公共产品需求具有明显的正比关系,即人口越多,提供基本公共服务、解决民生问题所需财政资金就越多。在区域、城乡经济发展不平衡,市县乡财力差距较大,对农村基本公共服务历史欠账较多的情况下,对各地区而言,民生需求都具有"无限"的扩张性,这与政府财力的有限性之间形成一种天然的博弈关系。政府所能做的只有力求实现民生需求与政府供给之间达成一种社会公众广为认同的平衡。

1)大连县区级政府财政能力比较分析

政府财政能力与加大民生投入、改善民生质量呈正相关。历史和现实、政治和经济等多种因素交叉造成大连市县乡政府财政能力存在较大差距,导致上下级政府和同级政府间解决民生问题的程度和改善民生的质量严重不均衡。目前,大连地区财力不均衡状况较严重。在此,笔者按县区两级户籍人口计算的人均公共财政支出情况来加以说明(见表4-2)。

表4-2   2012年大连各县区按户籍人口计算的人均财政支出

地区	户籍人口(万人)	公共财政支出(万元)	人均公共财政支出	
			数额(元/人)	排序
金州新区	60.6	1 065 624	17 585	1
旅顺口区	20.1	319 810	15 911	2
长海县	7.3	67 794	9 287	3
西岗区	29.95	246 330	8 225	4
甘井子区	70.2	537 399	7 655	5
瓦房店市	100.2	762 440	7 609	6
中山区	35.72	263 450	7 375	7
庄河市	90.5	581 231	6 422	8
普湾新区	93.1	486 885	5 230	9
沙河口区	65.93	283 766	4 304	10

资料来源   根据《2013年大连统计年鉴》计算。

如表4-2所示，按各县区户籍人口计算，2012年大连大部分县区人均公共财政支出在6 400元/人至9 300元/人之间，但财力相对较强的金州新区和旅顺口区人均财政支出超过15 000元/人。金州新区和旅顺口区人均财政支出分别是位次最后的沙河口区的4倍和3.7倍。民生的客体对象表现为人的最终基本消费，绝大多数民生项目的财政投入最终都将落实到个人。人均财政支出水平在很大程度上能够测定出各县区政府解决民生问题的能力，也综合体现了各县区改善民生质量的实际力度。即便考虑到市内四区与其他县区之间政府支出责任的差异、区域经济发展潜力、区域发展战略等相关因素，短时期内县区依靠自生财力仍然无法弥合由于人均财政支出差距的存在而引致的民生供给的不均衡。笔者前期的调研结果表明，以民生具体项目指标测算大连各地区教育、医疗、社会保障等民生差异状况，所得出的结论与上述结果殊途同归。如果引入乡镇财政指标和民生项目指标测量大连地区民生项目的非均衡性，差距更大。

2）大连市与参照城市比较分析

由于目前全国尚未形成统一的、具体的民生投入标准，因此，就一个地区而言，采用一些相对指标衡量不同年份加大民生投入和保障和改善民生质量的情况难免有失偏颇。只有通过与同类参照城市比较分析，才能客观反映政府保障和改善民生的能力和水平。2007年市政府发展研究中心的调研报告显示，与全国其他19个副省级和沿海重点城市相比，大连主要弱势在经济发展水平方面，经济发展速度和效益指标2006年分别位列第16位和第15位。从社会发展水平看，环境指数表现最好，位列第4位，也是大连市最明显的优势。劳动保障水平表现良好，而科教文卫综合指标和人民生活水平及城乡差距居于中等水平（见表4-3）。

从人均GDP、人均教育事业费等部分指标看，大连城市居民人均可支配收入和社会零售总额分别处于第13位和第15位，说明大连市城市居民人均收入水平偏低，人力资本、知识资本和社会资本积累慢，发展后劲不足，这与人均GDP和地方财政收入位次极不相称。如果将大连目前的高房价和物价水平指标考虑在内，大连的排名必然更加靠后。

表4-3　2006年大连与比较城市社会发展水平及其分项指标排名

社会发展水平		环境		生活水平及城乡差距		科教文卫		劳动保障水平	
排名	城市	排名	城市	排名	城市	排名	城市	排名	城市
1	上海	1	青岛	1	深圳	1	上海	1	上海
2	深圳	2	烟台	2	上海	2	深圳	2	广州
3	广州	3	厦门	3	广州	3	广州	3	杭州
4	天津	4	大连	4	杭州	4	武汉	4	南京
5	杭州	5	南京	5	宁波	5	天津	5	沈阳
6	南京	6	深圳	6	天津	6	哈尔滨	6	深圳
7	武汉	7	杭州	7	厦门	7	杭州	7	大连
8	大连	8	成都	8	南京	8	南京	8	宁波
9	沈阳	9	宁波	9	大连	9	大连	9	天津
10	宁波	10	上海	10	青岛	10	沈阳	10	武汉
11	青岛	11	广州	11	沈阳	11	青岛	11	成都
12	济南	12	沈阳	12	济南	12	成都	12	济南
13	成都	13	福州	13	烟台	13	济南	13	西安
14	哈尔滨	14	天津	14	哈尔滨	14	宁波	14	青岛
15	厦门	15	长春	15	成都	15	西安	15	长春
16	烟台	16	济南	16	福州	16	福州	16	厦门
17	西安	17	武汉	17	西安	17	厦门	17	福州
18	福州	18	西安	18	武汉	18	烟台	18	烟台
19	长春	19	哈尔滨	19	长春	19	长春	19	哈尔滨

资料来源　大连市政府经济研究中心,等. 大连与其他副省级城市及沿海重点城市发展比较研究［R］. 大连,2007. 研究报告重点选取 43 个经济社会综合指标,运用综合指标法和主成分分析法相结合的方式,对上述 19 个城市进行比较分析。其中社会指标主要包括居民收入、教育、科技、文化、卫生、社保等指标。

因此,政府理应将不断提高城乡居民收入作为今后的一项重点工作来抓,让广大城乡居民分享更多的改革开放和经济发展的成果,这也是当前解决民生问题的关键所在。尽管大连市社会整体发展水平具有比较优势，但教育支出占财政支出的比例低于全国平均水平，也低于大多数副省级城市。政府尤其是市政府应从多方面、多渠道增加教育投入，进一步提高大连市教育质量和水平。从失业率指标看，大连市解决就业问题优势明显（见表4-4）。

表4-4　　　　　　　2006年大连与比较城市部分指标排名

人均GDP		地方财政收入		全社会零售总额		城市人均可支配收入		农民人均纯收入		人均教育事业费支出		城市登记失业率	
排名	城市	排名	城市	排名	城市	排名	城市	排名	城市	排名	城市	排名	城市
1	深圳	1	上海	1	上海	1	深圳	1	深圳	1	武汉	1	广州
2	广州	2	天津	2	福州	2	上海	2	上海	2	哈尔滨	2	深圳
3	上海	3	深圳	3	广州	3	广州	3	宁波	3	上海	3	成都
4	杭州	4	广州	4	深圳	4	宁波	4	杭州	4	深圳	4	大连
5	宁波	5	宁波	5	天津	5	杭州	5	天津	5	天津	5	青岛
6	厦门	6	南京	6	武汉	6	厦门	6	广州	6	广州	6	烟台
7	大连	7	杭州	7	南京	7	南京	7	南京	7	青岛	7	南京
8	天津	8	成都	8	成都	8	济南	8	大连	8	宁波	8	宁波
9	南京	9	大连	9	杭州	9	青岛	9	厦门	9	杭州	9	福州
10	青岛	10	青岛	10	沈阳	10	烟台	10	青岛	10	沈阳	10	哈尔滨
11	烟台	11	沈阳	11	青岛	11	天津	11	烟台	11	成都	11	天津
12	沈阳	12	武汉	12	济南	12	福州	12	沈阳	12	烟台	12	杭州
13	济南	13	济南	13	哈尔滨	13	大连	13	福州	13	大连	13	厦门
14	武汉	14	福州	14	宁波	14	成都	14	济南	14	南京	14	济南
15	成都	15	哈尔滨	15	大连	15	武汉	15	成都	15	福州	15	长春
16	福州	16	厦门	16	西安	16	沈阳	16	武汉	16	厦门	16	武汉
17	长春	17	烟台	17	烟台	17	长春	17	长春	17	西安	17	西安
18	哈尔滨	18	西安	18	长春	18	哈尔滨	18	哈尔滨	18	济南	18	上海
19	西安	19	长春	19	厦门	19	西安	19	西安	19	长春	19	沈阳

资料来源　同表4-3。

由表 4-5 可知，经过 5 年经济社会发展，大连 GDP 位次与 2006 年基本相当，公共财政收入和城市人均可支配收入指标位次有一定提高，意味着政府加大民生投入的能力进一步增强，保障和改善民生的物质基础更坚实，市民的生活质量进一步提高。

表 4-5　　2012 年大连市与全国 15 个副省级城市部分指标排名

生产总值 GDP			公共财政收入			城市人均可支配收入		
城市	数额（亿元）	位次	城市	数额（亿元）	位次	城市	数额（元）	位次
广州	13 551	1	深圳	1 482.1	1	深圳	40 742	1
深圳	12 950	2	广州	1 102.3	2	广州	38 054	2
成都	8 138.9	3	杭州	860	3	宁波	37 902	3
武汉	8 003.8	4	武汉	828.6	4	厦门	37 576	4
杭州	7 804	5	成都	781	5	杭州	37 511	5
青岛	7 302.1	6	大连	750.1	6	南京	36 322	6
南京	7 201.6	7	南京	733	7	济南	32 570	7
大连	7 002.8	8	宁波	725.5	8	青岛	32 145	8
沈阳	6 606.8	9	沈阳	715	9	西安	29 982	9
宁波	6 524.7	10	青岛	670.2	10	大连	27 539	10
济南	4 812.7	11	厦门	422.9	11	成都	27 194	11
哈尔滨	4 550.1	12	西安	397	12	武汉	27 061	12
长春	4 456.6	13	济南	380.8	13	沈阳	26 430	13
西安	4 369.4	14	哈尔滨	354.7	14	长春	22 970	14
厦门	2 817.1	15	长春	340.8	15	哈尔滨	22 499	15

资料来源　大连市统计局。

民生问题的解决需要经济发展作为后盾。市政府发展研究中心的有关调研报告指出："大连的经济发展速度和状态表现堪忧。"近 20 年来，大连市经济保持 15% 左右的高速增长，财政收入也以年均近 20% 的增速高位运行，但财政收支矛盾依然尖锐，市本级财政和人均财政支出排列位次靠后的县区都面临较大的调整支出结构和区域宏观调控压力。需要强调的是，从一般规律角度看，经济增长和财政收入增幅不可能长期保持这一态势，在美国金融危机波及全球的大背景下，经济周期性波动对我国乃至大连经济和财政收入增长的不利影响在近年已有所体现。2012年全国15个副省级城市GDP平均比上年增长10.6%，增幅回落1.6个百分点，大连回落幅度最高，为3.2个百分点；15个副省级城市公共财政收入增速全面回落，平均增速为16.1%，大连增长15.2%，低于副省级城市平均水平0.9个百分点，2013年大连公共财政收入同比增长13.3%，再次下滑了1.9个百分点。在经济和财政收入高速增长的背后，隐忧日渐加重，尤其是县乡领域。同时，大连市正处于全面振兴老工业基地、集中力量发展装备制造业等战略性产业结构调整和产业升级的关键时期，财政建设性支出压力巨大。加之近年来教育、社保、科技、农业等法定增长助推此类支出逐年刚性上升，即便是根据"最低标准"解决民生问题，财政支出结构也不得不进行调整。促进经济发展与解决民生问题反映到政府决策上"先有鸡还是先有蛋"的博弈论战，可能在一段时间内难以达成一致。由此，在财力有限的情况下，集中财力重点解决几项影响市民长期生存、生活和发展最紧迫、最突出的民生问题或许是明智的选择。

基于中央现行宏观政策和大连区域的发展战略，经济社会发展状况，财政收支水平及与参照城市对比分析，大连市加大民生投入应侧重于宏观和微观两个层面（见图4-4）。

宏观层面：在提高财政运行质量、做大财政收入蛋糕的基础上，不断增强市政府宏观调控能力；市本级财政重点加大对财力较弱县区的一般性转移支付力度，努力实现地区间财力水平相对均衡，促进各地区经济社会协调有序发展。

微观层面：包括保障民生和改善民生两个方面。从保障民生角度看，重点是贯彻落实好中央、省及大连市现行的民生政策，注重民生项目落实质量。保障民生应界定在以下领域：公共环境、公共治安、公共文化、公共基础设施、居住保障、失业就业等。从改善民生角度看，重点是将新增财力更多投向事关市民基本的、长远的生存、生活和发展的民生项目。改善民生应界定在以下领域：提高城乡居民收入水平，建立健全义务教育体系、社会保障体系、公共医疗卫生体系、低收入群体生

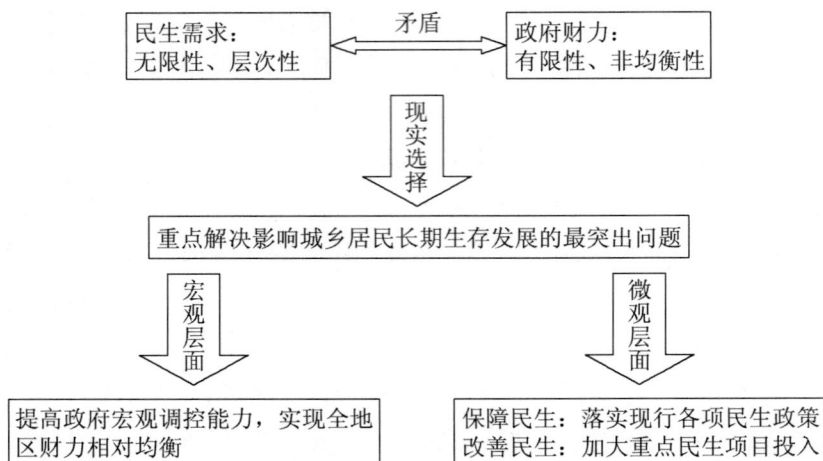

图 4-4 大连市加大民生投入应侧重的两个层面

活补助体系和新型农村合作医疗体系。

民生项目具体标准的确定，应充分考虑大连区域内经济发展和财力水平、发展环境及民生现状等因素，同时也要参考全国范围内同类城市或地区的具体民生项目标准，最终建立起与大连市综合发展水平相当的民生项目标准体系。鉴于标准确定的复杂性，对民生项目标准体系的建立应进行专题研究，本专著仅从方向上提出一些参考性建议。

第5章　大连财政保障和改善民生的政策取向

5.1　保障和改善民生的总体思路

坚持以提高城乡居民最终消费水平为目标，以完善公共财政体系、建立健全市县乡财政管理体制和调整优化财政支出结构为载体，以实现各级政府财力相对均衡为突破口，以提高城乡居民收入水平和加大义务教育、社会保障、医疗卫生、低收入群体救助和新型农村合作医疗投入为重点，采取行之有效的措施，加大民生投入力度，切实保障和改善民生。

5.2　保障和改善民生的指导原则

1）公平与效率、数量与质量兼顾原则

对于地区整体利益而言，公平是最大的宏观效率，实现了公平就能够保持区域经济社会协调发展，保证区域最终步入小康社会。从效率角度看，财力的有限性决定了解决民生问题必须最大限度地提高财政资金的使用效率，尽可能减少或防止政府资源配置失当造成的损失和浪费，进而为区域带来最大的宏观经济效益和社会效益。实践证明，公平和效率只是相对的，绝对公平和最高效率难以实现。公平是基础，效率是目标，解决民生问题必须公平与效率兼顾。

在政府财力有限的情况下，加大民生投入不仅要注重投入数量，更应注重投入质量。即使财政加大了诸如义务教育等民生方面的投入，而最终未能转化为民众基本生存、生活条件和发展能力的改善，那也不是真正解决了民生问题，政府有可能把"加大民生投入"演变成另一种政绩工程抑或是陷入了简单的"平均主义"或"福利主义"泥潭。

2）需要与可能兼顾的原则

需要与可能的矛盾始终是经济建设与社会发展过程中长期存在的矛盾。主观需要是无限的，而客观财力可能是有限的，在民生范围很难界定、民生项目标准难以明确的情况下，各级政府只能根据现时财力逐步地、分重点地加大民生投入，即量力而行，尽力而为，循序渐进。

3）自力更生与上级扶持相结合的原则

上级政府支持是必要的，但也是有限的，解决民生问题的关键是政府自身的努力。各级政府必须坚持自力更生为主，争取上级支持为辅，通过发展经济，壮大财力，逐步加大民生投入。上级政府应注重从体制和机制上调动下级政府发展经济、做大财政"蛋糕"的积极性，并根据区域经济社会发展战略，突出民生投入的重点，齐心协力地解决民生问题。

4）规范化原则

加大民生投入，解决民生问题是各级政府今后的一项重要工作和任务。为此，必须建立一套完整的合理调节地区间财力分配，尽可能提高城乡居民最终消费水平的财政投入体系。目前大连市实施的各项民生投入措施大都缺乏整体性和连续性，部门因素、主观因素、人为因素的扰动较大。大连市政府应在充分论证保障民生和改善民生的基础上，制定一个相对科学、合理、规范的民生投入重点范围和基本标准方案，以便具体量化和实际操作，引领和指导各级政府改善民生质量。

5.3 保障和改善民生的政策取向

加大民生投入，保障和改善民生，是一项艰巨复杂的庞大系统工程，即使财政适时调整和优化支出结构，也很难支撑民生领域全方位的需求。因此，解决民生问题，必须根据大连市经济社会发展的客观实际和财政承受能力，统筹兼顾，突出重点，采取切实可行措施，着力解决城乡居民最关心、最直接、最迫切的利益问题。

1) 树立民生理念，健全公共财政体系

各级政府应把民生作为一种执政理念融入到具体工作中。无论是市级政府还是县乡级政府都要切实转变职能，创新社会管理，健全公共财政体系，努力打造服务型政府，在注重经济建设的同时，更加注重社会建设，切实做到关注民生、重视民生、保障民生和改善民生。为此，要进一步完善现行政府政绩考核制度，把提高城乡居民收入、居民消费水平、健康素质、文化素养和生活条件作为官员考核的重要指标。各级政府必须抛开本位主义思想，从宏观大局出发，在提高本级政府公共服务水平、解决民生问题能力的同时，帮助和支持下级政府提高解决民生问题的能力。落后地区要丢掉消极被动思想，充分利用现有资源，提升经济运行质量，努力实现财力增长，发挥主观能动作用，尽可能地缩小与相对发达地区的差距。上级政府要按照公共财政要求，进一步完善公共财政体系，适时规范现行财政管理体制和调整支出结构，把更多的资金转移支付到解决民生问题相对困难的地区。

2) 深化分配制度改革，努力提高城市居民收入

一是根据大连市经济社会发展总体水平和政府财力情况，充分考虑与同类城市的比较位置，视政策落实的可能性，努力实现城市居民可支配收入增长与经济增长大体同步、协调，力争在短时期内使城市人均可支配收入达到与 GDP 或人均 GDP 在同类城市比较中的相近位次，全面提升城市居民幸福度。

二是充分借助工资改革契机，努力提高财政供养人员的工资性收入，争取达到与 GDP 或人均 GDP 在同类城市比较中的相近位次水平。

在充分考虑大连市发展战略和县区现行政策的基础上，进一步调控发达县区财政供养人员工资性收入的过快增长，避免区域工资性收入差距过大。

三是贯彻落实《中华人民共和国公务员法》（以下简称《公务员法》），按照国家和省里的统一部署及规范津贴补贴工作的有关要求，规范公务员收入分配秩序，建立规范、合理、透明的公务员综合补贴制度。

四是深化事业单位收入分配制度与人事制度改革，建立起事业单位人员薪资收入与岗位职责、工作业绩、实际贡献密切挂钩的岗位绩效工资分配制度。

五是深化企业工资制度改革，积极推进劳动力市场工资指导价位和工资增长指导线的制度建设，引导企业合理确定工资水平和理顺各类企业人员的工资关系；建立企业工资集体协商制度，依照法律程序培育职工代表协商主体，维护企业职工协商权益；严格执行企业职工最低工资制度；完善国有企业工资分配监管制度，加强对国有企业工资总额和工资增长水平及企业内部工资结构体系的调节、监控，合理确定经营者工资与本企业职工人均工资的关系；完善工资支付保障制度，保障劳动者获得劳动报酬的权利。

3）积极采取多种措施，努力提高农民收入

一是深入实施社会主义新农村建设，继续加大"三民"财政投入力度，努力实现农民人均纯收入的增长高于城市居民可支配收入的增长，全面提升农村居民幸福度。

二是深入落实支农惠农政策，提高对农民的直接补贴和综合补贴标准，切实减轻农民负担，直接增加农民收入。

三是加大市县两级财政支农资金整合力度，集中财力重点支持农村和农业诸如道路、通信、邮电、大型水利工程、江河治理、水土保持、仓储等基础设施建设，改善农业生产发展条件；着力推进农村经济从传统农业向现代农业转变，切实提高农村经济效益，促进农民增收；重点扶持增加农民收入的水产、畜牧、蔬菜、水果和花卉等区域特色产业发展，围绕发展优势产业搞好科技攻关和技术引进，多层次、全方位促进农业科技的推广和应用，努力提高劳动者素质和农业机械化水平。

四是积极推进农村小城镇建设，提高农村城市化水平，促进农村人口向城镇合理流动。

五是深化农村土地流转改革，大力推进农业产业化经营，提高农民进入市场的组织化程度和农业综合效益。探索和完善农业生产经营组织形式，进一步加大龙头企业的培育力度，引导、扶持农民专业合作经济组织和农产品行业协会建设，提升农民抵御风险和增加收入的能力。

六是引导金融资本加大农业投入。试行贷款费用补贴和贷款风险补助办法，鼓励和引导金融业不断拓宽农业贷款业务；推进农业政策保险试点工作，扩大保险范围，鼓励农民和保险机构积极开展农业保险业务。

4）构建城乡统一的义务教育体系

一是把义务教育放在加大民生投入的优先位置。遵循事权与财权统一原则，明确市县两级政府发展义务教育的支出责任，进一步完善义务教育经费保障机制，保证全市教育支出增幅高于财政经常性收入增幅。将城乡义务教育经费全面纳入财政保障范围，实质性地全面实现城乡免费义务教育。

二是深化义务教育管理体制改革，发挥政府配置教育资源的主导作用，采取布局调整、重组、撤并、达标等措施，彻底改变落后地区的办学条件和师资水平，促进区域义务教育均衡化发展，实现全地区义务教育资源的均衡分布和同质化发展。

三是构建义务教育财政监督体系。充分发挥各级人大、政协、司法机关、相关政府部门及公众的监督作用，确保义务教育财政资金专款专用，切实提高义务教育投入资金的社会效益和使用效益。

四是健全学生资助制度，保障城乡经济困难家庭子女平等接受义务教育。

五是将农村中小学校长、教师的管理权上收到区市县教育行政部门。优化义务教职工队伍结构，适应学科改革，有前瞻性地配备各学校教师。强化现有老师专业培训，提高培训工作的针对性和实效性，避免师资浪费。提高专任教师比例，减少后勤服务人员，使义务教育经费真正用在教育上。

5）构建城乡统一的基本医疗卫生体系

一是提高农村公共医疗卫生资金的统筹能力，逐步健全市县两级和个人三位一体的农村合作医疗筹资体系，逐年提高医疗筹资标准，保证全市医疗卫生供给大体均衡，最终建立城乡统一的基本医疗卫生体系。

二是整合城乡医疗保障机构，按照职能归口、城乡统筹的思路，将目前分散在劳动、卫生、民政等相关部门的医疗保障方面的事权归口到劳动部门统一管理；整合农村医疗卫生资源，打破条块分割，重组相关机构，集中技术力量，提高农村医疗卫生服务能力；深化乡镇卫生院改革，将乡镇卫生院划归县级管理，医务人员的报酬纳入差额补助或财政供给范围。

三是构建基础设施完善、功能健全的社区卫生服务体系，为城市居民提供便捷价廉的基本医疗服务以及预防保健、健康教育等公共卫生服务。

四是提高政府筹资比重，调整筹资顺序，提高农民筹资参合的积极性，实现农村地区参合全覆盖；市本级财政适当加大农村医疗卫生的投入力度，逐步缩小城乡医疗卫生差距，构建统一的城乡医疗卫生保障体系。

五是完善公共卫生体系服务功能。建立起反应灵敏、处置有力的突发公共卫生事件应急机制和功能健全、运转协调的疾病预防控制、卫生监督、医疗急救、妇幼保健和公共卫生信息协调系统。

六是建立规范的医疗卫生服务机构绩效考核和监督管理机制，使医疗卫生机制服务价格控制在合理范围内。严格监控医疗卫生人员的"寻租"行为，切实提高医疗卫生服务质量。

6）构建城乡统一的社会保障和救助体系

一是完善企事业单位基本养老保险制度，探索建立城镇居民、农民、农民工和小城镇居民养老保险制度，全面建立城镇居民基本医疗保险制度，不断完善失业、工伤和生育保险制度。

二是不断提高保障待遇水平。根据全市经济发展状况、职工平均工资水平、城镇居民消费价格指数和就业状况等情况，逐步建立健全社会保障待遇调整机制，稳步提高保障待遇水平。努力提高各类保险参保率和征缴率。进一步完善社会保险扩面联动机制，大力实施"五险"统征，不断扩大社会保险的覆盖范围。促进企业建立工资正常调整机制。完善企业职工工资收入分配决定机制、正常增长机制和支付保障机制，促进企业提高劳动报酬在初次分配中的比重。

三是多渠道筹集和积累社会保障资金，全面落实"两个确保"和低保的各项政策，使符合条件的贫困对象得以应保尽保。

四是完善农村养老、医疗保险和最低生活保障制度，增加对低保，对贫困地区、贫困农村的贫困人员的保障力度。逐步建立针对全体市民的社会保障机制，保障城镇贫困阶层和农村贫困人口的基本生活。

五是积极发展城乡社会救济和社会福利事业，做好救灾、民政救助工作；解决好老红军、老复员军人、伤残军人、烈属等重点优扶对象以及农村五保户的实际困难；将农村的失地、无地农民纳入社会保障范围，解决他们的实际困难。

第6章 典型调研：大连养老服务业发展报告

　　建立现代城乡养老服务体系，切实保障和改善老年人晚年生活是一项重大的、紧迫的民生工程。加速推进养老服务业发展，建立完善各项养老服务制度，加大养老服务财政投入，全面实现"老有所养"，是大连各级政府的职责所在。为了解、掌握大连养老服务业的发展现状、存在问题及政府推进养老服务业发展的政策落实情况，笔者与大连市财政局和民政局的有关同志共同对大连市养老机构和设施进行了深入调研。

　　养老服务业是指所有为老年人提供产品和服务的经济单位的总和。从产业经济学视角分析，养老服务业主要包括养老事业和养老服务产业，福利化和产业化是养老服务业发展的两种根本形式。养老服务业发展程度直接关系到当地老年人的生活水平和质量。近年来，大连市委、市政府高度重视养老服务业发展，持续加大政策、财力、物力扶持，初步建立了以居家养老为基础、社区服务为依托、机构养老为支撑的现代城乡养老服务体系。随着人口老龄化进一步加剧，居民家庭结构和养老观念正发生深刻变化，老年群体和老年人需求日益扩大，对养老服务提出了新的、更高的要求。

6.1 大连人口老龄化现状

按照国际习惯，一个国家或地区 60 岁及以上老年人口占全体人口比例达到 10%，或者 65 岁及以上人口占比达到 7%，即可判定该国或地区人口已经成为老龄型，占比越大说明人口老龄化程度越高，如果占比增长一倍，则意味着该区域已由"老龄化社会"步入"老龄社会"。大连人口老龄化现状凸显出以下几个特点：

1）人口老龄化程度高

据市老龄工作委员会办公室（市老龄办）资料显示，截至 2013 年年底，大连市户籍人口 591.5 万，其中 60 岁及以上人口 122.4 万，占人口总数的 20.7%，65 岁及以上人口 81.1 万，占人口总数的 13.7%，大连已由"老龄化社会"迈入"老龄社会"。

2）老龄化发展速度快

我国于 1999 年进入老龄化社会，而大连早在 1987 年 60 岁及以上人口占比就达到了 10%，先于全国 13 年。目前全国老年人口年均递增 3%，大连达 4%。据国家老龄办研究报告显示，我国进入老龄化社会仅用了 18 年时间，而法国用了 115 年，美国 60 年，英国 45 年，日本 25 年。另据市计生委报告预测，"十二五"期间大连老年人口将步入高速增长期，届时大连市 60 岁及以上老年人年均增量将在 6 万人以上，2015 年每 5 个人中即有 1 名老年人，到 2025 年，每 3 人中将有 1 名老年人。

3）高龄人口比重大

随着人民生活水平的不断提高，医疗卫生保健事业的逐步改善，大连人口预期寿命大大延长。资料显示，2013 年大连 80 岁及以上老年人口 18.3 万人，占 60 岁及以上人口的比重达 15%，人口预期寿命超过81 岁，远高于全国和辽宁省平均水平。高龄人口比重大相对加重了人口老龄化的实际程度，也为政府加快推进养老服务业发展带来更大的压力。

4）老龄化发展与经济发展不同步

发达国家步入老龄型社会时人均 GDP 一般在 10 000 美元以上，而我国仅有 1 000 美元左右。可以说，发达国家是"先富后老"，而我国是"未富先老"。大连作为我国经济相对发达的地区，1987 年人均 GDP 未超过 2 400 美元。2013 年大连人均 GDP 按现行汇率计算约 19 000 美元，相当于 20 世纪英国 40 年代、美国 50 年代、日本 80 年代迈入老龄化社会时的人均 GDP 水平。可见，那种以目前发达国家养老服务业发展水平作为大连养老服务体系建设目标，全面推进以政府为主导的加快养老服务业发展的做法无疑会面临很大困难。

6.2 人口老龄化——养老服务业发展的契机

人口老龄化的快速发展和迅速膨胀的老年需求为养老服务业发展创造了更大的发展空间和市场潜力。现代人口老龄化理论研究表明，推进养老服务社会化、产业化发展的主要动力是家庭结构、养老观念的变化、"空巢"老人的快速增加以及社会养老保障制度的完善。

1）家庭养老功能呈弱化态势

一直以来，家庭养老是我国最基本、最主要的养老方式，子女担负老人养老的主要责任，政府发展养老事业主要针对城市少数的"三无"老人和农村"五保户"。90 年代后，我国社会家庭结构凸现小型化，家庭养老功能日渐弱化，原因有四：一是长期计划生育推行的独生子女政策，使社会普遍出现了"4—2—1"家庭结构，一对年轻夫妇养育一个孩子并同时赡养 4 位老人。在未来的 20 年内，甚至出现许多"8—4—2—1"家庭，家庭养老将不堪重负。二是年轻人和老年人的养老观念同时发生变化。调查发现，许多年轻人因工作繁忙无暇照顾老人，子女更喜欢以金钱代替劳动力的方式孝敬长辈。越来越多的老年人为减轻子女负担也希望借助社会力量解决养老问题。三是工业化、城市化的迅速发展，中青年人生存竞争加剧，城市人群异地求职，农村劳动力向城市转移，造成城市和农村独立生活的"空巢老人"日渐增多，使老年人养老问题更为突出，2013 年大连 60 岁及以上人口占人口总数的20.7%，"空巢老人"占老年人口比重超过 52%。四是社会基本养老保障制度不断完善。截至 2013 年年底，大连基本养老保险城市参保率达

100%，企业离退休人员人均养老金提高至 1 998 元，位居全省第一位，并实现了城镇养老保障制度全覆盖。农村养老保险覆盖面逐步扩大，全市已有 43.8 万农村老年居民享受到每人每月 150 元的"养老金"。养老保险制度的完善为老年人提供了可靠的、稳定的经济来源。医疗保险制度日益完善，2013 年全市城镇老年人全部办理了医疗保险。基本养老保障制度的健全完善，降低了老年人对家庭的依赖。

2）社会养老服务需求迅速膨胀

随着人民生活水平的提高，许多老年人尤其是城市老年人需求不再局限于基本的物质生活，更多地注重生活质量和生命质量，老年需求已扩大到保健、护理、文娱、精神慰藉等诸方面，而且对老年产品和服务的质量、档次及品位要求越来越高。调研发现，不仅高龄老人对社会养老服务的需求剧增，而且整个老年群体对养老服务的需求也迅速膨胀，吸引了越来越多的社会力量重视并投资养老服务业。

3）政府优惠政策引导作用日渐加强

为应对人口老龄化，国家相继出台了多项政策措施引导和扶持养老服务业发展，包括税费减免、土地划拨、政府补助等。大连除全面落实国家优惠政策外，还实施了如对新改扩建养老机构按床位给予财政补贴等优惠政策，调动了各种社会力量投资和发展养老服务业的积极性。按照国家和大连相关扶持政策规定，经民政部门批准建立的大连市所有民办养老机构均属于民办非企业，享受税收及其他优惠政策。调研发现，大连市尚未建立完善的养老机构运行监管机制，民办养老机构所得和收费标准皆由机构自行支配和决定，这无疑为养老机构提供了更大的业务拓展和盈利空间。

6.3 大连养老服务业发展现状

近年来，大连市委、市政府积极推进养老事业和养老服务产业发展，努力探索创新养老服务机制，持续加大政策、财力和物力投入，初步建立起政府与市场相结合的全方位养老服务体系。但由于人口老龄化发展迅速，养老服务业市场发育相对较晚，现实中仍存在行业标准和市场规范不统一、社会投资相对较弱、养老机构床位空置率偏高等问题。

1）养老服务业发展现状

（1）养老事业福利程度较高

一直以来，我国各级政府重点采取福利性集中养老模式开展养老事业。政府投资兴办的养老机构如敬老院、老年人福利院等，主要为农村"五保户"、城市"三无"老人等特殊老年群体提供服务。从公共财政视角分析，养老事业类属于基本公共服务，政府理应承担责任。近年来，大连各级政府持续加大养老事业投入，养老事业福利程度稳步提高，位居全国前列。2013 年全市共有国办老年人福利院 18 所，集体办农村区域性中心敬老院 58 所，床位数超过 1 万张，基本能够满足特殊老年群体集中养老需要。为切实提高特殊群体老人的福利水平，政府适时提高了集中养老补助标准。对"五保"老人，经济相对落后的北部地区每人每年补助 5 700 元，南部地区 6 300 元；对城镇"三无"老人每人每年补助 8 500 元。调研发现，目前国办和集体办养老机构硬件设施比较完善，软件服务比较到位，入住的老人均得到了较好的照料和服务，有些敬老院和福利院成为全国学习的典范。据基层相关人员介绍，即使是分散供养的特殊老年群体，现有的补助水平也能够满足其基本生活需要。

（2）特殊群体老人呈下降趋势

近年来，大连市享受政府福利养老的特殊群体老人总体呈下降趋势。市民政局统计数据显示，全市农村"五保"供养人员已由 2005 年的 12 452 人减少到 2013 年 11 973 人，年均下降 3.8%。据沙河口区民权居家养老服务中心负责人介绍，中心服务的"三无"老人已由 2002 年 13 人减至 2013 年的 4 人，9 人去世。原因是上述老人群体一般是在特定条件下形成的，目前许多是高龄老人，随着优生优育政策的延续和社会保障制度的完善，这些特殊老人呈现逐年减少态势。如果政府根据目前特殊老人数量为依据兴建福利养老机构，那么未来定会出现机构闲置问题。

（3）养老方式以居家养老为主

居家养老是指以家庭为单位，由社会或家庭成员承担老年人生活的养老方式。目前大连市养老机构床位数约占老年人总数的 3%，达到了全国、全省"十二五"末期的水平，但床位空置率在 30% ~40% 之间。据此推算，有 97% 以上的大连老年人居家养老。总体上看，老人选择居家养老有以下好处：一是生活有人照料；二是家庭气氛浓厚；三是不孤独；四是可享受天伦之乐；五是开销相对少；六是可得到情感的欢快和安慰。尽管老年人和年轻人的养老观念有所变化，"空巢老人"逐年增多，但老人入住养老机构仍是一种无奈的选择。调查发现，入住养老机构的老年人除特殊群体老人外大多有近似原因：一是个性较强、与子女产生摩擦或矛盾；二是子女不孝；三是生活不能自理、子女无暇照料等。据市内一家养老机构负责人介绍，入住该机构的老人约 30% 有入住其他养老机构的经历，老人入住养老机构是没有办法的办法，正常情况下绝大多数老年人仍喜欢居家养老。

（4）政府居家养老服务成效显著

居家养老服务是指政府和社会力量依托社区，为居家的老年人提供生活照料、家政服务、康复护理和精神慰藉等方面的服务。大连是我国最早实施居家养老服务的城市，目前政府已建立了较完善的居家养老服务政策体系。一是出台了《大连市完善居家养老服务工作实施意见》，对享受城市低保的 60 周岁以上老年人及遗属孤老，实行每人每月 100 至 80 元不等的居家养老服务补贴；二是政府启动了《大连市城乡社区养老服务中心建设三年规划》，计划 3 年内在全市城乡建设 255 所具有日间托老、家政服务、健身康复、心理慰藉和应急服务等功能的社区养老服务中心，首批 80 所已建设完成。据中山区民权居家养老服务中心负责人介绍，该中心在本行政区内招收下岗再就业人员 150 余名，经中心培训后免费将其介绍给辖区内老年人提供居家养老服务，服务收费标准每月在 500 元至 1 800 元之间。调研发现，新建的养老服务中心除提供上述主要居家养老服务外，还设有活动室、托老室、餐厅及老年课堂等设施，硬件设施齐备，服务良好，深受老年人及社会各界好评，有些中心现已成为全国学习的样板。

（5）养老服务产业化趋势明显

随着市场经济的发展，大连养老机构正由单纯的事业型、福利型向事业型与产业型互相结合、福利型与效益型互为补充的方向转变。养老机构建设的投资主体已由单一的国有投资为主向多种所有制共同投资转变。截至 2013 年年底，大连市共有各类养老机构 278 所，床位 3.3 万张，其中：国办 91 所；民办 187 所，床位超过 2.1 万张。民办养老机构现已成为大连老年人集中养老的主要力量。随着选择机构养老的老年人绝对数量日渐加大，养老服务市场更具吸引力，越来越多的社会力量开始专门从事研究、开发和提供涉老产品，以满足老年人多样化需求。伴随养老产业化进程的加快，公办养老机构服务对象逐步公众化。调研发现，大连市国办和集体办养老机构除满足政府供养的特殊群体老人需求外，几乎所有国有福利养老机构从降低成本或增加收入的角度已开始向社会老年人开放，接收一些自费老年人入住，这一趋势因特殊群体老人的减少可能进一步扩大。

（6）养老服务模式呈现多样化

据市民政局统计，大连市养老服务模式已有 10 多种，除居家养老、机构养老和社区养老模式外，还存在其他养老服务模式：一是货币化养老模式，即政府以"代币券"形式为特困老人发放养老服务补贴，特困老人凭券自主选择居家养老服务项目或选择机构养老；二是暖巢管家养老模式，即为空巢老人配备管家，负责老人日常生活照料、身体健康监护、生活用品代购配送等；三是异地互动养老模式，即老人在当地养老机构或中介机构登记，由养老机构或中介机构联系到外地养老机构养老；四是信息化养老模式，即借助信息化手段，将社会各种养老服务资源整合成为养老服务网，为老人提供养老信息服务等。

2）养老服务业现存的主要问题

尽管大连养老服务业发展近年来取得了喜人成效，但受制于固有的管理体制、运行机制和产业政策等因素，目前大连养老服务业发展突出存在以下几方面问题：

（1）政策体系层面

一是政策措施不协调。长期以来，受传统福利救助养老模式的影响，政府在推进养老服务业发展过程中往往过于注重养老事业的发展，常常比照发达国家和国内先进水平制定养老服务政策，适时扩大养老福利范围和提高养老补助标准，甚至盲目新改扩建福利养老机构，一定程度造成资源配置的低效率。同时也存在上级政府制定的养老服务政策过于宏观，一些具体指标脱离实际，加大了下级政府的执行难度。此外，政府相关部门对养老服务产业化发展的研究明显不足，不仅未对养老服务产业化发展进行深入研究，甚至连最基本的统计数据库都未建立。虽然国家、省、市政府下发的文件中对推进养老服务产业化发展作出了明确规定，但相关部门未出台与之相配套的具体措施，导致许多有利于养老服务产业化发展的优惠政策无法落实。调研发现，经民政部门批准建立的养老机构均属民办非企业，虽然此类机构可享受多项优惠政策，但许多非公有制养老机构运营过程中，用地要按商业拍卖价购买，贷款不能优先，利息不能优惠，实际上难以充分享受政策。

二是政策监管不到位。目前大连市尚未建立统一规范的养老服务行业标准和市场准入机制，造成养老服务业入市门槛低，养老机构间硬件和软件差距较大，在政府对新改扩建养老机构给予同等财政补贴的情况下，客观造成财政资金使用的低效率和扶持政策落实结果的不公平。由于缺乏监管，有些在集体土地上兴建的民办养老机构，以发展养老服务业为名而赚取土地收益之实，个别机构经营中专注于土地增值，忽视对养老机构的运营管理，造成经营不规范，服务质量低，影响了养老服务业健康发展。此外，政府现行的养老服务业发展政策主要针对养老服务机构，对养老服务其他产业监管存在诸多不足甚至空白。如老年保健品市场兴旺有目共睹，但由于老年保健品市场缺乏统一、严格的行业标准和市场规范，不仅产品质量没有保证，而且企业宣传肆意扩大保健功效，使许多老人深受其害。

三是政策宣传不够。现行的养老服务政策及舆论宣传过于强调养老服务业的福利性和公益性，在一定程度上否认了养老服务的产业属性，降低了民间资本投入该行业的热情。目前大部分有关养老服务业发展的政策通常以文件传达为主，社会各界对人口老龄化带来的市场新机遇不掌握，对养老服务产业发展前景不清楚，使社会力量进入养老服务市场的积极性不高，影响了养老服务产业化发展。

（2）体制机制层面

一是行政管理不系统。总体上看，大连市养老服务业发展模式很大程度仍沿袭固有的养老事业发展模式，所有操作性强的养老服务政策如提高养老补助标准、整合农村养老机构、建立居家养老服务中心等均由政府行政命令式推动，缺乏对养老服务产业的统一规划和系统协调管理。行政主管部门对民办养老机构除审批建立和发放财政补贴外，基本未进行行业系统管理。调研发现，仅靠行政主管部门推进养老服务产业化发展面临很大困难，在政府未出台养老服务产业发展相关规划和政策的前提下，行政主管部门只能在本系统内制定和实施可操作的政策，而对其他部门负责的如土地、税收和水电等优惠政策落实情况却无能为力，客观造成政府职能"缺位""越位"现象发生。

二是投入机制不完善。随着人口老龄化的迅速发展，现行的养老服务政策将进一步增加各级政府尤其是县级和乡级政府支出压力，如果经济形势发生变化或进一步提高养老服务标准及扩大福利化范围，基层政府投入将难以为继。对民间资本而言，养老服务业投资大，收益不高，回收期长，加之缺乏政府政策和资金引导，抑制了社会力量投资该行业的积极性，导致投资主体多元化步伐不快。

三是部分政府办养老机构运营效率不高。受传统的行政管理体制影响，部分福利性养老机构人员臃肿，营运成本很高。调研发现，大连市一政府办养老机构入住老人约120人，管理和服务人员达37人，而市内一家服务标准很高的民办养老机构入住老人350余人，管理和服务人员不到50人。

（3）经营服务层面

一是民办与政府办养老机构经营条件差距较大。相对于民办机构，政府办机构依靠政府支持，硬件设施齐备完善，地理位置优越，交通比较便利，伙食标准较高，服务人员相对充裕，享受优惠政策充分，经营压力小。调研发现，政府办养老机构入住率很高，一些自费老人需凭借一定"社会关系"才能入院。而民办机构则投资大，成本高，直接导致服务水平难以提升，机构床位空置率偏高，总体达到50%，有些微利运行，有些处于亏损状态。由于养护人员工资低，工作量大，普遍面临招工难问题。

二是养老服务机构建设和运营普遍面临资金难、用地难的问题。经民政部门批准的养老机构均属非营利性质，机构经营难以得到银行贷款支持。目前，大连物价水平较高，特殊老人政府补贴和老人养老金水平相对较低，养老机构尤其是基层养老机构收取的入院费用仅能保证老人基本生活需要，造成入院老人生活质量难以进一步提高，机构正常经营资金也十分紧张。由于大连养老服务业发展较晚，政府部门未对养老机构建设用地进行统一规划，造成整个大连地区养老机构建设用地异常紧张。据民政部门人员介绍，不要说民办养老机构用地，即使是政府新改扩建养老机构也面临很大的用地压力。此外，政府办的居家养老服务中心也面临运营场所难以落实的问题。按照市民政部门下发的中心建设标准，基层政府落实相应的经营场所面临较大困难，如中山区民权居家养老服务中心可谓大连市中心建设的样板，时常接待外省市人员参观考察，受办公场所限制，中心至今办公室与活动室异地分设。

三是养老专业化水平有待提高。目前大连市所有养老机构均采取"全包"式服务，自理、半自理、不能自理的老人一律接收。这种护理模式对机构和护理人员的专业化水平提出了更高的要求。调研发现，目前大连市养老机构专业化水平很低，大多处于满足老人基本物质生活需要层面，专业人员匮乏，无法满足老人日益增长的多样化需求。

6.4 国内外养老服务业发展经验与借鉴

1）日本养老服务业

日本是全球老龄化进程最快、老龄人口比例最高的国家。从 20 世纪 60 年代开始，日本着手建立养老服务体系，目前已形成包括居家养老、机构养老和社区养老三种养老服务方式在内的养老服务模式（见表 6-1）。

60 年代以来，日本先后出台了一系列养老服务法律和政策，如 1963 年颁布《老人福利法》，1989 年出台《高龄老人保健福利推进 10 年战略计划》等，保证了养老服务业的健康发展。随着人口老龄化的加速，仅靠国家力量发展养老服务业给日本政府带来很大压力，日本政府积极鼓励、支持民间机构和私人投资养老服务业（见表 6-2）。

表 6-1   **日本养老服务模式及内容**

养老服务模式	居家养老服务	访问护理服务	"身边护理"服务：照顾老人吃饭、洗澡、换衣、排泄等
			"帮助家务"服务：做饭、清扫和帮助老人在室内做适当运动
			"复合型"服务：兼顾前两种服务
		日间护理服务：接送老人到老年护理中心为老人提供洗浴、就餐、体检和康复训练等	
		短期托付服务：随时随地将老人托付给有短期服务业务的养老院，为老人提供短期护理服务	
	机构养老服务	老年人日托服务中心；老年人短期人性设施；护理老人之家；特别护理老人之家；低费用老人之家；老年人护理援助中心；老年福利中心；其他设施（老年人福利设施工作所；老人休息之家；老人休养之家）	
	社区养老服务	上门服务：到老人家中提供多种服务，包括照料老人日常生活，帮助做家务，定期上门会诊等	
		访问护理服务：对家中病人或老人进行生活护理、输液、注射、换药、送药品、观察病情等多项服务	
		机能训练服务：为因疾病或负伤导致肢体功能低下、有孤独症倾向者定期举办肢体功能恢复培训班，对他们进行体格检查、功能锻炼、集体进食和各种娱乐活动	

表 6-2   **日本养老服务产业政策**

年份	颁布单位	政策	内容
1974 年	厚生省	收费养老院设置运营指导方针	对养老机构的属性、设施标准、人员配置、服务标准和优惠贷款制度等做了明确规定，并规定养老机构每年必须提交经营报告，接受政府监督
20 世纪 80 年代以后	老龄商务发展协会	老龄商务伦理纲领	加强行业和企业自律
		银色标志制度及银色标志认证委员会	对符合条件的社会养老机构、老龄产品和服务及其厂商等进行认证并公布于众
1997 年	日本政府	护理保险制度	将养老问题纳入社会保障制度范畴，并以保险的形式解决了财源问题。引进竞争机制，允许民间盈利团体提供护理服务，扩大服务内容

从经营运作模式上看，日本养老服务供给主体呈现多元化，已形成包括公营、民营、非盈利团体、盈利团体在内的养老服务机构并存，且出现了激烈竞争的格局。

2）英国养老服务业

英国是最早建立老年社会保障体系的国家，其社会养老保障制度具有全民保障、全面保障的特点，被称为"从摇篮到坟墓"的制度体系。在英国养老服务中，政府占据主导地位，几乎承担了所有的社会养老服务，这种格局给政府造成极大的财政赤字压力，使国家陷入"福利困境"。自20世纪80年代开始，英国打破由国家独撑养老福利的思想，强化市场主导作用和政策引导，积极鼓励非政府组织发展社区养老服务。英国的养老服务是以社区照顾为主，机构养老为辅（见表6-3、表6-4）。社区照顾由地方政府组织管理，中央政府进行宏观监督与控制。

表6-3　　　　　　　　　　英国养老服务模式

养老服务模式	社区照顾	社区服务中心
		社区老年公寓
		家庭照顾
		暂托处
		上门服务
		社区老人院
	机构养老	老人之家：健康老人居住
		护理之家：病残老人居住

表6-4　　　　　　　　　　英国社区养老服务主要内容

类　别	主要内容
生活照料	饮食起居的照顾、打扫卫生、代为购物等；可分为居家服务、家庭照顾、老年人公寓、托老所等4种形式
物质支援	提供食物、安装设施、减免税收等
心理支持	治病、护理、传授养生之道等
整体关怀	改善生活环境、发动周围资源予以支持等
医疗保健	以社区为单位提供医疗保健，即在每一社区内设立若干老人保健中心或有关老年病医疗机构，在医生的指导下，开展日常医疗护理等工作

从经营运作模式上看，社区照顾通常采取以政府为主导的官办民助或民办官助。政府不仅为社区照顾制定法规政策、兴建设施、招募人员，而且还提供财力支持，并监督、检查民间组织和私人机构开展社区照顾的工作情况。非政府组织接受政府和社会各界的资助，组织广大志愿者无偿、低偿开展社区照顾活动。此外，英国还有大量以盈利为目的的商业性老人服务机构，弥补了社区照顾的不足。

经验借鉴：①建立政策法规体系，确保养老服务业发展有法可依。②推进养老服务产业化发展是必由之路。日本实施多种优惠政策引导社会力量投入，缓解了政府投入压力并实现投入主体多元化。英国初期包揽养老服务的做法直接导致政府陷入"财政困境"，最后不得不转向养老服务产业化发展。③以居家养老为主，注重发挥社区在养老服务中的主导作用，满足老年人多样化需求。④重视养老服务专业化发展。两国在推进养老服务业发展过程中，充分考虑不同收入阶层及不同身体状况老人的养老服务需求，按照专业化要求提供多层次的养老产品和服务；同时，对所有上岗人员进行专业培训考核、资质认定，实现持证上岗。

3）上海市养老服务业发展情况

上海市是我国最早进入老龄化社会的城市。面对日益加剧的人口老龄化问题，上海市采取多项措施发展养老服务业。一是将养老服务纳入社会经济发展总体规划及政府实事项目，并将养老事业的一些重要指标列入社会经济指标体系。二是制定优惠政策措施，推动养老服务业全面发展。市政府下发了《上海市养老机构管理办法》、《关于加快实现本市社会福利社会化的意见》，明确规定社会力量投资养老事业，在建设用地、公用事业收费、税收等方面给予政策优惠。三是制定规范性文件，推进养老服务标准化发展。上海市民政局会同有关部门先后颁发了《上海市养老机构设置细则》、《上海市养老设施建筑设计标准》等一系列规范性文件，对养老机构的设置、建筑标准、年审、处罚、管理和服务作出了具体的规定和要求。四是建立困难老人补贴制度。

从养老服务模式看，上海市养老服务以社区居家养老服务为主、机构养老服务为补充。目前，上海市各街道（镇）已全部设立了居家养老服务中心，服务项目涵盖老人生活起居的各个方面。

上海市养老服务业投入来源主要包括政府财政投入、福彩公益金投入、社会资金投入。目前，上海市的居家养老服务主要是以政府购买的形式运作，无论是建设设施、成立机构、设立项目都由政府来完成。各级财政已将设施建设补贴、机构运营补贴、困难老人服务补贴等所需资金列入财政预算。各级福利彩票公益金也以老年福利为主要投向。社会资金包括企业、个人投入及慈善事业支持。上海市养老服务供给呈多元化和社会化发展趋势。近年来政府大力推进政府办养老机构转制工作，许多国办养老机构已转为民营。

经验借鉴：①制定养老服务业发展宏观规划。②注重养老服务业规范化发展。上海市制定出台了一系列养老服务机构建设标准和行业规范，建立了较规范的行业监管体系，以确保养老服务业持续健康发展。③逐步扩大养老福利面，提高福利补贴标准。服务对象逐渐从特殊群体老人向特困老人及所有老人拓展，并根据经济社会发展水平，稳步提高福利补贴标准。④积极推进养老服务业社会化发展。实施多种优惠政策吸引社会力量投资养老服务业，实现投资主体及经营主体多元化。

6.5 加快大连养老服务业发展的对策建议

人口老龄化相关数据表明，大连已经进入并将长期处于老龄化社会、老龄社会，各级政府在稳步提高养老福利化水平的基础上，应以提高老年人生活质量和社会资源配置效率为目标，以产业化为改革方向，采取切实可行的措施，系统解决养老服务业发展过程中现存的主要问题，加快建立有利于构建和谐社会的养老服务业发展体系。

1）大连养老服务业发展的基本思路

鉴于大连养老事业发展处于全国领先水平、养老服务产业化发展相对滞后的实际，在充分考虑大连市人口老龄化现状和发展趋势及经济社会发展水平的基础上，借鉴国内外经验，大连养老服务业发展的基本思路如下：

一是遵循养老服务业发展与经济社会发展水平、财力水平相适应的原则，在贯彻落实国家、省和大连市现行的养老服务政策的基础上，科学界定养老事业范围，重点保障养老事业发展，稳步提高养老福利化水平。

二是充分发挥政府行业管理职能作用，完善养老服务法规、组织、投入、监管等政策，遵循市场运行规律，坚持产业化发展方向，引导社会力量投资养老服务业，推进养老服务法制化、社会化、多元化、专业化发展。

三是制定出台养老服务机构建设标准和行业规范，建立与养老服务业相关的诸如建筑设施、卫生条件、服务水平、管理能力、职业素养等在内的资质评估认证标准体系和监管体系，推进养老服务业标准化、规范化、专业化发展。

四是坚持以居家养老服务为主的养老方式，健全社区养老服务功能，实施优惠政策引导民办机构从事社区养老服务。

2）加快养老服务业发展的具体措施

（1）科学制定养老服务业发展规划

各级政府及相关部门要在广泛调查研究的基础上，根据人口老龄化和地区经济社会发展现状及趋势，通过定性、定量分析，科学制定养老服务业结构、布局、组织等方面规划，提出明确的发展方向、目标和重点，并将其纳入本级国民经济和社会发展总体规划。要注重养老服务业发展规划与区域城镇建设规划、土地利用规划和其他产业发展规划协调一致，在养老服务业总体规划的指导下，根据实际研究制定各种专题规划，如社区养老服务发展规划、农村养老服务发展规划等。同时，加大规划实施力度，明确要求凡出台新的养老服务政策，都必须以规划为依据。养老机构的改扩建也要符合规划要求。

（2）全面构建养老服务业政策框架

在国家现行政策框架内，制定出台加快大连养老服务业发展的指导意见，重点是坚持产业化发展方向，取消对非公有制养老机构的种种限制，让非公有制养老机构和公有制养老机构公平竞争，并给予必要的税费减免，用地优惠，水、电、气、电信、电视收费优惠等，同时建立政策督促落实机制，为养老服务业发展创造良好的政策环境。抓紧制定养老机构管理办法、设置细则、年度验审、违规处罚等规范性文件，对养老机构的设置、经营、处罚等作出明确规定。健全养老服务业行业标准和行业规范，对国家现有的标准和规范，按国家规定执行；对无国家规定的领域，应借鉴国内外经验，制定地方暂行办法，如养老机构服务质量标准、资质评估标准、服务定价标准等。

（3）健全养老服务业组织协调机制

一是按照政府各部门职能权责，明确其在养老服务业发展规划、政策法规、配套措施、行业监管等方面的责任，抓紧研究制定相关的法规政策文件，为加快养老服务业发展提供有力的组织制度保障。二是遵循市场运行规律，注重推进养老服务中介机构的发展，如组建养老行业协会、养老服务评估事务机构、养老纠纷仲裁机构等，加强对养老服务业的社会监管，规范行业运行，维护经营者和消费者的合法权益。

（4）改革创新养老服务业投入机制

一是改革现行的政府养老投入机制。各级政府应以产业化为导向，适时转变投入方式，变直接投入为间接投入。政府原则上不再兴建福利性养老机构，对新增的特殊群体老人可采取货币化形式提供养老服务。二是加大政府投入力度。各级政府应将养老服务业发展经费纳入财政预算，根据地区经济发展水平和人口老龄化状况及养老事业范围与内容，适当增加财政投入。三是按照"谁投资、谁管理、谁受益"的原则，落实现行的投资优惠政策，吸引社会力量投资养老服务业。同时，可采取"民办公助"或"以奖代补"的方式，对承担政府责任和按政府既定标准兴建的民办养老机构予以扶持和资助。四是规范完善养老补贴奖励办法。制定可量化的补贴奖励对象审核标准，由民政、纪检、审计和财政等部门组成监察组，定期或不定期对福利对象进行监察，确保政策落实到位。五是制定专门的管理办法，支持国有福利事业单位以土地置换、转让部分土地使用权等方式筹集资金，增加对养老事业的投入。六是制定相关政策，为老人"以房养老"或捐赠遗产创造条件。七是积极引进外资。

（5）加强养老服务人力资源培养

倡导和鼓励大连市相关大学和职业院校开设涉老专业或课程。把养老服务培训纳入职教培训和农民培训计划。积极引导养老服务机构提高人员素质，对自行培训的养老服务机构，经验收合格给予适当补贴；对委托其他单位培训的为老服务机构，降低人员培训费用。完善大连市星级养老服务人员评定制度，开展执证上岗。采取优惠政策，吸引志愿人员从事养老服务工作，形成专业、兼职和志愿者相结合的为老服务队伍。发挥居家养老服务中心的作用，对家庭照料人提供信息咨询、传授养老服务技术和经验，并对其劳动给予应有的社会尊重和鼓励。试点推行"时间储蓄"制度，让每一位为他人提供义务养老服务的人员，将来优先享受他人等量服务。

（6）加大养老服务业文化舆论宣传

充分发挥广播、电视、报刊等大众传媒作用，加强养老服务宣传工作，积极创办涉老频道、栏目、杂志，营造全社会尊重、理解、关心和帮助老年人的社会环境。引导老年人更新观念，树立进步、科学、健康、文明的生活方式。策划组织经常性的"老年人入住养老机构咨询洽谈会"等公益活动，提高社会对养老服务业的认知和理解。

（7）注重养老服务业实用性研究

指定具体政府部门负责组织人口老龄化问题及老年学理论研究和应用研究工作，部门可采取资助等方式加强与社会科学研究机构、大学、医疗研究机构合作，逐步形成由政府工作人员、专业人士和实际工作者相结合的涉老科研队伍。重点开展人口老龄化、养老产业、社区老年、农村养老、机构养老等热点、难点问题研究。加强养老服务统计指标体系建设，完善经常性统计制度，为政府及部门决策和从事养老服务业的社会力量提供全面准确的基础数据。同时，以社区为支点，加快老年人养老服务档案和涉老资源信息平台建设，为政府决策和老年人提供信息服务。

第二篇　实现基本公共服务均等化问题

　　基本公共服务均等化问题是当前我国经济社会发展中的热点问题，也是健全财政职能、完善公共财政体系、满足公众基本需求的创新性课题。自 1998 年全国财政工作会议提出"逐步建立公共财政基本框架"以来，公共财政一直统领着我国财政改革的基本方向，历经 15 年的改革实践使我国初步构建起符合社会主义市场经济的公共财政体系。2006 年，党的十六届六中全会通过的《中共中央关于构建社会主义和谐社会若干重大问题的决定》（以下简称《决定》）提出"完善公共财政制度，逐步实现基本公共服务均等化"。党的"十七大"和"十八大"报告中也对实现基本公共服务均等化提出了明确要求。公共财政的建立是实现公共服务均等化的基础和前提，基本公共服务均等化是公共财政"公共性"的重要体现，也是转型时期我国公共财政发挥职能作用的着力点和落脚点。

第7章 基本公共服务均等化的理论分析

7.1 公共服务的内涵

公共服务在经济学中也称公共产品,在许多经济学和管理学论著中,公共服务和公共产品常常被并列使用。1954年萨缪尔森首次提出公共产品(Public Goods)定义:每个人消费这样的物品均不会导致其他人对该产品的消费减少。货币学派代表弗里德曼、公共选择学派代表布坎南等都从不同角度定义过公共产品,但目前经济学界使用最普遍的公共产品概念仍源自萨缪尔森的定义。

辨别公共产品和私人产品的两个标准是"非排他性"和"非竞争性",即公共产品以非排他性和非竞争性为特征,而私人产品则具有排他性和竞争性特点。如果一种产品两标准兼备,通常被称为纯公共产品,如国防、公共卫生等;具备两标准之一则称为准公共产品,如道路、教育、医疗、社会保障等等。理论上讲,在市场经济条件下纯公共产品需由政府提供,准公共产品则既可由政府提供,也可由市场提供。实际上,由于国家制度、市场经济发育程度和社会结构等差异,决定了公共产品是一个历史的、实证的范畴。公共产品的实际范围由于时间上和空间上条件的差异而存在很大的不同，换言之，政府提供公共产品的范围区间并不是固定的。市场经济国家的政府提供公共产品的实践表明，政府应当提供何种公共产品、怎样提供公共产品这一传统命题，没有现成的、统一的答案。

古典经济学派代表亚当·斯密将政府的作用仅限于国防、司法、公共工程和公共机关，一些学者将此视为政府提供的最基本的公共产品。由于市场失灵的客观存在和市场经济的深刻变革，政府经济职能逐步增加。到 19 世纪末，一些国家将养老保险、公共卫生、基础设施和环境保护等纳入基本公共服务范畴。进入 20 世纪，许多国家在确保社会经济稳定发展的同时，把教育、培训和科学技术作为政府提供公共产品的重点。由此可见，基本公共服务范围随着社会经济的发展而变化，并呈逐渐增加的趋势。党的十六届六中全会通过的《决定》中提及的基本公共服务，主要包括教育、卫生、文化、就业与再就业服务、社会保障、生态环境、公共基础设施、社会治安等。从经济学角度分析，这些公共产品主要是能够直接为公民提供社会福利水平的公共产品。目前发达国家尤其是高福利国家基本上都把上述公共产品列为政府保障的重点。资料显示，目前发达国家教育卫生和社会福利开支占财政支出的比重平均高达 53%。实践表明，基本公共产品的范围受限于一国的市场发育程度、经济发展状况、政策目标取向等多种因素，这些因素也决定了基本公共服务的具体内容和阶段性重点。

7.2　基本公共服务及均等化的内涵

概括而言，基本公共服务是指能够充分体现关注民生、改善民生和以人为本的，体现人的基本权利，以政府提供为主导的公共服务。从满足需求的层次角度出发，在温饱阶段的群体希望获得最基本的衣、食、住、安全等方面的满足；处于小康阶段的群体希望在社会和尊重方面得到满足；而处于富裕阶段的群体则重点追求自我人生价值的实现。马斯洛需求层次理论表明，只有满足人们最迫切需求的公共服务才能够最大限度体现出政府公共服务的效率和社会公平，所以，在一国经济没有发达到足够为每一个公民提供足额的公共产品以满足其需求即财力有限时，政府应该首先提供公民基本需求的公共服务，当这个较低层次的需要得到满足之后，再提供更高层次的公共服务①。

综合上述分析，实现基本公共服务均等化是指政府能够为社会公众提供基本的、普遍性的、在不同阶段具有不同内容和标准的、大致均等的公共产品和服务。"均等'具体包含两个层面：一是公众享受公共服务的机会均等；二是在数量和质量上公众都能获得大体相等的基本公共服务。基本公共服务从消费层次看是低层次的，从消费需求的同质性看是无差异的。基于我国目前经济发展程度和体制等因素的制约，基本公共服务应界定在以下领域：最低生活保障、社会救助、全民义务教育、基本卫生医疗、社会公共安全、环境治理和公共基础设施。

---

① 龚金保. 需求层次理论与公共服务均等化的实现顺序 ［J］. 财政研究，2007（10）：33-35.

第8章　实现基本公共服务均等化与财政责任

8.1　公共财政与实现基本公共服务均等化的关系

公共财政是建立在市场失灵理论和公共产品理论基础之上的，是与市场经济相适应的一种财政模式。美国著名财政学家马斯格雷夫认为，财政的存在首先由于存在公共产品，其供给无法按市场机制决定，只能靠政府解决。公共财政作为政府分配职能履行的主要手段，确保和实现资源优化配置是财政的基本职能和政府财力分配的基本经济目标，其核心就是通过有效提供各种公共产品，解决市场失灵问题，为公众提供均等化的公共服务，从而提高社会整体福利水平，实现社会效益最大化，最终实现经济社会协调发展。

20世纪80年代以来，公共产品供给均等化已成为发达市场经济国家的基本施政纲领。从契约关系的角度看，公共产品供给是国家与公民订立契约的结果。契约关系的特点是从根本上否定了身份，给予主体平等性和自由性的地位，每个人都可以根据自己的意愿来履行权利，而不是依赖于自己的身份如何。从公民的角度看，获得基本均等的公共产品被认为是天经地义的、与生俱来的权利。从广义上分析，政府属于社会的"保险公司"，公民依法向政府缴纳了各种税款其实也就是缴纳"保险费"，政府就应该承担和履行按公民的集体需求偏好、一视同仁地向社会公众提供适宜的公共产品的责任。由此，平等地享用由政府提供的各种公共产品，也就成为每个公民应有的基本权利。在一视同仁的政策下，政府及其公共财政在为社会提供服务的过程中，对所有的社会成员应该是公平对待的。公共服务的数量和质量也应该是大体均等的。随着经济的发展和社会的进步，公民倾向于享用越来越多的公共产品，尤其是与自身福利直接相关的基本公共产品，政府在公共产品的供给中显得愈发重要，客观上要求履行政府管理职能的重要杠杆和物质基础的财政，应承担更大的责任。

8.2　财政促进基本公共服务均等化的责任

当前，我国基本公共服务不均等主要体现在区域不均等和城乡不均等。这固然受经济体制、城乡二元结构、资源禀赋等因素的影响，同时也与财政管理体制和财政支出结构密切相关。

1）地区间基本公共服务非均等化

其主要原因：一是由于各地区地理位置、资源禀赋、经济政策和管理水平等因素的不同，导致地区经济社会发展水平差距很大，这种差距直接影响了各地区的财政收支能力，进而使各地区财政提供基本公共服务也存在巨大差距。地区间政府财力的多寡强弱与财政管理体制具有很强的关联性，经济发达地区征税和筹集非税收入的能力强，能够向本地区居民提供高于全国平均水平的基本公共服务，反之亦然。二是地区间财政支出成本存在一定差异。受自然等因素影响，提供相同水平的公共服务需要不同的财政支出成本。一般来说，越是边远、欠发达的、地广人稀的地区，提供公共服务的单位成本就越高，财政收支缺口就越大，反之亦然。三是上级政府对欠发达地区转移支付的力度不够，不能有效弥补欠发达地区财政提供基本公共服务时所出现的财力不足。

2）城乡基本公共服务非均等化

除了国防、外交等公共服务具有城乡均等化的意义外，其他众多的基本公共服务在欠发达的农村地区和较发达的城市地区之间明显失衡。造成这种现状的原因是多方面的，除受城乡二元体制的影响外，多年城乡分割的政府治理结构和财政"重城轻乡"的分配制度也是造成基本公共服务不均等的重要原因。由此可见，地区和城乡间基本公共服务不均等与财政管理体制密切相关，客观要求财政从完善公共财政体系入手，承担起实现基本公共服务均等化的责任。完善公共财政体系，实现基本公共服务均等化，是适应市场经济体制发展的内在要求，政府必须加速推进财政由"官主财政"向民主财政的转变；由"自养型财政"向公共型财政的转变；由"建设型财政"向服务型财政的转变。相应地，财政管理体制和支出结构也应回归公共财政本位，将社会各项事业发展摆到首位。根据我国目前经济社会发展地区间和城乡间财力差异日趋拉大的阶段性特点，为实现基本公共服务均等化目标，需要突出强调公共财政资源配置和收入分配职责，保证民众更加平等地享有经济社会发展的成果。财政作为公共资源配置和收入再分配的重要杠杆，是统筹区域和城乡均衡发展最有力、最直接、最有效的补救和保障手段，这一作用是政府所拥有的任何一个调节工具都无法替代的。目前，我国财政对社会财富的实际调节规模达到了社会总财富的30%以上，财政已经成为我国社会资源配置的一个主渠道。由此，实现基本公共服务均等化，财政责无旁贷。

8.3 财政促进基本公共服务均等化的作用机制

财政促进实现基本公共服务均等化的基本手段是实现财力均等化，而财力均等化直接取决于政府间财政管理体制和财政转移支付制度。作为调控公共资源在政府间分配的财政管理体制，可通过合理界定各级政府事权和合理划分财权，也可通过转移支付制度以控制财政资金的规模和流向，来促进和实现基本公共服务均等化。鉴于我国地区差异大、人口和要素不能完全自由流动，人们无法通过自由流动实现基本公共服务水平均等化的现实状况，单纯依靠落后地区自身或者依靠市场作用都很难创造一个均等化的环境，必须借助上级政府调整财政管理体制和完善财政转移支付制度来加大对落后地区的扶持力度，从而提升落后地区基本公共服务供给的水平和效率。从根本上讲，转移支付制度作为上级政府平衡地区收入差距的"调节器"和实施经济调控的重要工具，虽然不能直接改变地区间经济发展的不平衡，却能通过促进地区财力均等化，为最终缩小地区间经济发展差距创造基本条件。规范的财政转移支付制度是所有发达国家和大多发展中国家缩小地区间差距、实现地区及地区间公共服务均等化的基本手段。

8.4　实现基本公共服务均等化的财政模式

实现基本公共服务均等化是市场经济国家努力的方向，尤其是政府能力较强的国家。从各国实现公共服务均等化的模式看，主要有人均财力均等化、公共服务标准化和基本公共服务最低公平①。人均财力均等化是指上级政府尤其是中央政府按每个地区人口以及每万人应达到的公共支出标准来计算向下级政府给予财政补贴的制度。该模式的立论依据是地方性公共服务，如教育、治安等与人口密切相关，因而上级政府向下级政府提供大体均等的财力，就可以使下级政府向居民提供大体均等的公共服务；公共服务的标准化指上级政府对公共服务颁布设备、设施和服务标准，并以此为依据建立财政专项转移支付制度的模式；基本公共服务最低公平也称基本公共服务最低供应，是整合前两种模式的优点而形成的。其特点为：一是确立基本公共服务最低公平原则。国家应让每个公民确信，无论其居住在哪个地方，都会获得基本公共服务的最低保证，诸如安全、健康、福利和教育。二是确立基本公共服务同质化原则。基本公共服务标准可根据行业特点，采用实物标准、经费标准和服务质量标准等确定，但最终要保证公共服务具有相同的质量，并通过财政绩效评价来促其达到。三是确立"谁受益，谁出钱"的等价性原则。

①　马国贤．基本公共服务均等化的公共财政政策研究［J］．财政研究，2007（10）：74-77．

上级政府允许并鼓励有财政能力的下级政府提供更多的、质量更高的公共服务，但其经费应当由提供服务的政府承担。

综合分析实现基本公共服务均等化的上述三种模式，短时期内第三种模式比较合适。原因是：第一种模式需要同时具备强大的上级政府尤其指中央财力保证和各下级政府财力相对均衡两个条件，并且要求下级政府有较强的预算约束力和公共信托能力，而我国目前尚不具备；第二种模式是实现基本公共服务均等化的重要路径，但它比较适用于地域不大、经济发展水平差异较小的国家或地区；第三种模式既可顾及我国地域辽阔的特点，又可结合各地经济发展和地方政府财力存在巨大差异的实际。

现阶段实现基本公共服务均等化不能追求理想的结果均等，更不能追求各地区在财力方面的绝对均等，其路径设计只能从全国性公共服务最低标准入手，初步解决最基本的消费需求，明确主次和先后，逐步推进和完善。上级政府尤其是中央政府应负责提供最低水平的全国性基本公共服务，同时应允许下级政府根据自身财力在最低标准基础之上给予附加。地方性基本公共服务的范围和标准不应搞一刀切，各地区应根据自身经济社会发展水平量力而行、自主实践。

第9章 基本公共服务不均等现状

——基于江苏、大连等省市财政数据分析

目前我国正处于经济社会体制转轨的特殊历史时期，多种因素导致各级政府在提供基本公共服务方面严重失衡，根据城市人均财政收支和各省市城乡社会服务相关指标及现行财政补贴标准进行分析的结果表明，基本公共服务在全国范围内形成了"网"状不均等格局。

9.1 基本公共服务的横向不均等

横向基本公共服务不均等是指一国内部位于同一级次政府或同一级次城市政府间各自所承担的基本公共产品供给不均等。在同级政府或同级城市政府所承担的职责相同的前提下，当部分政府财政提供基本公共产品水平很高，而其他政府财政公共服务供给处于较低水平时，就意味着横向基本公共服务不均等的存在。衡量基本公共服务均等与否的常用指标是人均财政收支，在政府事权和财政分权确定的情况下，如不考虑转移支付制度，人均财政收支高的地区，政府提供基本公共服务的能力就强，反之亦然。目前我国财政转移支付制度尚不完善，财政管理体制尚不健全，中央政府财政用于均衡省级间和区域间基本公共服务供给的财力相对有限。为确保地方（下级）政府发展经济的积极性，中央

（上级）政府绝不可能也绝不会通过调整财政管理体制，强制实现地区间人均财政收支的均等化，以借此实现基本公共服务均等化。或许有人会产生这样的疑问：如果中央政府制定一个依照目前最低的基本公共服务标准作为全国的标准，是否可以认为我国已经实现了基本公共服务均等化。答案是否定的：一则，如果制定这样的标准就直接否定了国家现行的实现基本公共服务均等化的既定政策，这种做法无任何意义；二则，民众福利具有不可逆特点，享受基本公共服务供给程度较高的地区民众，是不会同意导致福利下降或者维持福利长期不变的政策的，民意难违。由此可以推断，我国基本公共服务横向不均等状态只能缓解而不能从根本上改变。就全国部分城市人均财政收入而言，2012 年深圳市实现人均财政收入 51 461 元，是同处东部沿海地区宁波市的 4 倍，中部地区南昌市的 11 倍，西部地区兰州市的 16 倍，东北地区长春市的 12 倍；同处中部地区的武汉市人均财政收入是南昌市的 2.1 倍；同处西部地区的贵阳市是兰州市的 2 倍；大连市是同处东北地区的长春市的 2.8 倍。就人均财政支出而言，深圳、北京和上海均超过 2 万元/人，深圳市达到 54 365 元/人，是宁波的 3.8 倍，郑州的 8.3 倍，兰州的 8.6 倍，长春的 7.4 倍。从人均财政收支排序变化看，各城市收支位次基本一致，说明中央政府财政转移支付制度并不能从根本上熨平各城市间基本公共服务的不均等，各城市间人均财政收支差距仍然很大，如考虑经济基础、经济发展速度等因素，政府间提供基本公共服务的数量和质量差距会更大（见表 9-1）。

表 9-1　　　　2012 年我国各地区部分城市人均财政收支情况

城市		财政预算内收入（万元）	财政预算内支出（万元）	年末总人口（万人）	人均财政收入（元/人）	排名	人均财政支出（元/人）	排名
东部地区	北京	33 149 340	36 853 076	1 297	25 558	3	28 414	3
	上海	37 437 053	41 840 170	1 427	26 235	2	29 320	2
	深圳	14 820 803	15 657 078	288	51 461	1	54 365	1
	宁波	7 255 003	8 284 437	578	12 552	5	14 333	5

续表

城市		财政预算内收入（万元）	财政预算内支出（万元）	年末总人口（万人）	人均财政收入（元/人）	排名	人均财政支出（元/人）	排名
中部地区	武汉	8 285 846	8 855 477	822	10 080	6	10 773	6
	合肥	3 894 991	5 720 987	711	5 478	9	8 046	9
	郑州	6 066 483	7 006 981	1 073	5 654	8	6 530	13
	南昌	2 400 205	3 455 062	508	4 725	12	6 801	12
西部地区	重庆	17 034 885	30 463 599	3 343	5 096	10	9 113	8
	贵阳	2 411 920	3 493 275	375	6 432	7	9 315	7
	兰州	1 037 303	2 025 976	322	3 221	14	6 292	14
	西安	3 969 597	5 974 937	796	4 987	11	7 506	10
东北地区	大连	7 501 085	8 909 590	590	12 714	4	15 101	4
	长春	3 408 021	5 555 117	757	4 502	13	7 338	11

资料来源　根据《中国统计年鉴（2013）》计算。

为进一步研究某一地区基本公共服务横向不均等的状况，现以大连各县区人均财政支出为例试作分析（见表9-2）。2012年，大连县区中的金州新区人均财政支出达到17 585元，分别是庄河市的2.7倍，普湾新区的3.4倍和沙河口区的4.1倍。由前文保障和改善民生部分可知，近年来大连市政府高度重视区域均衡发展，市本级财政将新增财力更多地向经济发展相对滞后的县区倾斜，但仍然难以改变各县区财力和基本公共服务不均等的现实，虽然从趋势上看，差距正逐步缩小。

国际经验表明，衡量基本公共服务均等化是一项极其复杂的系统工程，想要凭借一个或几个简单的财政指标，来准确测算出地区间基本公共产品供给的均等程度是不现实的。正如财政部科研所所长贾康描述澳大利亚测算公共服务结果均等化一事时所说：澳大利亚多少年发展起来一套复杂的计算公式，公式里的内容已复杂到专家记不清、外行看不懂的程度，但澳大利亚的官员们认为这在公共事务博弈里是必要的。有学者用公民实际享有的公共服务具体项目作为衡量指标，测算我国各地区

表 9-2   2012 年大连各县区按户籍人口计算的人均财政支出

地区	年末总人口 （万人）	公共财政支出 （万元）	人均公共财政支出	
			数额（元/人）	排序
金州新区	60.6	1 065 624	17 585	1
旅顺口区	20.1	319 810	15 911	2
长海县	7.3	67 794	9 287	3
西岗区	29.95	246 330	8 225	4
甘井子区	70.2	537 399	7 655	5
瓦房店市	100.2	762 440	7 609	6
中山区	35.72	26 3450	7 375	7
庄河市	90.5	581 231	6 422	8
普湾新区	93.1	486 885	5 230	9
沙河口区	65.93	283 766	4 304	10

资料来源   根据相关年度《大连统计年鉴》计算。

医疗、教育等公共服务项目的差异状况，所得出的结论与采用人均财政收支、人均财力等指标殊途同归。

9.2   基本公共服务的纵向不均等

纵向基本公共服务不均等是针对多级行政管理体制中，上下级政府之间提供基本公共产品差异状况而言的，它反映的是不同级次政府间各自所提供的基本公共服务的不均等。在现行财政管理体制下，上级政府往往与下级政府共同承担处于下级政府所在地的事权，如义务教育、粮食直补、农村公益事务等，上级财政支出中有很大部分拨付给下级财政用于提供公共服务。因此，基本公共服务的纵向不均等主要体现在城乡间的不均等。在现行政府事权和财政分权框架下，当城市政府提供基本公共产品实现较高的水平，而农村地区的县乡政府处于很低的状态时，就意味着纵向基本公共产品不均等的存在。目前，我国城乡基本公共产品不均等状况十分严重。

由表9-3可知,我国不同省份城市和农村的每千人卫生技术人员横向比较差距很大,如北京和上海农村每千人卫生技术人员接近甚至超过了其他省的城市水平,这进一步印证了我国基本公共服务的横向不均等。从纵向看,各省城市与农村的每千人卫生技术人员、执业(助理)医师、注册护士数量差距很大,除上海和重庆该指标差距较小外,表9-3所列的东部、中部、西部和东北地区的共11个省份,城市的卫生技术人员基本是农村的2倍,个别省份达到3倍以上。各省城市每千人医疗卫生机构床位数是农村的2倍。一雨知春,一叶知秋,从各省医疗卫生指标中可知我国城乡基本公共服务不均等的程度。

表9-3　　2012年我国部分省份医疗卫生服务相关指标情况

省份		每千人卫生技术人员(人)						每千人医疗卫生机构床位(张)	
		卫生技术人员		执业(助理)医师		注册护士			
		城市	农村	城市	农村	城市	农村	城市	农村
东部地区	北京	15.51	7.81	5.85	3.57	6.33	2.36	7.94	3.61
	上海	10.51	7.57	3.89	4.32	4.55	2.18	7.86	4.48
	江苏	7.9	3.87	2.89	1.68	3.42	1.35	6.54	3.31
中部地区	湖北	7.92	3.3	2.89	1.3	3.57	1.16	7.03	2.86
	安徽	5.54	2.51	2	1.04	2.57	0.86	5.03	2.44
	江西	7.58	2.83	2.64	1.1	3.53	1.02	6.8	2.6
西部地区	重庆	4.42	3.39	1.63	1.47	1.89	1.03	4.09	3.71
	贵州	7.94	2.3	2.99	0.87	3.55	0.76	6.96	2.74
	甘肃	6.42	3.13	2.55	1.17	2.58	0.85	6.47	3.14
东北地区	辽宁	8.73	3.43	3.4	1.54	3.81	1.09	7.97	3.38
	吉林	7.36	4.37	3.18	1.58	2.93	1.39	7.25	3.54

资料来源　根据《中国统计年鉴(2013)》计算。

从大连市城乡居民获得义务教育、医疗保险、养老保障和最低生活保障等基本公共服务财政补助看(见表9-4),2012年城乡存在一定差距,但不是很大。2010年以前,财政对农民支付的诸如医疗保险和养老保险等补助很少,城乡间相差数倍;城乡义务教育也严重失衡,原因是义务教育经费主要由县区财政承担，因各县区人均财政收支差距较大，使各地区财政对义务教育投入也存在较大差距，进而导致大连地区师资力量强弱不均，一些困难地区的学生失去了平等发展的机会。

表 9-4   2012 年大连市城乡居民部分公共服务财政补助对比

项目		财政补助标准	城乡差额
公办普惠性学前教育机构运行补助	城镇地区	365 元/月·儿童	135 元/月·儿童
	农村地区	230 元/月·儿童	
公办义务教育学校公用经费补助	城镇地区	小学 750 元/年·学生 初中 950 元/年·学生	0
	农村地区	小学 750 元/年·学生 初中 950 元/年·学生	
城镇居民基本医疗保险	城镇地区	成年人 340 元/年·人	80 元/年·人
新型农村合作医疗保险	农村地区	260 元/年·人	
城镇居民养老保险	城镇地区	基础养老金 1 440 元/年·人	360 元/年·人
新型农村社会养老保险	农村地区	基础养老金 1 080 元/年·人	
城市居民最低生活保障	城镇地区	5 760 元/年·人（除北三市）	1 680 元/年·人
农村居民最低生活保障	农村地区	4 080 元/年·人（除北三市）	

综上所述，我国地区间财力差异较大，其马太效应和负面效果明显，基本公共服务纵向和横向不均等的情况仍相当严重。

第10章 基本公共服务不均等的形成机理

导致我国基本公共服务差异过大的因素很多，多种因素共同作用，相互影响，造成现阶段我国地区间基本公共服务不均等的现实格局。

10.1 经济发展失衡——现实原因

区域经济条件、经济结构、经济运行质量等诸多因素综合决定了地区间经济发展水平存在不同程度的差异，而这种差异直接造成我国地区间政府财力的纵向和横向失衡。在"过渡性"分税制财政体制和转移支付制度尚不健全的条件下，经济发展水平高的地区，一般税源基础稳定，财力充裕且增长速度很快，政府提供基本公共服务的能力很强；相反，经济发展滞后地区，税源狭窄，结构单一，财力匮乏且增长缓慢，政府对基本公共服务的供给能力就弱。由于财政对经济的反作用，财力规模越大，水平越高，其对地区经济发展的推进力就越强，形成经济与财力同步相互递增的良性循环，反之亦然。由此形成不同经济发展水平的地区间在财力增长上的马太效应，传导到基本公共服务供给上的结果就是地区间纵向和横向的不均等。

10.2 公共财政制度不健全——制度原因

公共财政是建设服务和管理型政府的基础。公共财政的实质就是为了满足社会公共需求，弥补市场机制在提供公共产品、维护宏观经济稳定和促进社会财富公平分配方面的失灵。由于我国公共财政制度建设历时较短，各级政府公共意识淡薄，真正符合市场经济运行的公共财政制度和运行机制未真正形成，致使政府忽视市场在社会资源配置过程中的基础性地位。过多地介入本应由市场发挥作用的竞争性和盈利性经济领域，必然造成政府重视经济转型而忽视社会转型，形成"重经济、轻社会，重管制、轻服务"的管理思维定势和管理模式。财政支出的经济建设偏好制约了有限的财政资金对公共服务的投入，结果造成经济发展与社会发展在某些环节存在严重的不协调。改革开放以来，公共财政用于社会事业发展的投入与 GDP 的高速增长严重失衡，一方面我国财政收入得到空前强化，而另一方面民生福利支出和积累相对滞后。自2005 年以来，这种态势在地区内部虽有所遏制，但全国范围内地区间基本公共服务不均等的状况并未得到真正改变。

公共财政运行机制客观要求政府财政应该实现民主化，即财政管理应按照民主程序进行。财政的民主化过程，是社会成员的公共需要得到充分反映的过程，是使公民在财政事务上的意见得到政府回应，政府财政行为受到公民监督的过程。在没有公共财政民主化和财政透明度的情况下，财政支出这种公共决策行为就很容易演变为政府领导的"随意"性安排，即财政预算"软约束"。财政预算支出不是以纳税人的偏好来进行，而是取决于领导的个人偏好，领导的偏好未必与纳税人的偏好保持一致。由于缺乏对财政支出的民主约束和监督，领导的偏好往往偏离纳税人的偏好，用于改善民众福祉的基本公共服务在财政预算支出中难以得到有效保障，可是，全国许多地区却纷纷出现体现"领导能力"的"政绩工程"。

由于公共财政体系不健全，使政府政绩考核更注重经济建设而忽视社会建设。上级政府普遍以 GDP、财政收入等"硬指标"考核下级政府政绩，事关民众生存发展的社会保障、医疗卫生、义务教育等"软指标"则不被纳入考核之列，这是因为"软指标"既不能直接拉动GDP和财政收入增长，也凸显不了本届政府任期内的政绩。利益决定行动，这样的政绩考核机制决定了地方政府对实现基本公共服务均等化的必然忽视。

10.3 财政管理体制不完善——体制原因

财政管理体制是政府支出责任和财政分权的集中体现。我国现行的分税制财政体制带有明显的过渡性质，运行中存在事权不明确、财权与事权不匹配、转移支付制度不规范等体制性缺陷，造成各级政府间财力差距不断扩大。

1）政府事权配置不合理

所谓事权是指每一级政府在公共事务和服务中应承担的任务和职责。我国宪法原则上对中央和地方政府职责范围作出了规定，但没有按照公共财政要求对地方各级政府的事权加以明确划分，导致下级政府的事权几乎是上级政府事权的翻版，呈现"上下对口、职责同构"的特征。各级政府事权不清直接导致政府责权交叉，地方政府间财政支出责任越位、错位与缺位并存。事权决定财权。1994年分税制使得我国实现了财政分权体制改革，但财权的确立却建立在既定事权的基础上，计划经济和财政统收统支体制下确立的事权与公共财政要求的财政支出方向在很多领域相悖，致使各级政府遵循公共财政要求在财政分权方面进行的倒逼式改革，更加凸现各级政府事权划分的不合理，累积在财政管理体制方面的矛盾和问题日显突出。同时，我国垂直的行政命令体系使上级政府常常对下级政府发出指令或考核指标，但相应的支出责任却由下级政府全部或部分承担，这种"事"在下而"权"在上的行政管理体制特征，对下级财政支出膨胀有着强烈的助推效应，增加了处于行政级次"金字塔"底层的县乡财政支出压力。此外，在未明确地方各级政府事权的情况下，中央常常以立法形式出台支持各项事业发展的宏观调控政策，如农业、教育、科技、调资等等，明确规定最低财政支出增长幅度，但上级政府不负担或不全部负担所增加的支出，使得中央的法定事权成为地方政府的当然事权，形成"上级请客、下级买单"的局面。这种超过下级财政承担能力的事权安排，必然导致落后地区无法提供发达地区能够实现的基本公共服务供给，加速了地区间基本公共服务供给的现实差距。

2）财权配置存在缺欠

财权是一级政府获得财政收入、确定财政支出的权力。1994年分税制改革确立了中央与地方收入划分的基本框架。顺应改革，地方政府也在本级和下级政府之间进行了收入划分。受行政管理体制约束，两级政府间收入划分的权力交由上一级政府决定，上级政府一般将数额大、较稳定、增收潜力大的税种上收或实行共享，留给下级政府尤其是县乡政府的税收种类数额小、不稳定、较零散、征收成本高，导致下级缺乏与经济增长相关性强的主体税种，从而大大降低了下级税收增长弹性。而上级对共享税收增量部分采取上划或分成的做法，导致上划税收增长较快，而下级税收增长缓慢，下级自有财力也相应减少，在事权层层下移的情况下，下级政府提供公共服务的能力明显不足，上下级之间提供基本公共服务的差距越来越大。

3）财政体制保既得利益的做法，使地方财政苦乐不均

分税制的基本思路是"保存量，调增量"，改革主要调整财政收入的增量部分，存量部分被视为地方既得利益加以保留，从而把旧体制下不尽合理的利益格局带入了新体制。现行体制中仍然保留"包干体制"的定额上解、定额补助和结算补助的规定，使原体制确定的人均财力水平基本没有被打破，不能不说"双轨制"体制中的"包干基数"对均等化留下了起点上不公平的"后遗症"，加大了实现过程和结果公平的转移支付的压力。同时，"增量"返还制度的刚性，削弱了均衡地区差异的功效。由于财政体制具有"稳定性"，运行时间较长，在各地区经济运行状况发生较大变化的情况下，上级政府并未根据实际对地方既得利益进行适当调整，进而加剧了地区间政府财力差距，造成同级政府间提供基本公共服务的不均等。尽管中央财政（上级）通过转移支付等手段对下级财政尤其是困难地区财力加以调整，但财政促进地方均等化

的体制动力并未发生实质变化，既得利益占优势、经济发展较快的地区仍然处于领跑地位，地区间财政收支和人均财力差距仍然很大。体制调整过程中，部分困难省份或下级政府为了在体制补助和基数返还中缩小与指标相对较高地区的差距，往往采取"先抬基数、后保返还"的办法争取既得利益，结果造成支出基数扩大，财政收入虚增。加之受地区经济发展水平原本滞后的影响，这些地区财政收入增长压力逐年增大，财政运行质量逐年下降，收支矛盾更加突出，落后地区与发达地区提供公共服务的差距逐步扩大。

4）财政转移支付制度不完善

与国际上一些通行做法相比，我国现行的转移支付制度有自身的特点，但从基本公共服务均等化的角度来看，存在着很多问题。国内学者马拴友、于红霞进行的实证分析表明，虽然中央政府从20世纪90年代中后期分别提出缩小地区差距和西部大开发战略，但目前区域经济并没有出现收敛趋势，中西部与东部地区之间在经济发展和提供基本公共服务等方面的差距，不仅没有缩小，反而在继续扩大。这固然与地区间经济发展水平的差异有关，而财政转移支付制度本身的缺陷也是其重要原因。作为政府帮助落后地区发展重要手段之一的转移支付，在该时期没有起到有效促进区域经济协调发展的作用，横向财政公平作为其预想目标之一未能实现。其根本原因是，近年来转移支付的均等化效应主要源于中央对地方的纵向转移支付，而地区间横向转移支付的均等化效应不理想，并且对于发挥主要均等化作用的中央对地方的纵向转移支付，也存在与实现均等化目标相悖的问题。

（1）税收返还不符合均等化目标

我国财政规模最大的转移支付类型是税收返还，如前所述，税收返还不仅未能解决地区间基本公共服务差距拉大的问题，反而对缩小地区间人均财政收支和公共服务供给起了"逆向调节"的作用。

（2）专项转移支付分配不合理

专项转移支付的初始目标是加强中央对地方经济发展和事业发展的项目补助（如增加农业、教育、卫生、文化、社会保障等）和支援贫困地区扶贫及特殊情况的补助（如自然灾害补助）。专项转移支付一般具有特定目的，理论上具有均等化的积极效应，但在实践中由于专项转移支付的核定并不规范，缺乏客观的判断标准和明确的分配程序，结果导致对资金的分配没有科学依据，透明度低，随意性大，规范性差，出现了一些不合理的补助项目。更需说明的是，上级财政专项转移支付资金一般需要下级财政配套，因而往往给地方财政带来较大压力，不仅造成"挤出效应"，影响地方其他财政支出项目，而且造成富裕地区往往能够拿出配套资金，得到更多的拨款，落后地区因无配套资金却得不到专项转移支付资金，导致大多数专项资金流向了富裕地区，不但未能解决基本公共服务能力均等化，反而产生了均等化负效应，进一步拉大了贫富地区的差距。

（3）一般性转移支付总规模过小

一般性转移支付是按规范和均等化原则，以根据因素法计算确定的各地区的标准财政收入和标准财政支出之间的差额作为分配依据，国际上通常将其称为均衡性转移支付。一般性转移支付是财力性转移支付的重要组成部分，是促进地方政府基本公共服务能力均等化的主要手段，是真正意义上的均等化转移支付。它与其他项目的财力性转移支付的区别是，下级财政有权力自主安排上级财政拨付的一般性转移支付资金，可根据本地区的基本公共服务需求安排相应的财政支出。在西方主要发达国家，一般性转移支付是上级政府向下级政府转移支付的主要形式，一般占全部转移支付的50%左右，而我国中央财政于2002年才设立一般性转移支付，2007年以前其占全部转移支付不超过20%，2012年中央财政一般性转移支付达到21 471.18亿元，占全部转移支付的53.3%，增幅可谓惊人。实际上，目前的一般性转移支付内容和统计口径与以前相比有所变化，一些其他财力性转移支付已归并到此科目。此外，一般性转移支付中有很大一部分用于落实中央惠民政策所形成的全国性支出，各地方财政均获得额度不等的一般性转移支付，最终用于实现基本公共服务横向和纵向不均等的转移支付资金规模不是很大，短时期内效果并不明显。

第 11 章　实现基本公共服务均等化的财政政策

我国地区间基本公共服务供给不均等的严重性及其形成机理的复杂性，决定了实现基本公共服务均等化是一项长期的、艰巨的、政策性很强的系统工程，客观要求各级政府在目标的设定、基本原则的确立、政策路径的选择及具体政策措施等方面进行科学合理的设计。

11.1　实现基本公共服务均等化的目标与路径

实现基本公共服务均等化的前提是实现财力的均等化。多种因素决定了我国全面实现基本公共服务供给的财力均等需要一个漫长的发展过程，如果笼统地提出实现财力均衡和基本公共服务均等的目标是不切实际的，在目标选择上应立足长期发展，采取总体设计、分步实施的办法，明确财力均等化和基本公共服务均等化的具体项目以及各阶段应该达到的水平，并根据目标的难易程度和层次性特点，分近期目标、中期目标和长期目标三个步骤加以实施。

近期目标：以中央、省和市级政府财力为支点，以县乡现有财力为基点，在各省内部实现县乡提供基本公共服务的纵向和横向的大体财力均等化。此目标需配套的基础性政策包括：一是建立基本公共服务供给均等化的衡量标准及评价体系；二是以立法方式明确中央及各级地方政府事权和支出责任，据此健全中央对地方的财政体制；三是完善省以下分税制财政体制，建立较规范的转移支付制度。

中期目标：以中央、省财力为支点，以市县乡财力为基点，在各省内部实现市县乡提供基本公共服务的纵向和横向的财力均等化。需配套的相关政策包括：一是修订基本公共服务供给均等化的衡量标准及评价体系；二是建立起规范的分税制财政体制和转移支付制度。

长期目标：以中央财力为支点，以各省财力为基点，实现各省之间提供基本公共服务的横向财力均等化。

上述三个目标反映了不同时期实现提供基本公共服务的财力均等化的重点努力方向，但并不表示孤立地按固有的次序同步实现每个目标，由于基本公共服务的种类层次多，地区和群体间经济社会基础差异大，对基本公共服务的需求存在很大不同，所以不能排斥部分地区先迈入财力均等的发展阶段，也不排斥在重点实现近期目标的同时，体制动力和上级政府在中长期目标的实现中发挥自然的调整作用。总体上看，实现近期目标的难度最大，操作最复杂，是最基本的、最能体现公共财政目标和国家宏观调控政策方向，同时也是各级政府财政必须做且必须努力做好的事情。

11.2 实现基本公共服务均等化应遵循的原则

1）公平与效率兼顾的原则

公平与效率是公共财政恪守的基本目标。对于国家整体利益来说，公平就是最大的宏观效率，效率是实现公平的重要保障。按照公平原则，一是要使每个公民平等享受大体相当的公共服务；二是使每个经济主体有权享有平等的竞争机会。按照效率原则，一是在政府配置资源的过程中，重视并充分发挥市场配置资源的作用；二是提高政府直接供给基本公共服务的效率。公平是相对的而不是绝对的，只有以公共服务水平均等化为目标，使地区间财政差距保持在合理的区间，才会促进资源的合理配置，实现公平与效率的基本统一，保持各级政府行政能力与基本公共服务能力的大体均等。

2）需要与可能兼顾的原则

我国各地区基本公共服务供给严重失衡，不发达地区急需中央和上级政府制定、调整现行的财力分配政策对其进行支持，然而，需要并不等于可能，需要变成现实受到现实的财力分配格局和财力可承受能力制约。主观的需要是无限的，而客观可能是有限的，各级政府必须根据现时财力可能逐步达到地区间公共服务大体均等，即量力而行，尽力而为，循序渐进。

3）自力更生与上级扶持相结合的原则

上级政府支出是应该的，也是有限的，实现基本公共服务均等化的关键是各级政府的自身努力。各级政府必须立足本地区的发展优势，坚持自力更生为主、争取上级支持为辅，通过自身经济发展和财力夯实壮大，逐步缩小与发达地区的财力和基本公共服务差距。

4）宏观调节与微观调节相结合的原则

均等化的终极目标是每个社会公民都能享受到大体均等的公共服务，实现这一目标的重要途径是促进欠发达地区经济的快速增长。从宏观角度分析，上级政府对欠发达地区除资金支持外更应重视宏观政策的积极作用，依法制定优惠政策，以政策调控发达地区的资源向欠发达地区流动，欠发达地区的资源得以充分利用，使宏观政策微观化。通过宏观和微观调节，促进欠发达地区经济发展，为缩小地区间基本公共服务差距提供物质保证。

5）基本公共服务最低供应的原则

限于经济水平和政府财力，现阶段各级政府尚无力提供完善的基本公共服务，但各级政府应在有效的转移支付体系支撑下，在全国范围内保障实现基本公共服务的最低标准，这一最低标准应由中央政府尽快制定，以引领均等化实施。

11.3 实现基本公共服务均等化的财政政策

1）树立均等化理念，健全公共财政制度

实现基本公共服务均等化是一项长期而艰巨的任务，客观上要求从中央到地方各级政府都要把均等化作为一种执政理念融入到具体的工作中。发达地区抛开本位主义观念，从宏观大局出发，在积极推进本地区均等化的同时，帮助和支持欠发达地区提高均等化水平。欠发达地区要丢掉消极被动思想，充分利用现有资源，提升经济运行质量，努力实现财力的增长，自力更生，缩小基本公共服务的差距。各级政府要按照市场经济要求，健全公共财政运行机制，规范和完善现行的财政管理体制，适时调整财政支出结构，把更多的财政资金投向公共服务领域，建立财政绩效评价体系，切实提高财政资金使用效率，确保财政公平与效率目标的实现。健全完善公共财政体系，切实推进基本公共服务均等化。

2）深化财政管理体制改革，健全完善转移支付制度

财政管理体制的核心内容是各级政府的收支划分。在国民经济总量及其根本格局一定的情况下，财政管理体制在中央与地方及地方各级政府间财力的划分上起决定性的作用。要解决地区间的财力差异，关键措施之一就是要深化财政管理体制改革。

（1）按照受益和效率原则，合理界定各级政府的事权

清晰的事权划分，是科学界定各级政府基本公共服务支出的依据，也是实现财政分配均等化目标的前提。基本公共服务的层次按其受益范围可划分为全国性基本公共服务和地方性基本公共服务。全国性基本公共服务的受益者是全体国民；地方性基本公共服务的受益者较明确地限定在某地区之内。基本公共服务的多层次性要求不同层级政府共同参与，以及将基本公共服务的财政支出责任在各级政府间进行合理划分。

从经济学的视角分析，中央政府主要负责提供全国性的基本公共服务。其依据主要在于对地区差异的调节、对规模经济的利用和对外溢效

果的控制与补偿，因其受益范围是整个国家，如果由地方政府提供，会造成整个社会的效率损失。地方政府负责提供一些跨区域的基本公共服务，中央政府负责协调地方政府的支出比例，以及提供区域内相关的基本公共服务。由于各类基本公共服务具有不同的性质和特点，各级政府承担的事权责任也应有所区别。例如基本社会保障，由于涉及面广和具有更大的外部性，主要应由中央政府和省级政府提供；又如基础教育和公共医疗卫生等，可由中央和省级政府提供，也可由中央、省、市和县四级政府共同承担。各级政府承担的比例，应视各级政府财力而定。在经济贫困地区，应全部由中央和省级政府承担；在经济中等发达地区，应由从上至下的三级或四级政府共同承担，但中央和省级政府至少负担50%；在经济发达地区，应由四级政府共同承担，但以县级政府承担为主。

具体而言，应科学界定各级政府的事权：第一，遵照政府与市场职责分工，对社会公共领域的事务进行划分：凡是市场不能解决或不能有效解决的，完全交由政府解决；凡是可以通过市场解决的，政府不应介入，已经介入的坚决退出；介于二者之间的，财政要发挥杠杆调节作用，积极引导由市场解决。第二，根据公共产品性质和外部性大小重新划分中央、省、市、县、乡各级政府事权。全国性公共产品由中央政府提供；地方性和区域性公共产品由地方政府提供，中央或其他地方政府予以协助；地方性公共产品由地方政府提供，当地方政府因财力限制而难以提供全国最低标准时，由上级政府给予一定的纵向财力支持；地方区域性公共产品由单一地方政府提供时，相关其他地方政府给予一定的横向财力支持。第三，依法明确界定中央和各级地方政府的支出责任。提供全国性和区域性外溢效应比较强的公共产品是中央政府的首要和基本职能，如国防、外交、医疗保健、环境保护、计划生育等纯公共产品，以及与各级政府共同提供如教育、医疗、社会保障、道路等准公共产品；地方政府提供地方性公共产品和区域性公共产品，如基础教育、医疗卫生、消防、道路交通、自来水、路灯等，以及与上下级政府共同提供电视节目、医疗保健、环境保护、计划生育、教育、医疗、道路等纯公共产品和准公共产品。

（2）合理划分财权，实现事权与财力相匹配

各级政府的事权与财力相适应，是指在实行财政转移支付后形成的各级政府事权、责任与其总财力基本匹配。当中央政府与地方政府，或者上下级政府之间事权与财力不对称时，就会产生纵向财政不均等。无论是中央政府的事权大于财力，还是地方政府所承担的支出责任大于财力，都有可能影响公共服务水平均等化的实现。据此，落后地区的基本公共服务应主要由中央财政来提供。中央财政应加大对落后地区的财政补助力度，使它们有必要的财力进行地方性重点和先行项目的建设。对于已具备了较强的财政实力和自我发展能力的发达地区，一般的地方性项目应由地方财力解决。

财政体制设计的核心是处理好财力配置上的"两极"关系，即保证作为"政府中的政府"的中央政府有足够财力，同时保证作为基层政府的县乡政府也有相应的财力。从分税制财政体制的设计来看，中央和省级财政的集中程度的确定，必须根据我国经济发展尤其是县乡经济发展情况，合理安排中央、省、市、县、乡五级财政的分配比例，如果中央和省级财政集中程度过高，势必增强省以下财政对中央和省级财政转移支付的依赖，如果转移支付不能及时到位，必然出现较大范围的基层财政困难问题。

目前应根据"一级政权，一级事权，一级财权，一级税基，一级预算"的制度安排，适当调整和规范中央与地方的收入划分办法，扩大政府间收入划分的覆盖面，保证各级政府有行使职权和提供公共服务的财力。中央的事权，要求掌握与全局宏观调控、国家主权紧密相连的一些税种（如关税），以及对宏观经济调控具有"自动稳定器"功能的税种（如个人所得税）；省级财政应以营业税为主，营业税是与第三产业发展关联最密切的大宗税源，比较适合省政府来掌握；在市和县层面，根据国际经验应建立以财产税为主体税种的地方税体系。同时，应重新配置税收立法权项，按照中央为主、地方为辅的原则，赋予地方根据本地经济发展具体情况开征或停征某项税种的权利。此外，将非税收入全部纳入预算管理，以提高政府的宏观调控能力。

（3）规范完善转移支付制度

针对目前我国财政转移支付规模不足，专项补助政策导向不突出，制度不规范，模式单一，标准不合理，资金管理不规范等问题，需要按照实现基本公共服务均等化的内在要求重新配置财政资金，建立起一套科学、规范、合理、透明、有效的转移支付制度。事实证明，扩张转移支付总量远不足以促进基本公共服务均等化，更重要的是对侧重控制功能的现行转移支付体制进行根本性、结构性的改革，强化其再分配功能。具体措施如下：

第一，规范转移支付形式。改革税收返还的分配办法，改基数法为更符合不同地区实际的因素法，将地方政府的基础教育和公共卫生等基本公共服务经费作为基本因素引入均等化转移支付，确保不同地区获得大致相当的基本公共服务水准；将体制补助、体制上解、结算补助中的定额结算部分并入税收返还，在此基础上适当降低原来税收返还的数额。同时，在税收返还过程中对地区财力结构进行适当调整，减少对体制上解地区的税收增量返还，增加体制补助地区的税收增量返还，如适当提高落后地区增值税增量返还系数，充分调动地方政府发展经济的积极性；取消中央税收返还，将其作为中央可支配财力全部用于均衡性拨款。在合理界定中央和地方财政收支范围的基础上，从每年的税收返还中拿出一部分按过渡期转移支付办法分配，以此逐步调减税收返还基数，不断加大规范化的转移支付力度，在经济发展到一定高度和体制较为完善时，完全取消税收返还，从而改变转移支付量与财力正相关的现状，减少无谓的成本和效率损失。

第二，规范专项补助方式。专项补助主要用于基本公共服务的供给和跨地区性基本公共服务的联合提供上，旨在帮助落后地区居民享有与整个国民经济发展水平相适应的基本公共服务，因此应将其重点转向落后地区。规范专项补助方式应当从以下方面采取措施：一是对补助项目进行重新分类，引入公式化的资金分配方式。基础教育、公共医疗卫生、社会保障等的拨款，可按因素法来分配资金。二是专项转移支付的配套资金应按照类似中央地方间支出责任的划分原则来进行划分。对于属于中央事权的项目，配套资金由中央财政全额负担，不再要求地方配套；属于中央与地方共同事权的项目，区别不同地区的具体情况研究制定不同的配套政策。原则上富裕地区的地方配套要求应高一些，落后地区的配套要求应低一些，特困地区则可免予地方配套。对于属于地方事权的项目，为了鼓励地方推进工作，可采取按地方实绩予以奖励或适当补助的办法。同时，使用特殊性转移支付政策，增加民族地区的定额补助，并同零售物价指数挂钩，保证其实际补助水平。三是在资金拨付和使用过程中，应建立跟踪反馈机制，完善拨款审核、确定程序，提高拨款安排的透明度，切实保证财政资金的使用方向和效率。

第三，扩大一般性转移支付规模。从发展趋势看，建立以均等化拨款为基础的规范转移支付体系需要进一步扩大一般性转移支付量，并采用规范的均等化公式确定转移支付数额。在设计公式时，应考虑更多的客观因素，继续细化标准收入、标准支出和应得转移支付数量的测算方法，使转移支付的资金分配与各地区的财政需求成正相关，与其财政收入能力成负相关，同时应充分考虑各地区的征税努力程度和支出成本的差异，保证各地区提供公共服务的能力大体相当。

第四，试行纵向转移与横向转移相结合的模式。世界各国大都实行单一的纵向转移支付模式，即中央政府对地方政府、上级政府对下级政府的财政转移支付模式，只有德国、瑞典和比利时等少数国家实行纵向与横向相结合的模式，即在实行纵向转移支付的同时，还实行横向的转移支付。由于我国地域辽阔、地区差距大，分权体制下的纵向转移支付"难以找到区域利益再分配的公平与效率兼顾点和区域政策的合理倾斜度"[①]，加之纵向转移支付方式缺乏法律制度规范，具体操作带有很大的随意性和不合理性，如国家支持地方公共设施和基础设施项目一律强调资金配套，因而采取中央对地方直接拨款的纵向转移支付方式很难达到全国基本公共服务均等化的政策预期。尽管我国尚未建立起完善的横向转移支付制度，但长期以来东部对西部地区一对一的援助就体现了横向转移支付的性质，而且目前我国东部发达地区的经济发展水平和收入水平已接近世界发达国家的水平，有条件、也有义务从财力上支持不发

---

① 胡乃武，张可云．统筹中国区域发展问题研究［J］．经济理论与经济管理，2004（1）：5-14.

达地区的发展。因此，在我国建立横向转移支付制度具有实施的现实基础。建议国家在《中华人民共和国预算法》中增补横向转移支付条款，明确发达地区对欠发达地区的转移支付责任。根据区域间经济、财力的不平衡程度和省以下政府的基本公共服务水平设置横向均等化转移支付项目和指标，这样有利于从体制上遏制地区间差距拉大的趋势，有效实现全国地区间财力横向均衡的调节目标。

第五，完善省以下转移支付制度。由于我国的地区间差距并不是简单的东西部差距，全国各省内部都存在发达地区和落后地区，因此，规范完善省以下财政转移支付制度十分重要。规范完善这一制度应在考虑本地区实际情况的基础上，在财政管理体制目标范围内，尽量使其与中央对地方的转移支付制度相协调。同时，省级财政在分配中央拨给的转移支付资金时，要做到辖区内公平、公正、公开透明，把解决县乡财力不足的问题作为稳定基层政权和完善财政管理体制的重点，争取在较短时间内有效缓解县乡财政困境。因为省以下地域单元相对较小，集中管理程度相对较高，可考虑率先按照因素法确定转移支付的规模。在转移支付制度设计方面，应统筹考虑收入、事权的划分及转移支付的规模。在保证省级政府必要的宏观调控能力的前提下，总体上应尽可能提高财政的自给率，尽可能使接受转移支付的面相应降低，以保证经济发达地区发展经济的积极性。同时，应建立转移支付补助增长机制。根据省级财政与各市县财政共享收入的增长情况，安排部分增长资金用于增加对市县的转移支付补助。对中央转移支付补助增长的部分划出一定比例用于增加对市县的转移支付补助。

（4）深化基层财政管理体制改革

县乡财政是我国的基层财政，针对县乡财政提供基本公共服务不足的问题，急需以财政体制扁平化改革为切入点，理顺省级以下财政管理体制。扁平化的财政层级改革和进一步实现各级政府事权合理化、财权配置优化和自上而下转移支付强化的努力，必将使基层财政进入一个有长效支撑的良性运行状态，从根本上为地方基层财政解困，为增强基层政府提供公共服务的能力发挥长远的、重大的作用。目前，以减少财政层级的扁平化改革主要体现在两个方面：一是省直管县。这一改革是把县和市财政放在同级平台上，将我国五级财政管理体制改革为中央、省和县（市）三级框架。目前省直管县改革在我国许多省份已经推开，受政府行政体制改革相对滞后的影响，省直管县的实效性还有待时间检验，尚需规范完善。二是"乡财县管乡用"。其意义就是不再把乡镇财政看做一级实体财政，而是将其视为县级财政管理的一个预算单位。此种做法总体适应我国大部分农村地区的现实：农村税费改革后，工商业不发达的一些农村乡镇，基本没有多少财政收入，绝大部分乡镇事务管理支出已转由县级财政负责，乡财政所基本失去了实体财政的性质。

第 12 章　实证分析：经济增长与收入均等分配

目前，经济增长与收入分配的关系已经成为世界各国普遍关注的课题，尤其在发展中国家，经济增长如何影响不同群体间的社会福利分配备受重视。处于经济发展初期是导致收入分配不均等的直接原因吗？经济越发达，社会财富均等化的程度就越高吗？经济增长与收入分配存在直接和必然的联系吗？多年来，有关国家内部经济增长与收入分配之间关系的对称性研究已经引起许多社会学家和经济学家的兴趣。按照 Kuznets（1955，1963）假说，在一国经济发展初期，收入分配的不均等是最大的。尽管许多学者相信其假说符合多数国家经济增长与收入分配的运动特点，但并非所有学者都赞同这一以经验主义为基点的论断。本文的中心目的就是用实证的方法来分析经济增长与收入均等分配是否存在对称关系。

12.1　收入分配的表现形式及测量

所谓收入分配，是指国民收入在国民中的分布状态。收入分配通常用三种形式表现：一是个人收入，即国民收入在国民个人中的分配，它常常以家庭、私人业主或者个人作为具体的体现形式；二是国民收入中生产要素所占的比重，即生产要素——劳动力和资本占整个国民收入的份额；三是收入在不同社会等级之间的分配，即不同社会等级在收入中所占的比重。

一般而言，将个人收入分配形式用于测量收入分配的均等化程度更易于被人们理解和接受，这是因为，个人收入分配形式能够更直观地用于比较个人或一个家庭的收入与其他人或其他家庭收入，并且能够用于测量一段时间内个人或家庭之间收入分配的不均等程度，同时它也具有时点的概念。在经济学界，最广泛地用于测量收入分配均等程度的方法有两种：一种是 Lorenz 曲线；另一种是 Gini 系数。

1）Lorenz 曲线

Lorenz 曲线是测量一个国家或不同国家之间收入分配均等化程度的一种有效方法，它揭示了收入个体（个人、家庭等）比例与国民收入比例之间的对称关系，即任何指定的国民比重占国民收入比重的份额。

如图 12-1 所示，累积人口百分比从低到高沿坐标横轴绘制，累积收入比率则体现在纵轴。45 度斜线代表收入分配完全均等化。带有 A、B 等刻度的曲线为 Lorenz 曲线。Lorenz 曲线越靠近斜线，表明收入分配均等化程度越高，收入差距越小。相反，Lorenz 曲线越靠近横轴，说明收入分配均等化程度越低，贫富差距越大。如：Lorenz 曲线上的 B 点表示 20% 的人口获得的收入约占整个国民收入的 5%；E 点表示 50% 的人口获得约 20% 的国民收入。

总体上，Lorenz 曲线至少可以反映出两种结果：一是显示一个国家在不同的发展阶段收入分配的总体趋势；二是比较不同国家间收入分配的均等化程度。如果 A 国的 Lorenz 曲线在 E 国的上方，那就意味着这个国家的收入分配比另一个国家更均等，贫富差距更小，即 Lorenz 曲线 DAB>DEB（见图 12-2），反之亦然。

然而，如果两条 Lorenz 曲线（DAB、DEB）交叉（见图 12-3），就无法用 Lorenz 曲线来判断不同国家间收入分配的均等化，所以另一个测量收入分配的理论在 Lorenz 曲线的基础上应运而生，这就是 Gini 系数。

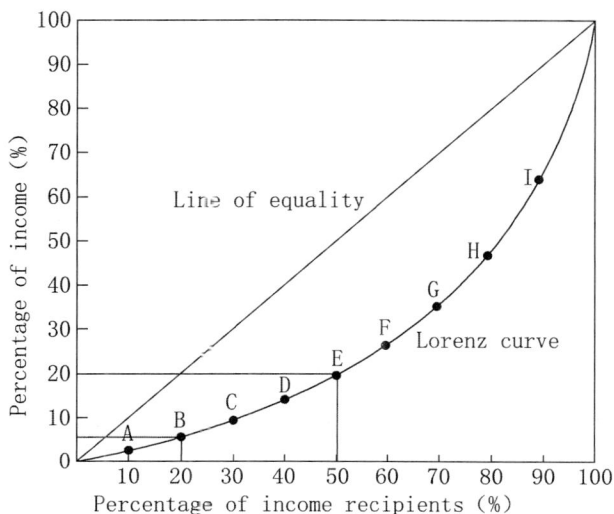

注：Percentage of income recipients 为获得收入的人口比率；Percentage of income 为国民收入比率；Lorenz curve 为 Lorenz 曲线；Line of equality 为收入均等线（下同）。

图 12-1　Lorenz 曲线

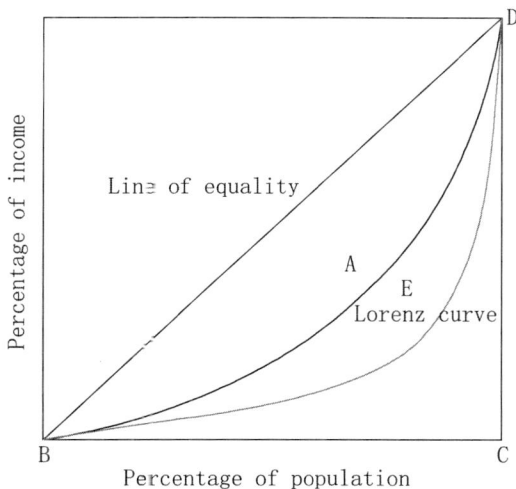

注：Percentage of population 为人口比率（下同）。

图 12-2　两条 Lorenz 曲线的比较

2）Gini 系数

Gini 系数主要用于测量不同国家间或一个国家一段时期内的收入分配状况（见图 12-4）。

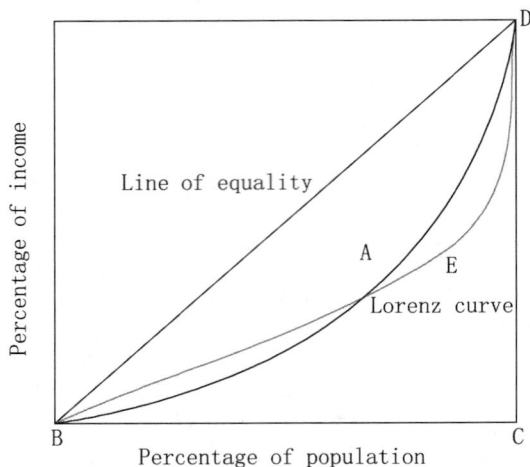

图 12-3 两条交叉的 Lorenz 曲线

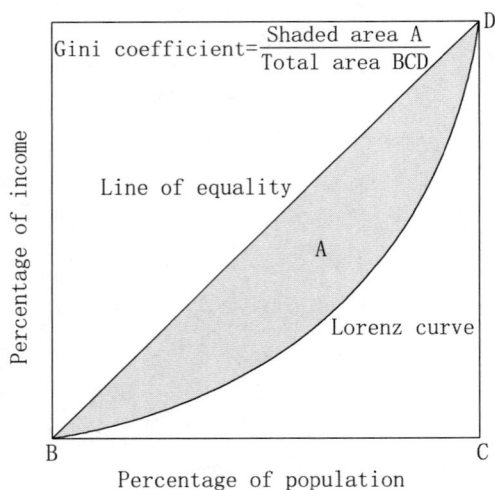

注：Gini coefficient 为 Gini 系数；Shaded area A 为阴影区域 A；Total area BCD 为总面积 BCD。

图 12-4 Gini 系数

Gini 系数是 Lorenz 曲线和收入均等线之间面积 A 与收入均等线下三角形 BCD 面积的比率，即 G = A/BCD。

Gini 系数在 0 与 1 之间变动，Gini 系数越小，表明社会均等化的程度越高，贫富差距越小。Gini 系数最大的优点是相对简单，易于人们理解和应用，不过 Gini 系数也存在一定的缺陷：在两个国家 Gini 系数相同的情况下，它不能准确地反映收入在两个国家社会阶层间分配的均等程度。此外，由于受国家统计方法的局限（不同国家往往使用不同的统计方法），采用 Gini 系数比较国家间的均等化程度存在诸多困难。

12.2 经济增长与收入分配均等——经验主义假说

尽管 Lorenz 曲线和 Gini 系数能够用于测量一国或不同国家间收入分配的均等程度，但由于受统计方法和经济国际化进程的影响，经济学家很难运用这两种方法去测量经济增长与收入分配之间的关系，因此，一些经济学家往往基于经验主义断言经济增长与收入分配存在必然的联系。

1）Kuznets 倒 U 形假说

1955 年，美国的 Simon Kuznets 教授提出了倒 U 形假说。所谓倒 U 形假说是指在经济发展初期，个人平均所得伴随着较高的收入分配不均等，随着经济的进一步发展，收入分配不均等达到一个顶点后，趋向均等。

这一假说如用曲线描述（人均国民生产总值作为横轴，Gini 系数作为纵轴），看起来像一个倒过来的"U"，因此人们将其称为倒 U 形假说（见图 12-5）。

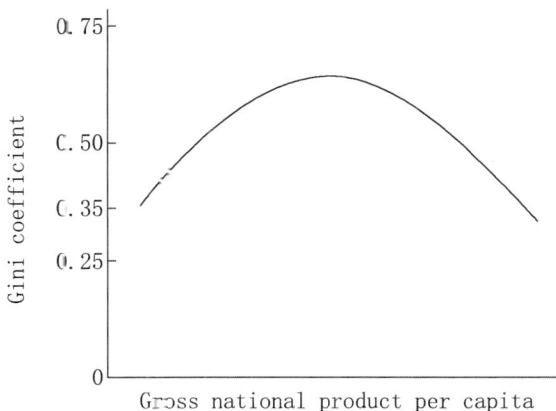

注：Gross national product per capita 为人均国民生产总值。

图 12-5 倒 U 形曲线

Kuznets 强调，在国家工业化和城市化进程中，经济增长必然伴随着人口的区际间迁移。这一论点基于两个假设：一是经济发展以结构调整为特征。比如，劳动力从生产力较低的领域（农业、采矿业等）向生产力较高的领域（制造业、服务业等）转移，因此出现劳动力从农村流向城市这一趋势。二是收入分配的不均等体现在进入城市的、来自低生产力领域的个人的收入比城市原住地人口的收入要低上。

随着经济的发展，越来越多的廉价劳动力从农村转向城市，导致在日益增长的人口中收入分配不均等问题日益严重。但经济发展到一定程度，收入分配不均等曲线会出现一个拐点：一旦人口减缓或停止流动，城市未来膨胀的经济发展需要大量劳动力的现实却不会改变，那么业主不得不采取措施增加劳动力所得，进而加速收入分配的均等化。

Kuznets 最初暗示其假说是基于对发展中国家和工业化国家历史数据的检验。如果想去深层次理解经济发展怎样影响收入分配，一段时间内反映各国收入不均等变化的时序数据是必需的，但在 Kuznets 倒 U 形假说中相关数据并未体现。

2）Lewis 双重经济增长模型

Lewis 在 Kuznets 倒 U 形假说基础上有了进一步的发展，其理论被后人称为双重经济增长模型。这一模型基于两个前提：一是收入不均等与储蓄密切相关。较高的贫富差距能提高储蓄率，因为富裕的人会把剩余的钱存入银行。二是储蓄能够促进社会投资和经济增长，进而加剧收入分配的不均等，社会贫富差距变得更大。

之所以 Lewis 模型被称为双重经济增长模型，缘于许多发展中国家经济具有双重性，即传统农业和现代工业并存。传统的农业具有较低的生产力、低收入、低储蓄和大量失业人员，而现代工业集中于城市，不仅占有技术优势，且有较高的投资运作水平。现代工业及其大量的产出效应推动着城市经济的发展，这主要得益于廉价的农村剩余劳动力向城市流动（见图 12-6）。尽管总的利润随着产出的增加而迅速增长，但工人们仍然赚取与以前相同的工资。相反，业主却获得了更高的利润，他们进一步扩大储蓄和投资，创造就业，经济得以继续发展。其结果是富人变得更富，穷人仍然一如既往。因此 Lewis 断言，Kuznets 曲线的左半部分，即随着经济增长收入分配不均等状况，势所必然（图 12-6：

A 至 B）。当剩余劳动力逐渐下降直至枯竭时，工人的工资不得不因劳动力的稀缺而被迫提高。除了既得的社会福利，收入分配的不均等变得越来越弱，这充分体现在 Kuznets 曲线的右半部分（图 12-6：B 至 C）。

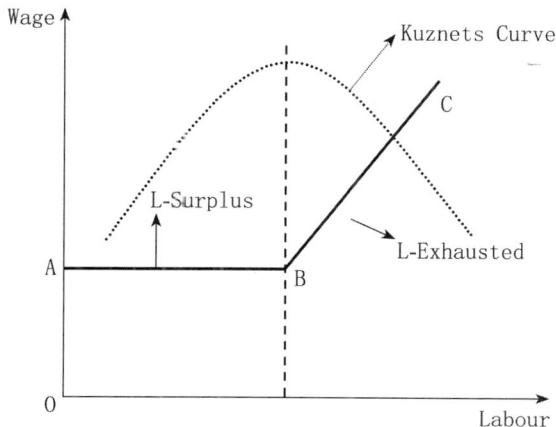

注：Labour 为劳动力；Wage 为工资；L-Surplus 为劳动力剩余；L-Exhausted 为劳动力枯竭。

图 12-6　Lewis 双重经济增长模型

按照 Kuznets 倒 U 形假说和 Lewis 的双重经济增长理论，经济增长与收入分配之间存在一种对称关系，然而，一些学者对这两种理论的有效性提出质疑，他们甚至认为倒 U 形假说对真正理解经济增长与收入分配的关系不是一种帮助，而是一种障碍。

12.3　经济增长与收入均等分配的实证分析

1）对倒 U 形假说的检验

通常有两种公认的方法去检验倒 U 形假说，一种是代表性验证，另一种是时间序列验证。代表性验证是指通过比较不同国家在同一时点上的经济增长和收入分配状况，去测量在不同收入水平国家的收入不均等程度，从而验知经济增长和收入分配是否存在倒 U 形关系特征。时间序列验证是指通过比较同一国家过去一段时间经济增长与收入分配的状况，去测量在不同时点上的收入分配，从而检验是否符合倒 U 形理论。

Kuznets 倒 U 形假说是建立在对几个发达国家代表性历史数据基础之上的，如果去检验同一国家经济增长与收入均等分配的对称关系，仅靠代表性验证是不充分的，它必须经受时间序列验证的考验。然而，即使在时间序列验证日益成为检测收入分配均等程度重要工具的今天，其仍然无法支持倒 U 形假说的成立。实际上，人们能够发现在各国经济增长与收入分配之间存在着各种各样的关系（见图12-7）：在经济增长过程中，有些国家收入分配不均随之上升，如巴西；一些国家却在下降，如马来西亚；其他国家则保持不变，如印度。

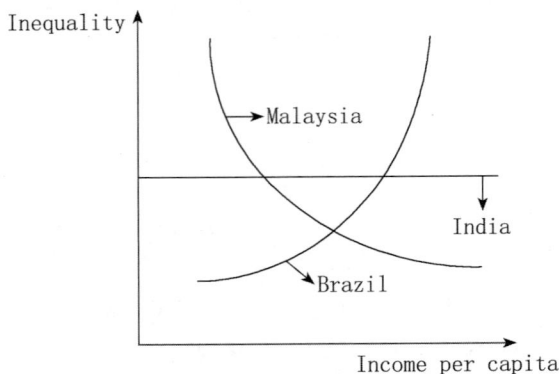

注：Inequality 为从低到高的收入分配不均等；Income per capita 为从低到高的人均收入；Malaysia 为马来西亚；India 为印度；Brazil 为巴西。

图 12-7　一些国家经济增长与收入分配的关系

2）对倒 U 形假说的反证

按照倒 U 形假说，所有国家的经济增长与收入分配都存在相类似的关系。那么对一个实现了经济增长的国家必然与其达到相同发展水平的其他国家的收入分配程度大致相同，然而这种推断因在现实中存在两大因素而验证其无法成立：一是不同国家有着不同的经济结构。就生产要素而言，中国有更多的劳动力，缺少的是土地。而美国拥有许多土地，缺少的是劳动力。处于同一经济增长水平，中国与美国对劳动力的需求就会采取和执行不同的收入分配政策，收入分配均等程度也因之存在较大的差异。实践中，国家政治经济制度和执行的收入分配政策在经济增长与收入分配中起着至关重要的作用。一个社会福利政策执行较好的国家与经济增长处于同一水平的其他国家相比，收入分配均等程度要高，如瑞典。如果政府执行合适的收入分配政策，那么经济增长与收入分配就不会像 Kuznets 所阐述的那样呈对称关系，如韩国和新加坡在其经济发展过程中，个人收入分配趋向均等，社会贫富差距很小。

通过实证不难得出这样的结论：经济增长与收入均等分配不存在系统的对称关系。只要政府注重经济社会协调发展，充分发挥市场和财政在资源配置中的应有作用，采取合理的收入分配政策，收入分配就会随着经济的增长趋向或达到均等。随着我国服务型政府的建立和公共财政体系的完善，各级政府财政逐年增加基本公共服务投入，地区差距、城乡差距和贫富悬殊状况一定会发生根本性的改变，广大民众将更多地享有改革开放和经济发展的丰硕成果。

第三篇　推进全域城市化问题

为实现大连经济社会跨越式发展，2009 年大连市委十届七次全会明确提出实施全域城市化发展战略，强调进一步优化城市空间布局，推动全域城市组团化发展，同时创新区域管理体制，探索打破行政区划限制，建立新的区域管理体制和运行机制。2012 年，大连市委、市政府召开加快推进全域城市化工作会议，通过并下发了加快推进全域城市化的若干意见、实施方案及相关政策等一系列文件，要求各地区、各部门研究制定详细的政策措施，全力推进全域城市化。实践证明，推进全域城市化是解决大连"三农'问题的重要途径，是推动区域经济社会持续协调发展的有力支撑，是落实辽宁沿海经济带发展战略的重要举措，对建设富庶美丽文明大连具有重大现实和历史意义。

第 13 章　大连全域城市化发展规划布局

13.1　全域城市化规划布局

大连市委十届七次全会强调，未来将围绕建设东北亚国际航运中心、东北亚国际物流中心、区域性金融中心（三个中心），坚持全域谋划，推动城市组团化发展，形成各具功能和特色的经济区。全域城市化发展规划布局包括五大组团：

1）主城区组团

由中山区、西岗区、沙河口区、甘井子区、旅顺口区和高新园区构成，重点发展现代服务业，打造企业总部云集的国际商务区、软件和创意产业发达的知识经济聚集区、传承城市发展文脉的历史文化名城和环境优美的生态宜居城区。

2）新市区组团

由开发、保税、金州和普兰店湾构成，打造国际航运中心和物流中心的核心区，高新技术产业的聚集区，临港先进制造业基地，基础设施完善、人居环境良好、城市建设与管理达到国际先进水平的新市区，争取成为综合配套改革试验区，发挥类似浦东新区、滨海新区的区域发展引擎作用。

3）普兰店绿色城市

加快普兰店市城市化进程，有效衔接各区域协调发展，建设成为产业发达、生态良好的绿色城市。

4）渤海区域城市组团

以瓦房店市、长兴岛为主，充分利用现有工业基础和深水岸线资源，积极承接国际国内产业转移，以工业化带动城市化，打造在环渤海地区具有竞争力的现代新兴工业城市，发展成为全市新的经济增长极。

5）黄海区域城市组团

以庄河市、花园口、长海县为主，在进一步加强生态建设和水源地保护的同时，加快高速公路、港口等基础设施建设，发展成为国家级新材料产业基地、轻型制造基地、国际旅游胜地和森林城市建设的示范区。

全域城市化发展规划为我们勾勒出一幅利市、利省、利国的科学发展蓝图。这一蓝图囊括了区域发展所面对和承载的机遇与挑战、责任与义务、传承与创新、感性与理性、时间和空间的全部内涵，充分体现了"提升存量空间、创新增量空间、促进空间高效利用"的空间发展理念。这是一个立足当代，着眼未来，高定位、高起点、大视野的经典规划。毋庸讳言，依此规划，大连应该能够强市富民，在加快辽宁沿海经济带开发开放中承担起核心和龙头的历史责任，引领和促进沿海经济带成为我国新的经济增长极。

13.2 全域城市化规划布局的特点

城市规划是政府行为，某种意义上说城市规划也是政府的职责定位。作为一种政策和制度安排的城市规划，会涉及社会中的所有利益相关者。正因如此，依照城市规划进行城市实践往往形成"规划执行阻滞"现象，使规划难以落实。这就要求城市规划必须统筹兼顾，科学制定，缜密实施。从财政视角分析，全域城市化规划布局呈现以下特点：

1）规划布局兼顾效率与公平

沿海经济带发展战略的推动和日益激烈的区域经济竞争，使大连的全域城市化规划布局同全国绝大多数新的区域规划的重心一样，都是经济增长。实践表明，城市化水平的确与经济增长同步提高，但地区城市化水平在统计意义上与其人均 GDP 存在一定程度的超前或滞后，即使在相同或相近的人均 GDP 水平上，不同地区城市化率也有很大不同。以省为例，广东和江苏人均 GDP 相近，但二者城市化水平差距较大，城市化率广东 50%，江苏 61%；辽宁和福建人均 GDP 相近，城市化率辽宁 59%，福建 47%。由此可见，影响城市化进程的因素绝不仅仅是经济增长。实践表明，城镇生活质量、社会公平、城乡二元结构性差异及城市发展模式等社会性因素都对地区城市化发展产生重要影响。国内外的相关研究表明，处于不同发展阶段和不同经济发达程度的城市在规划时，其功能定位和工作重点迥然不同（见图 13-1）。全域城市化是整个大连地区的城市化，而不是城市的城市化。城市化的最终目标并不是城市化本身，而是整个地区的社会进步和人民生活水平的不断提高。因此，大连新城市规划注重经济增长的同时兼顾了社会性因素，在坚持"先污染、后治理"、"先发展、后公平"与坚持社会、经济、环境可持续发展之间进行了权衡，各组团都强调在发展经济的同时，注重社会发展和环境建设。应该说，全域城市化规划真正体现了"人本"理念，兼顾了效率和公平。

在我国典型区域经济发展模式和现行行政管理体制下，政府行为是城市发展的主要动力，政府通过自上而下的计划和规划对经济活动和社会资源进行指导和控制，这决定了实现全域城市化发展目标需要市、县、乡各级政府和政府部门的共同努力。在以经济增长作为地方政府工作中心的总体规划和政府绩效考核机制下，各级地方政府无论是主动还是被动都必须全力以赴，加速经济发展。实践中，这种以政府配置资源和政府投资为主的区域发展模式会更多依赖政府的财政实力和融资能力。在下级政府财力和融资能力有限的情况下，争取上级政府支持往往成为其促进当地经济发展的现实路径。然而，在全域整体开发开放和构建和谐大连的大背景下，上级政府同样会面临政府可用资源无法满足现

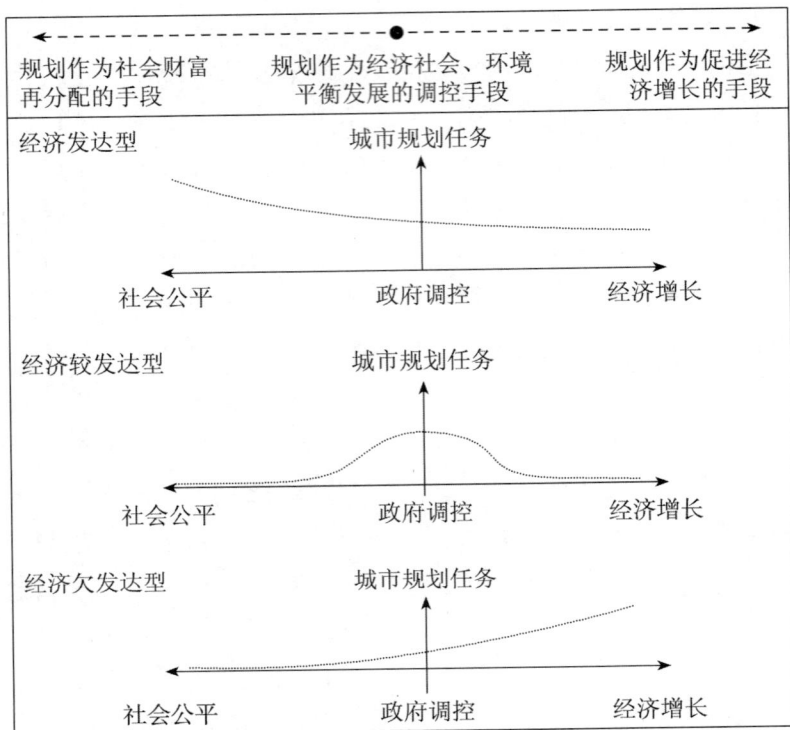

图 13-1 不同发展阶段城市规划的功能定位

实需要的窘境。由此，政府规划实践将为各级政府和部门的执行能力带来严峻的挑战，而规划的科学性同样面临现实的考验。为确保规划的可行性，在规划制定过程中有关部门对各级政府和政府部门的执行能力进行了综合分析和论证，对政府财力、融资能力、组团核心区政府和部门的执行能力及实施规划可能出现的各方面困难进行了认真调研和评估。总体上看，尽管实现全域城市化任务艰巨，难度大，历时长，但大连各级政府和政府部门有能力推进和实现全域城市化。

2）规划中试编财政预算规划

从经济学和财政学角度分析，城市规划本质上就是政府资源特别是财政资金的配置规划，因为城市规划的落实很大程度体现在财政资金的使用上。实际工作中，绝大多数政府规划编制和政府财政预算编制在初始阶段相脱离，基本上是先制定规划后落实财政预算。这种制度安排或者是忽视了财政预算就规划论规划，抑或是把政府财政资金无限充足视为了前提条件。就前者而言，规划实践必然难以落实，对后者来说，现实情况与之恰好相反。无论是力促经济增长的单高发展模式还是促进经济增长和社会发展的双高发展模式，必然要求政府快速扩张财政支出，但财政收入增长受税收分配有限和公众纳税意愿递减的影响，往往难以快速增长。换言之，政府支出增长的主观性和政府收入增长的客观性之间存在天然的矛盾。为实现经济增长目标，各级政府通常只能靠举债来解决资金短缺问题。而随着这种做法日积月累，将不可避免地产生难解的麻团。有鉴于此，编制城市规划时，市政府首次试编了政府财政预算规划，通过预测和平估财政收支总量及收入增长的可能性边界，确定了推进全域城市化工作的阶段性重点。

3）规划注重区域管理体制创新

规划要求，要刱新区域管理体制，探索打破行政区划限制，建立资源共享、优势互补、功能完善、管理科学的区域管理体制和运行机制；形成城乡一体的发展机制，推进重大产业项目、重大基础设施、一般性城市功能向北部城乡延伸，实现工业向园区集中、土地向规模经营集中、农民向城镇集中。规划强调，要进一步转变政府职能，努力打造服务型政府，充分发挥市场在区域资源配置中的基础性作用，提高民营经济在全市经济总量中的比重，实现经济良性发展。同时规划还要求，应创新财政管理，着力构建民生财政，倾力实现基本公共服务均等化，切实提高市民福利水平。

第 14 章　大连城市化现状分析①

　　近年来，大连城市化水平日渐提高，2002 年至 2010 年城市化率（城镇常住人口占城市总人口比重②）由 51.6% 提高到 74.42%，年均递增 4.68%，总共上升了近 23 个百分点。行政区域内农民城镇化转型速度进一步加快，每年约有 5.2 万农民转为城镇居民，仅甘井子区 2002 年至 2012 年采取农转城方式就将近 12 万农民转为城市居民。

14.1　城市化水平与农业人口规模分析

　　城市化与工业化同步发展，城市化水平相对较高，但户籍农业人口规模大。工业化是城市化的发动机。近年来，大连市委、市政府坚持工业化带动城市化、城市化支撑工业化的治市理念，重点推进工业化和城

---

　　① 2010 年以来，大连区市县（先导区）行政区划历经调整，相关统计指标随之发生较大变化且不可得，故本章相关数据截止到 2010 年。
　　② 衡量城市化的常用单项指标主要包括城市人口比重指标和非农业人口比重指标。前者指某一地区内的城市人口占总人口的比重，反映了人口在城乡之间的空间分布，是目前运用最为广泛的城市化水平指标。不过，因各国设市人口数量标准不同且同一城市不同时期设市标准不断变化，导致该指标缺乏横向可比性；加之其易受行政区划变更和社会政治等因素的影响，可能导致城市人口突变，造成城市化水平忽高忽低，缺乏连续性。后者是指某一地区内的非农业人口占总人口的比重。该指标较准确地把握了城市化的经济意义和内在动因，反映了生产方式变革的广度和深度，较之城市人口比重指标，更具科学性，但该指标忽略了城镇中常住农业人口和暂住人口，导致据此计算的城市化水平偏低。

市化双轮驱动发展。尤其 2009 年辽宁沿海经济带上升为国家发展战略
后，处于辽宁经济发展龙头地位的大连，迎来了工业化和城市化加速发
展的新时期。大连整个区域内形成了以 19 个辽宁沿海经济带重点经济
园区为依托的黄海沿岸产业带和渤海沿岸产业带。随着工业化的持续发
展，大连城市化水平同步提高，按城镇常住人口计算的城市化率由
2002 年的 51.6% 上升至 2010 年的 74.42%，年均递增 4.68%，分别高
于辽宁省和全国 1 个百分点和 1.5 个百分点（见表 14-1）。行政区域内
农地非农化趋势明显，农民城镇化转型速度进一步加快，户籍农业人口
以年均 5.2 万人的规模下降，年均递减 2.37%。2010 年大连户籍农业
人口近 223 万人，如果按年均递减 5.2 万人计算，自然实现全域城市化
大体需要 45 年的时间。由表 14-2 可知，2002—2010 年按户籍人口计
算的大连城市化率年均递增 2.32%，比按城镇常住人口计算的城市化
率低 2.3 个百分点，这固然受户籍制度和城镇外来流动人口增加的影
响，但也客观反映出大连户籍农民城镇化转型速度相对缓慢。从政府主
导推进全域城市化的视角看，无论这些农民目前是否在户籍地从事农业
生产，实施农民城镇化改革都必须将其考虑在内。随着经济社会的快速
发展，大连工业化步伐越来越受到土地和人力等资本的制约，城市空间
难以拓展，城乡资源难以契合，城郊区社会问题难以理顺，农民收入难
以更快增长，凡此种种皆需通过深化改革加以解决。实践证明，加快推
进城镇化是消除城乡发展壅梏、破解城乡发展难题的有效途径。应该
说，大连加快推进全域城亡化是实现城乡协调发展的现实选择。

表 14-1　　　2002—2010 年大连与全国和辽宁省城市化水平比较　　单位：万人

| 项目 | 2002 年 | | | 2010 年 | | | 年均 |
	城镇人口	总人口	城市化率	城镇人口	总人口	城市化率	增长
全国	50 212	128 453	39.09%	66 978	134 091	49.95%	3.11%
辽宁	1 943.7	4 155.4	46.78%	2 718.8	4 374.6	62.15%	3.62%
大连	287.9	557.9	51.60%	497.9	669	74.42%	4.68%

　　注：城市化率按城镇常住人口计算。因统计口径和行政区划变更原因，2002
年城镇人口为户籍人口。

　　资料来源　根据相关年度《中国统计年鉴》、《辽宁统计年鉴》、《大连统计年
鉴》计算。

表 14-2   2002—2010 年大连户籍人口及城市化率情况   单位：万人

项目	非农业人口	农业人口	户籍人口	城市化率
2002 年	287.9	270.0	557.9	51.6%
2010 年	363.6	222.9	586.4	62.0%
年均增减	2.96%	-2.37%	0.62%	2.32%

注：城市化率按城乡户籍人口计算。

资料来源　根据相关年度《大连统计年鉴》计算。

14.2　县域间农民市民化转型程度分析

虽然全域城市化在整体推进，但县域间发展不均衡，户籍农民数量差距大。近 10 年来，伴随着西拓北进和全域城市化战略的实施，大连城市化整体步伐有所加快，按非农业人口占城市总人口比重计算的城市化率 2002 年至 2010 年年均递增 2.32%。之所以在此按非农业人口计算城市化率，主要原因是大连推进城市化的直接目的是实现行政区域内户籍农民城镇化。就行政区划而言，由于历史、经济和行政区划变更等诸多因素影响，大连各区市县城市化水平极不均衡。2010 年四个市辖区中山区、西岗区、沙河口区和甘井子区已全部实现了户籍农业人口向城市居民的转移。高新园区、长海县、旅顺口区和金州新区城市化率高于全市平均水平，其中高新园区和长海县城市化率超过了 93%。其他县区瓦房店市、普湾新区（含普兰店市）、庄河市、长兴岛、保税区和花园口的城市化率均在 50% 以下，其中花园口城市化率仅为 8.46%（见表 14-3、表 14-4）。统计数据显示，2010 年大连户籍农业人口 222.9 万人，占总人口的 38%，其中瓦房店市、普湾新区（含普兰店市）和庄河市户籍农业人口共计达 186.2 万人，占全市农业人口的 83.5%。瓦房店市、普兰店市（不含普湾新区）和庄河市土地面积总计 10 002 平方公里，占全市土地总面积 12 573.85 平方公里的 79.6%。就城市化与户籍农业人口关系而言，城市化水平越高，农业人口占总人口比重越低，潜在农民城镇化数量会越少，就越容易实现区域城市化；城市化水平越低，农业人口占总人口比重越大，潜在农民城镇化数量会越多，实现区域城市化的难度就越大。综上所示，加快推进全域城市化必须因地制宜，采取不同的模式加以推进。

表14-3　2002—2009年大连市农业户籍人口及城市化率情况表　　　单位：人

项目	2002年		2005年		2008年		2009年	
	农业人口	城市化率	农业人口	城市化率	农业人口	城市化率	农业人口	城市化率
中山区	2	100.0%	0	100.0%	0	100.0%	0	100.0%
西岗区	2	100.0%	0	100.0%	0	100.0%	0	100.0%
沙河口区	226	100.0%	0	100.0%	0	100.0%	0	100.0%
甘井子区	109 471	80.5%	33 915	94.5%	0	100.0%	0	100.0%
长海县	63 736	28.8%	35 565	52.5%	5 497	92.6%	5 375	92.7%
旅顺口区	99 648	52.2%	75 339	63.4%	52 992	75.1%	50 190	76.5%
金州区	341 320	48.9%	293 988	57.0%	280 367	61.6%	271 132	63.4%
大连市	2 699 948	51.6%	2 478 975	56.2%	2 355 455	59.6%	2 269 796	61.2%
瓦房店市	711 720	30.9%	697 097	32.0%	690 561	32.7%	691 020	32.7%
普兰店市	644 573	22.0%	608 031	26.3%	591 156	28.6%	579 388	29.3%
庄河市	729 218	19.1%	734 480	19.9%	734 882	20.4%	672 691	26.0%

资料来源　根据相关年度《大连统计年鉴》计算。

表14-4　　2010年大连市城乡户籍人口和城市化率情况表　　　单位：人

项目	非农业人口	农业人口	户籍人口	城市化率
中山区	356 625	0	356 625	100.00%
西岗区	302 387	0	302 387	100.00%
沙河口区	657 147	0	657 147	100.00%
甘井子区	673 423	0	673 423	100.00%
高新园区	101 691	6 034	107 725	94.40%
长海县	68 390	4 800	73 190	93.44%
旅顺口区	153 928	43 810	197 738	77.84%
金州新区	415 448	187 216	602 664	68.94%
大连市	3 635 581	2 228 778	5 864 359	61.99%
长兴岛	27 119	31 949	59 068	45.91%
保税区	22 714	35 922	58 636	38.74%
瓦房店市	312 018	628 623	940 641	33.17%
普湾新区	307 261	622 002	929 263	33.07%
庄河市	232 127	611 024	843 151	27.53%
花园口	5 303	57 398	62 701	8.46%

注：表14-3和表14-4城市化率是按户籍非农业人口占户籍总人口比重计算。

资料来源　根据相关年度《大连统计年鉴》数据计算。

14.3 城郊区与农村地区城市化进程比较分析

城郊区城市化水平快速提高，偏远的农村地区城市化进程相对缓慢。工业化发展程度和政府财力直接决定了城市化发展水平。从我国和大连城市化发展实践看，随着各类城区向外扩张，许多城郊区逐步纳入城市规划建设范围，许多乡镇和行政村的集体土地在较短的时间内被征用，政府往往因势利导，加快推进农民城镇化转型。许多农村地区被纳入城区管理并实现了城市化，但在远离城镇的农村，不具备城郊区城市化的条件，农民城镇化进程十分缓慢。例如，大连城郊区甘井子区2002 年城市化率为 80.5%，户籍农民 11 万人，在甘区政府的直接推动下，到 2010 年已经全部转为城市居民，实现了区域城市化；而远离大连城区的瓦房店市、普兰店市和庄河市 2002 年城市化率分别为30.9%、22% 和 19.1%，2010 年仅为 33.17%、33.07% 和 27.53%，城市化进程相对缓慢。

第 15 章　大连推进全域城市化的现行模式

　　总结分析大连各级政府推进全域城市化的实践模式主要有二（见图 15-1）：一是以城郊区为基点的区域城市化模式；二是以农村地区为基点的中心镇模式。两种模式均以政府为主导，以工业和产业发展为支撑，以消除城乡体制机制差别为重点，以推进公共服务均等化为保障，以市场自然提高城市化水平为辅助，采取城区扩展和以点带面的方式来实现全域城市化。

图 15-1　大连推进全域城市化的模式

15.1　区域城市化模式

区域城市化模式是指政府采取相应措施以乡镇或行政村管辖区域为单位，推动市县主城区的城郊区向城区转变，推动辖区户籍农民向城市居民转变，进而实现城市化的模式。此种模式以大连甘井子区为代表，高新园区和旅顺口区也在按此模式推进本区域的城市化。

甘井子区实现区域城市化的具体做法：

1）因地制宜规划设立工业园区

将涉农地区全部纳入园区，以工业化推进城市化。

2）改革社会管理体制

一是将乡镇改为街道，村委会改为居委会；二是将农民户籍全部转为城市户籍（也称农转城）；三是农转城人员享有与市民同质的社会保障、医疗卫生、教育文化和就业失业等公共服务待遇。

3）改革城市建设管理体制

将农转城地区基础设施建设维护、环卫绿化和市容管理等原由乡镇政府负责转由上级政府负责。

4）改革经济管理体制

一是按照事权与财力匹配原则，建立公共支出以区和市为主的财政管理体制。二是将村集体经济组织改为社区股份合作制公司，做到户籍农民"人人有股份"。公司代表转型农民行使经济管理职能。三是推动转城地区以乡镇企业为主的发展模式向都市经济发展模式转变。

5）统筹解决转城人员的社保、居住和就业等问题

（1）妥善解决转城人员的社会保障问题

一是实现农转城地区的农村社会保险体系与城镇职工社会保险体系直接对接。对法定劳动年龄段内的转城人员，采取与城镇职工相同的方式缴纳基本养老和医疗保险。二是对超过法定年龄不能参加养老保险的转城人员即"5060"人员，由村集体比照法定退休参保人员的同等标准支付养老金。

（2）妥善解决转城人员的住房和就业问题

一是高标准建设回迁区；二是各村根据自身经济实力制定住房福利政策，包括对回迁户奖励楼房面积和对采暖费、装修费和物业费予以补助等；三是通过与入驻企业签订工作协议和成立物业公司等方式，妥善安置转城人员就业。

15.2　中心镇模式

中心镇模式是指政府选择经济基础好、人口较多、集聚辐射能力强的乡镇作为核心镇予以重点扶持建设，吸引和带动其周边农村地区向中心镇集中，进而扩大城镇化的模式。此种模式以太平湾、皮杨、大郑和广鹿岛为代表。

中心镇建设正处于大连政府全力推进阶段，具体思路：一是高水平制定中心镇发展规划；二是大力发展特色产业；三是加强市政设施建设；四是完善公共服务体系；五是打造整洁优美环境。

15.3　大连甘井子区推进区（全）域城市化实践

加快城市化进程是优化城乡资源配置、消除城乡二元结构、彻底解决"三农"问题的必由之路，也是发展经济、扩大内需、改善民生、实现经济社会全面协调可持续发展的重要途径。2001 年以来，甘井子区区委、区政府针对区域内城乡二元矛盾突出、城乡建设管理滞后、城乡资源配置低效等发展"瓶颈"，充分抓住大连市委实施的扩大城市空间、壮大经济规模、提升城市功能的西拓北进战略机遇，统筹谋划、创新改革，果断提出以农转域推进城市化，以城市化实现区域全面振兴的发展战略。经过十多年的艰苦努力，截止到 2012 年，甘井子区实现了由新型郊区向新型城区的历史性跨越，实现了全区按照一般通行的城市标准、制度框架和人文理念运行，实现了由人口的城市化到空间的城市化、经济的城市化和居民生活方式的城市化的整体转变。甘井子区实施以农转城为突破口的实现区域城市化的思路和做法，对大连其他县区和全国类似地区推进城市化具有重要的借鉴意义。

1) 甘井子区概况及推进区（全）域城市化的动因

（1）甘井子区概况

甘井子区是大连市四个市辖区之一，是大连市唯一的城郊区和中心城区拓展基地，承担着物流集散、生态屏障、教育基地、工业基地和人居新区等功能。2001 年，甘井子区下辖 13 个街道、6 个涉农乡镇，总人口 78.5 万人，其中城镇人口约 68 万人，农村人口近 10 万人。陆地面积 502 平方公里，其中划入城市规划控制区面积 136 平方公里；市政界内面积 50.5 平方公里，仅占全区总面积的 1/10。全区地方财政收入 6.26 亿元，城镇职工人均工资 9 459 元，农民人均纯收入 6 142 元，人均公共绿地面积 9 平方米。

（2）甘井子区推进区（全）域城市化的动因

随着市场经济的飞速发展和大连市建设现代化国际名城战略的实施，作为大连市拓展基地的甘井子区，日益承受来自城乡二元结构体制下形成的城乡经济要素难以有效配置、城乡差距难以短期缩小、经济社会矛盾难以根本化解等诸多矛盾和问题，不仅制约了甘井子区的经济社会协调发展，而且成为大连市建设国际名城、实现现代化的重要障碍。同时，甘井子区区位优势明显，经济发展迅速，为甘井子区推进区域城市化提供了得天独厚的基础性条件。

①市场因素。城乡二元结构将政府调控与市场经济社会管理和城乡经济割裂开来，导致土地、资金、劳动力等生产要素无法遵循市场规律在区域内合理有效配置，影响和制约了区域规划和产业布局，严重阻碍了甘井子区经济社会持续发展。

②体制因素。城乡二元体制并存，导致城乡规划、建设、管理职权不清，各自为政，地区低档规划、重复建设现象十分严重，直接影响了经济建设和社会管理的效率和水平，为未来经济社会健康发展埋下了隐患。

③社会因素。一是社会管理问题日益增多。处于市政界之外的一些郊区，随着动迁户和外来户的大量涌入，引发了许多社会管理问题。由于城市管理体制不到位，绿化、环卫、治安等社会管理支出大多由村集

体承担，许多村集体难堪重负，使社会管理问题一直得不到彻底解决，直接影响了社会和谐稳定。二是农民安置问题十分突出。随着大连中心城区经济社会的快速发展，城市居住区向郊区不断拓展，中心城区在2002年以前的10年间共向甘井子区疏导了28.2万居民，使一些地区的农民丧失了赖以生存的土地资源，且大量集体企业被拆迁，加上补偿标准偏低，一些失地农民生计无着，成为社会不稳定因素，极易发生群体性事件。

④环境因素。在市政界和规划控制红线之间，市政设施投入少、标准低，历史欠账多，基础设施承载力与实际承载量极不相称。一些新建小区，商业、学校、公交等配套设施严重不足，直接影响了区域开发、经济建设和民生改善。同时，由于市政界以外的绿化没有纳入城市管理，缺少管理和养护，导致一些地区绿化较差、生态环境恢复的难度极大，如不及时养护和改善，将直接影响全市生态文明建设。

⑤区位因素。甘井子区是大连中心城区的拓展基地，中心城区直接带动甘井子区经济和城市化快速发展。到2001年，甘井子区人口城市化率已达82%，农村人口城市化意识明显增强，农民生产生活方式趋近城镇居民，易于接受城市化改革。全区地方财政收入达到6.26亿元，位列四个市辖区首位，一些涉农乡镇税收收入超过亿元，为推进区域城市化提供了坚实的物质保障。

2）甘井子区实现区（全）域城市化的引擎——农转城

区（全）域城市化是指，在一定区域内以农业为主的传统乡村社会全部向以工业和服务业为主的现代城市社会转变的历史现象与历史过程。这一过程可以是分层次的、阶段性的，也可以是全面的、持续的。农转城是指转变农民身份使其成为城镇居民。严格来说，在我国现行户籍制度和城乡二元体制下，这一转变包括：一是农民身份转移，即农民向城镇迁徙，获得城镇户口，以平等的城镇居民身份享受公共福利、参与社会管理和市场竞争；二是农民就业转移，即农民在职业上从农业向非农业转移。究其实质，农转城不仅是农民户籍的转变，而且是农民阶层身份和生活方式的转变。由此可见，农转城是实现区域城市化的必要条件。就一区域而言，只有把部分或全部农村社会转变为城市社会才能实现城市化或区域城市化。城市化是目标、是方向，农转城是手段、是过程。基于对区域城市化和农转城的深刻认识，甘井子区委、区政府把农转城作为实现区域城市化的引擎，在力推农民身份转移的同时，创新改革城乡管理体制，统筹谋划区域经济发展，全方位推进区域城市化。在我国城乡二元体制和行政集权管理体制下，推动农转城必须打破固有的利益格局和分配关系，必须对现行的城乡户籍制度、经济管理体制、社会管理体制和城市建设管理体制等进行根本性改革。对于推动农转城的基层政府而言，如果缺乏改革意识和创新精神，将难越雷池一步；如果缺少上级政府的理解和支持，将寸步难行。

3）甘井子区推动农转城的总体思路和主要做法

甘井子区委、区政府从区域经济社会发展现状和区位条件出发，在反复研讨和充分论证的基础上，形成了"改革现行城乡管理体制，加快实施城市化战略"的工作思路，力求经过五到十年的努力，实现由传统农业社会形态向现代化城市社会形态转变，实现由经济大区向经济社会综合实力强区转变，实现由城市的近郊区向主城区转变。自此，甘井子区踏上了以农转城为引擎的实现区域城市化的创新改革之路。

（1）统筹谋划，充分准备，精心设计农转城改革方案

①制订一揽子农转城改革计划。按照有利于减轻村集体负担、有利于保护农民利益、有利于解放和发展生产力、有利于提高城市规划建设水平的基本原则，制定了彻底的农转城改革计划：一是农民转为城市居民。二是乡镇改为街道，村委会改为居委会。三是村集体经济没有改成社区股份制经济的，改为社区股份制经济；原集体土地仍由社区集体所有，使用权归社区股份制经济组织。四是市政界向外延伸到城市规划控制红线。五是社会管理由镇、村负责改为由街道和居委会负责；公共事业、市政设施和配套设施的建设、维护、管理由镇、村负责改由市、区政府共同负责。

②坚持分步实施、稳妥推进原则，先试点，后铺开。具体分两步走：第一步先搞试点。选择条件相对成熟的涉农街道——南关岭进行试点，为全面推进农转城积累经验。第二步对规划控制红线以内的辛寨子、红旗、凌水和大连湾四个镇全部实行农转城；对保留农村建制的营

城子、革镇堡两个镇，根据主城区的定位，加快其城市化进程。

③健全城市管理体制，加快配套设施建设。坚持经济和社会协调发展、规划建设管理相统一和可持续发展原则，在农转城地区建立城市管理体制，同时做好配套设施建设。具体提来说：一是社会事业建设和社会管理实行多元化、社会化，区、街、居委会三级共同负责，以区为主。二是城市建设管理实行市、区、街三级共同负责，城市建设以市为主。三是彻底改变农民身份，全部转为市民并享受市民同等待遇。四是按照事权与财力统一原则，完善区街财政管理体制。五是增强规划意识、提高规划档次，做好农转城区域经济社会发展规划。六是加快经济结构调整，推动农转城区域以乡镇企业为主的发展模式向都市经济发展模式转变。七是将急需建设的基础设施项目纳入城建议事日程。八是全面改善人居环境，完善生态屏障功能。

（2）争取支持，锐意改革，积极稳妥推动农转城工作

①争取上级政府和部门理解和支持。农转城是一场社会、经济乃至政治的深刻变革，不仅需要锐意改革的决心和勇气，更需要上级政府和部门的理解和支持。为此，区委、区政府多次主动向市委、市政府汇报农转城改革方案，得到了上级领导的赞同和肯定，得到了政府相关部门的鼎力支持，使农转城改革方案得以顺利实施。为巩固推动农转城、实现区域城市化的成果，加快区域向科学发展的全面转型，2009年，大连市委、市政府批准了《甘井子区综合配套改革总体方案》，为甘井子区经济社会全面发展提供了坚实的体制机制保障。

②改革社会管理体制。一是将农民全部转为城市居民。由区发展计划局争取指标，区公安分局换发户口。二是重新设置社区居委会和派出所管辖范围。居民转制后的社会管理根据政府管理和社区自治相结合的原则，全部划入相应的社区居委会，原村集体不再承担社会管理职责。居委会办公经费、人员开支列入区财政支出。按照便于社区居民自治、便于管理、便于开发社区资源的原则，由农转城街道在区民政局指导下，按有关规定提出居委会数量、管辖户数、管辖范围、人员配备、办公用房方案，报区政府审批。区公安分局根据人口、治安的实际，调整派出所管辖范围和警力配置。三是转制后的居民享受城市福利待遇。最

低生活保障、优抚补助等均按城市居民对待。原农户士兵优待金，继续由改制后的社区股份合作制公司发放，转制后的新兵按城市兵对待，支出列入区财政预算。四是调整计划生育政策。计划生育管理以街道为主，经费列街道财政预算。对符合生育二胎的转城人员，计生政策延续1年，1年后停止发放二胎指标。其他生育政策按城市居民对待。五是将原农村小学全部移交区教育局管理，固定资产权属暂不变，经费列入区财政预算。六是改革卫生体制。原村卫生所改为社区卫生服务站或企业诊所。预防保健事业由街道防治站和各社区卫生服务站负责，经费在区财政列支。

③改革城市建设管理体制。一是农转城地区的环卫工作统一由区环卫处负责，归口区城建局。二是园林由区园林处负责，绿化由区绿化站负责，归口区城建局。原集体林地性质不变，由改制后的社区股份合作制公司负责养护。三是市政设施由区市政管理处负责维护，归口区城建局。区城建局对基础设施、公益设施进行登记并就原集体所有的基础设施、公益设施的提出产权处理意见。四是河道移交市河道管理部门管理。五是路灯移交市城建部门管理。六是市容管理由区城建局指导，协调街道管理。

④改革经济管理体制。一是调整财政管理体制。按照事权与财力匹配原则，建立公共支出以区为主的财政管理体制。二是原集体土地上的房屋产权证，由规划和国土资源局争取政策，换发全国统一的房屋产权证。三是将原村集体经济组织改为社区股份合作制公司。改制以后，社区股份合作制公司除继续代表原全体村民行使集体土地管理职能以外，不再行使社会管理职能，成为独立的企业法人并逐步建立现代企业制度。

（3）以人为本，倾注民生，创新实施"三新"工程

甘井子区推进农转城始终坚持人本理念，把群众切身利益放在首位，着力保障和改善转城人员生产生活，力求在最短时间内实现农民向市民的转变。为此，甘井子区创新实施以"新市民、新社区、新生活"为内涵的"三新"工程建设，统筹解决转城人员的社保、居住和就业等生存生活问题。

①妥善解决转成人员的社会保障问题。一是实现农转城地区的农村社会保险体系与城镇职工社会保险体系直接对接。对法定劳动年龄段内的转城人员，采取政府、村集体和个人分担方式缴纳基本养老、医疗保险。二是对于参保时超过法定年龄不能参保的转城人员即"5060"人员，由村集体比照法定退休参保人员的同等标准支付养老金。这些人目前已全部参加了城镇居民基本医疗保险。三是转城人员享有城市居民相同的其他社会福利待遇。

②妥善解决转城人员的住房和就业问题。

一是高标准建设回迁区。选择具有丰富经验和一定实力的开发单位进行回迁区规划建设，既要按照城市标准进行系统规划，又要兼顾社区发展的特殊要求，统筹考虑村委会、居委会、社区服务等各种配套设施，还要建设高水平的生态景观。在规划选址阶段，由村民在本村优先选置。规划设计方案必须经全体村民通过。

二是按照各村自身经济实力，一村一策制定福利政策，包括对回迁户的按户、按证、按人奖励面积和对采暖费、装修费、物业费的补助等，解决转城人员上楼后居住成本增加的实际困难。

三是通过参与腾出土地的产业发展、成立物业管理公司等多种渠道，妥善安排转城人员就业。

四是促进村级经济发展。所有实施"三新工程"的转城村都预留了集体经济组织物业资产，以便将来通过自我经营或出租的方式获得长期收益。同时，实施村集体经济组织产权制度改革，把原村民在集体的劳动积累、法律赋予的土地等资产以股份形式确定下来，做到人人有股份，以保障转城人员的利益和收益。

按照农转城实施方案，2002年南关岭街道顺利完成农转城试点工作。同年，经过市区两级政府努力，辛寨子、红旗、凌水和大连湾四镇"撤镇建街"获得省政府批准。2007年，省政府批准甘井子区最后两个农村乡镇营城子镇和革镇堡镇改设街道。经过近10年的创新改革、攻坚破难，甘井子区最终实现了区域城市化。

4）实现区（全）域城市化的成效及现存问题

推动农转城和实现区域城市化为甘井子区经济社会发展提供了强劲

的动力，全区在民生改善、经济发展、社会管理、城市建设等诸方面均取得了明显成效。

（1）消除了城乡二元体制，基本解决了"三农"问题，农转城人员生存生活质量明显改善

通过推动农转城和实现区域城市化，消除了城乡二元体制，实现了城乡体制并轨，基本解决了农民、农业和农村问题，使原农村地区管理体制统一按照城市管理体制运行，使原农民获得了城镇居民的同等待遇，初步实现了基本公共服务均等化，农转城人员生存生活质量得到明显改善。转城人员充分享受城市社会保障，不仅实现了"老有所养、病有所医"，而且减轻了原农村家庭的赡养负担。"三新"工程将农转城人员迁入按现代城市标准建设的新社区，一些社区建设标准和质量超过了城市社区，彻底改善了农转城人员的居住面积和居住环境，高标准实现了"住有所居"。"三新"工程尤其注重新市民建设，在充分保障农转城人员享受市民就业失业相关政策的基础上，区街两级政府高度重视区域产业规划、社区建设和村集体经济发展，采取多项措施帮助农转城人员就业，并实施多种优惠政策降低农转城人员的生活成本。同时，加强村集体经济组织监督管理，切实维护农转城人员的经济利益，一些集体经济收益较好的村定期或不定期向农转城人员发放红利。政府逐年加大原农村地区教育、文化、卫生和治安等方面的投入，提高社会福利水平，改善人文环境，实现了"学有所教"、社会平稳有序运行。政府逐年加大原农村地区的水、电、气、路等基础设施建设，实现市政配套全域覆盖，加速了农转城地区与城区公共服务同质化进程。正是由于甘井子区坚持人本思想，着力保障和改善民生，使其在推进区域城市化过程中得到了群众的广泛拥护和支持。

（2）拓展了城市发展空间，提升了城市功能，为区域经济社会持续发展奠定了坚实的基础

区域城市化战略的实施，使甘井子区打破了原有的城市规划控制红线和市政界束缚，拓展了区域发展空间，实现了国民经济和社会发展规划、城市规划和土地利用规划"三规融合"。通过调整土地利用规划，将辖区基本农田保护指标全部调出，为全域开发建设和区域经济社会持

续发展预留了充足的空间。2010年修订城市规划、土地利用规划时将辖区全部纳入城市范围。在市政府支持下，哈大高铁大连站—大连北站、大连市新体育中心、大连新机场等重大城建项目落户甘井子区，城市地铁枢纽站及主城区地铁近40%的线路都布局于此，这些项目均已开工建设，大连北站和体育中心已于2012年投入使用。重大城建项目的竣工落成显著提升了甘井子区辐射、服务功能。区域城市化也为甘井子区实施功能国际化战略创造了条件，甘井子区对拓展区根据资源禀赋和区位条件进行了功能区布局，规划建设了大连生态科技创新城、大连体育新城、大连湾装备制造业聚集区等各具特色的功能区，功能区的建设和发展将强有力地助推甘井子区成为大连市现代化中心城区的步伐。

区域城市化推动甘井子区按照市政标准加速各项基础设施建设向城市拓展区延伸，近年来新改扩建快速路、主干道、支路和连接线过百条，实现了快速交通全域覆盖和全域半小时交通圈。区域内热、电、水、气、环卫等主要基础设施建设项目基本完成，解决了制约经济社会发展的"瓶颈"问题。按照现代化国际化标准，新建了区行政中心、部分中小学校、图书档案馆、社区卫生服务中心等一大批服务设施，提升了政府公共服务能力；完成了村民自治向城市社区自治的体制过渡，实现了社区居委会按照城市标准保障公共服务。目前区财政用于公共服务和民生领域的资金占财政一般预算支出比重达到50%以上，公共服务体系日趋完善。

区域城市化推动甘井子区将生态环境建设全部纳入市政统一管理，通过大规模建设市级公园、社区公园和城市生态林，新增绿地面积1 000多万平方米，新建明珠、光明等多个城市公园，对高速公路、铁路、轻轨等交通干线两侧进行了全面绿化，将原农转城地区的红旗街道100多平方公里的区域规划为大连西郊森林公园，并按照国际化、现代化的要求治理水系、建设景观、改善生态，建成了富有欧式风格的城市风景区。启动了全域河流和海域生态改造工程，将一些污水河改造为清水河，河沿岸改造为城市景观带，海滨浴场改造为高等级的海滨公园。加大了矿山治理力度，改善了矿区生态环境。持续实施环境综合整治工程，集中解决了影响市容市貌的突出问题。生态环境建设改善了辖区人居环境，为甘井子区和大连经济社会可持续发展提供了生态保障。

甘井子区推动农转城和实施区域城市化战略取得了喜人成效，但受体制机制、政府财力、现行政策等因素制约，区域经济社会发展仍面临一些亟待解决的问题：一是基本公共服务压力较大，政府有限的财力短期内无法全部满足城市化带来人口快速增长所需的同质化公共服务需求。二是筹措重大基础设施建设项目配套资金压力较大。许多布局在甘井子区由市政府规划建设的重大基础设施建设项目需区政府配套，筹措配套资金压力较大。三是由于国家、省、市对农村集体经济组织产权制度及相关政策未予明确，使甘井子区的农村改革面临一定的困难。

5）甘井子区推进区（全）域城市化的启示

实践证明，甘井子区平稳有序推动农转城和科学实现区域城市化，对全国类似地区推进城市化具有重要的指导意义，其工作思路和具体做法尤值借鉴。

启示一：坚持以人为本，切实保障和改善民生。

城乡一体化的核心是"人"的一体化。甘井子区始终把维护农转城人员的切身利益放在首位，把解决农转城人员的公平待遇和可持续发展问题作为推动农转城的出发点和落脚点，从农转城方案设计到实施，从并轨城乡体制机制到功能区建设，都以保障和改善民生作为政府施政的根本方向。在确保农转城人员享受与城镇居民相同待遇的同时，甘井子区又制定了更优惠的政策：一是参保年龄大大放宽；二是允许补缴和趸缴；三是养老保险的缴费年限可作为医疗保险的视同缴费年限。据调查，上述做法在全市尚属首创，政策全国最优，为农转城人员参保节省了大量的资金。政府以文件形式建立社保资金专户，确保征地补偿费用优先用于解决农转城人员的社保问题。创新实施"三新工程"，高标准解决了农转城人员居住、就业、集体收益分配等关键性问题，解除了农转城人员的后顾之忧。通过加大基础设施和生态环境建设，为农转城地区提供了较好的教育、医疗、卫生、治安等公共服务，使农转城人员真正享受到了改革发展的成果。切实尊重农民选择，坚持自愿原则、集体表决通过农转城方案，充分调动农民群众的积极性和创造性，使农民群众由被动接受农转城转为主动推进农转城，确保了农转城改革顺利实践并经得起历史的检验。

启示二：坚持统筹谋划，科学制定农转城改革方案。

甘井子区委、区政府充分认识推动农转城的复杂性和艰巨性，改革前组成专项调研组先后赴北京、上海、广州、苏州、宁波、青岛等地考察，并对甘井子区实际情况进行了全面调研，邀请有关专家对区域推动农转城的可行性进行系统分析论证，最终形成了农转城改革方案，力求方案既要保障和改善农转城人员权益，又要确保城市居民生产生活稳定；既要解决经济社会发展的"瓶颈"问题，又要实现区域经济社会协调可持续发展。此外，还选择条件相对成熟的地区先行试点，借此改进和完善方案。以上所述的一系列做法从根本上保证了农转城改革的科学性、稳定性和实效性。

启示三：争取上级支持，确保区域城市化顺利推进。

农转城是一项复杂的系统工程，涉及城乡管理体制的方方面面。在我国城乡政策差异较大的现实条件下，对于区级政府而言，其实是无力解决农转城过程中城乡体制并轨问题的。为此，甘井子区积极主动向市委、市政府汇报农转城改革方案，得到了上级政府的赞同和支持；之后，又适时向上级政府汇报改革成效，主动邀请政府及相关部门考察农转城实践，得到了上级政府和部门的肯定。

2007年，大连市委、市政府决定把甘井子区作为综合配套改革试验区，并于2009年以市政府名义下发了《甘井子区综合配套改革总体方案》。方案基本内容包括"四个机制、六项措施"。四个机制是指通过综合配套改革，加快建立"三规"融合机制、财力事权匹配机制、多元化投融资机制和土地增值机制。六项措施是指围绕构建四个机制，实施推动公共服务均等、完善产业政策体系、改革产权制度、健全城市管理体制、转变政府职能和创新社会管理机制的配套改革。方案从根本上解决了甘井子区城市化过程中所面临的体制机制不协调、政策措施不到位和财力事权不匹配等主要问题，显著加快了甘井子区区域城市化进程。

启示四：坚持量力而行，保证现有财力满足改革需要。

推动农转城并非是将农民户籍转变为城市户籍，而是将农民生产生活方式转变为市民生活方式，这需要区、街道政府和村集体具备较强的财力和收入支撑，否则无法满足农转城人员的社会保障、教育、医疗、治安和配套基础设施建设等支出需要。2001 年以来，甘井子区财政一般预算收入年均以 20% 以上的速度递增，2012 年已达 53 多亿元，基本满足了实现区域城市化的财力需要。改革过程中，一些村集体曾出现筹措资金困难、改革成本难以短期消化等问题，甘井子区坚持量力而行的原则，要求改革地区不能贪功，不能冒进，不能走样，改革必须经得起历史的检验。甘井子区综合考虑各级政府和村集体收入实际，通过调整财政体制和建立多元化融资平台等手段，较好地解决了农转城成本问题，保证了改革平稳有序进行。

第 16 章　大连财政推进全域城市化的政策取向

政府力主推进城镇化的实质是消除城乡二元体制，从根本上解决经济发展过程中土地和人力资本的"瓶颈"制约，实现区域经济社会更快发展。调整国民经济结构、提高资源配置效率、促进经济社会协调发展是各级政府应有的职责，各级政府财政有责任支持转型地区的工业和产业发展，以解决农民就业、社会保障等生产生活成本，也有责任承担因农民转为城镇居民所产生的各项公共成本。从城乡差距形成和政府职责转变视角分析，政府有责任承担这部分成本。我国计划经济体制下长期实施的以城市工业发展为先、农业支持工业发展的传统模式，使城乡间、农民与市民间在经济社会诸方面形成巨大的体制机制障碍和经济差距。面对农村、农业和农民发展全面落后于城市发展的不利局面，中央近年来明确提出工业反哺农业，要求各级政府以工促农、以城代乡，加快推进城镇化进程，让农民平等享受改革开放的丰硕成果。地方政府通过推进农民城镇化转型实现农民享受与城市居民同质的财政公共服务、相同的生产生活方式，是坚决落实上级政府缩小城乡差距、促进城乡协调发展政策的具体体现，无论从贯彻国家"三农"政策还是实现政府职能转变的层面看，地方各级政府财政都有责任推进城镇化。

16.1 财政推进全域城市化的着力点

政府推进全域城市化是一项极其复杂的系统工程，涉及城乡经济社会管理的方方面面，具体包括区域规划、基础设施、产业发展、土地保障、户籍管理、融资支持、公共服务、社会保障和城乡改革等等，实施全域城市化需各级政府部门各尽其责、共同努力才能实现。单就财政而言，政府应充分发挥社会主义市场经济条件下的公共财政职能作用，依照效率和公平的原则，找准财政在推进区域城市化和中心镇建设的着力点，力促全域城市化战略的实现。

城镇化是"人"的城镇化，在实施以"人"为核心的全域城市化战略过程中，无论是区域城市化模式还是中心镇模式，政府财政所实施的基本政策方向和着力点大体相同：一方面支持工业园区建设和产业发展，以解决农民就业、生产生活问题以及筹措转型资金；另一方面承担相应的农民城镇化转型成本即基本公共服务的供给。甘井子区的区域城市化实践表明，农民城镇化转型成本主要包括：一是为新增城镇居民提供医疗卫生、社会保障、教育培训、文体计生、就业失业和社会治安等基本公共服务所花费的成本；二是为新增城市居民解决住房所花费的住房成本；三是为确保新城（镇）区运转所花费的道路交通、邮电通讯、水电燃气、能源环境等基础设施建设成本等；四是农民转为城镇居民后的城市生活成本；五是农民放弃农业生产收入的机会成本等。表面上看，农民城镇化转型成本着重强调的是使农民在身份、地位、社会权利及生产生活方式等各方面向市民转变并融入城市社会所付出的最低资金，但其本质为消除城乡二元体制下长期形成的城乡户籍制度、经济管理体制、社会管理体制和城市建设管理体制等差异而进行城乡一体化改革所必须付出的经济代价，这种代价均摊在每个转型农民身上即为农民城镇化转型成本。由于各地区经济社会发展程度、政府财力状况、人口密度、资源禀赋、区位优势等不尽相同，农民城镇化转型成本通常存在较大差距。转型成本按承担主体可分为个人成本和公共成本，个人成本应由个人承担，而公共成本应由政府承担。单就某项公共服务类成本如养老保险而言，尽管按照政府现行政策由个人、企业和政府财政共同承担，但最终承担主体归于政府，所以将其划为公共成本。农民城镇化转型与财政政策方向见图 16-1。

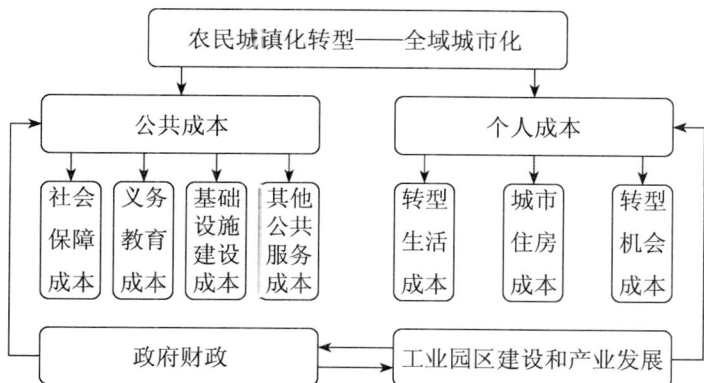

图 16-1　农民城镇化转型与财政政策方向

16.2　财政推进全域城市化的对策建议

1）总体思路

目前大连各级政府多措并举，倾力推进全域城市化，各部门纷纷制定具体政策支持城镇化建设。财政支持城镇化建设的总体思路如下：

首先，支持区域城市化地区和中心镇的工业园区和产业发展。在用好用足现有支持工业园区和产业发展的财政政策基础上，重点支持转型地区第二产业和第三产业发展，加速产业结构优化升级，吸引和带动周边农村地区向转型地区转移，形成集聚效应，保障全域城市化健康持续发展。

其次，科学界定政府财政支出责任，重点加大基础设施、社会保障、教育和就业失业等基本公共服务投入力度，切实缩小城乡差距，为实现全域城市化奠定坚实的基础。

2）政策措施

（1）着力支持工业园区建设和产业发展，为推进全域城市化奠定坚实的物质基础

第一，调整财政投入结构，重点支持工业园区建设和重点产业发展。目前，大连各地区经济发展主要采取工业园区发展形式，财政加大转型地区工业园区建设是推进城镇化的重点所在。一是增加工业园区建设特别是基础设施类建设的财政资金安排。二是设立工业园区重大建设项目及主导或支柱产业发展专项资金，为园区重点项目及带动作用强、发展前景好的产业提供资金保障。三是统筹使用财政补贴、补助、贴息、担保、税费减免和以奖代补等多种手段，放大财政资金使用效果，引导各类社会资本投入工业园区建设及相关产业发展。

第二，统筹调配财政资金，缓解工业园区建设压力。一是对工业园区标准厂房及配套设施建设资金紧张的转型地区，财政部门应统筹调配资金予以重点支持，尽快使企业入驻园区并开工生产。二是按照"谁投资、谁管理、谁受益"的原则，通过财政补贴、补助、贴息、奖励等引导社会资本投资园区。

第三，综合运用各项财税优惠政策，吸引企业入驻园区。一是在地方政府权限范围内，适当减免工业园区入驻工业企业经营性收费、行政事业性收费以及土地管理、评估等费用，吸引企业入驻园区。二是借助国家扩大营改增试点范围及推进营改增试点的契机，加速推动大连营改增进程，让更多工业企业获得实惠。三是对高新技术产业和战略新兴产业在落实各项税费优惠政策的同时，可研究出台鼓励两类产业入驻工业园区更多的优惠税费政策，吸引高新技术及新兴产业企业落户园区。

第四，加大现有扶持企业发展的财政资金整合力度，重点支持园区企业发展。目前大连市政府设立了多项专项资金扶持工业企业发展。据不完全统计，市财政每年用于支持中小企业发展的各类资金超过10亿元。由于政出多门，难以形成合力，为更好地发挥财政资金效率，可将用于技术改造、产业技术创新、民营及中小企业、循环经济、农业龙头企业、科技型中小企业、软件信息等各类资金整合为扶持工业企业发展的专项资金，适当向转型地区园区企业倾斜，助推园区发展壮大。

（2）着力实现基本公共服务均等化，为推进全域城市化创造良好的基本条件

第一，加大基础设施投入。加大基础设施投入是打破城镇发展"瓶颈"，提高城镇化水平，保障和改善民生的重要手段。财政部门应不断加大区域城市化和中心镇地区水、电、气、道路等基础设施的投入力度，为地区工业和产业发展及城镇居民生产生活创造良好的内外环境。一是优化基础设施投入结构。目前市本级财政每年安排约7%的财政支出用于支持乡镇基础设施和公共服务项目建设，各区市县政府按市本级政府投资1：1的比例配套。调查显示，按现行城镇基础设施投入规模，"十二五"时期末需投入财政资金至少70亿元以上，政府财力将难以支撑。因此应注重优化和调整基础设施投入结构，重点向工业园区和中心镇基础设施建设项目倾斜，力促重点农转城区域发展。同时，采取财政补贴或贴息等方式，秉持"谁投资、谁经营、谁受益"的原则，吸引社会资本投资转城地区的基础设施建设。二是注重公共环境综合整治。财政可采取奖励、贴息和补助等方式对循环利用资源、使用清洁能源、建设环境友好型住宅、发展节能低碳经济等给予支持，切实保护转城地区生态环境，为转城地区创造清新整洁、舒适优美的生产生活环境。

第二，强化城乡社会保障体系建设。全域城市化旨在实现人的城市化，建立城乡统一的社会保障体系是解除转城农民后顾之忧的重要举措。因此，要持续做好农村社会保障工作，逐年提高农村地区社会保障水平，缩小城乡差距，逐步实现城乡社保均等化，进一步完善包括养老保险制度、最低生活保障制度和医疗保险制度，使之趋近城市水平。同时，要进一步深化医疗卫生服务体制改革，推进城乡一体的公共卫生、基本医疗和药品供应服务保障体系建设；推进转城地区医疗卫生基础设施建设，合理布局医疗机构，有效满足转城居民基本医疗卫生需求；加强农村地区尤其是农转城地区妇幼保健和疾病预防控制工作；深入落实国家基本药物制度和综合改革各项配套政策，对基层医疗卫生机构实施基本药物制度给予补助，让转城农民老有所养、病有所医、困有所救，构筑牢固的社会保障网。

第三，力促教育事业发展。近年来，大连逐年加大教育投入力度，对乡镇校舍危房实施大规模改造，有效改善了乡镇教学条件，但无论是办学质量还是师资力量，乡镇及农村地区与城市地区教育水平还存在一定差距。因此，要实现转城地区教育服务均等化，需要大力扶持转城地区教育事业发展。一是加大转城地区教育投入力度，尽快提高转城地区的办学条件和师资水平，实现城乡教育均衡发展；二是进一步提高转城地区基础教育普及程度，逐步将学前和高中阶段教育纳入义务教育范畴；三是推进转城居民职业教育，创建契合转城地区产业发展和促进就业的职业教育体系；四是继续落实贫苦学生资助政策；五是进一步做好外地务工人员子女就学教育工作。

第四，积极推进文体事业发展。继续落实现有促进城乡文体事业发展的政策措施，逐步实现文体事业发展水平一体化。发挥大连主城区文化中心辐射带动作用，促进城市文化资源、要素和服务向转城地区延伸。加大转城地区文体设施投入，积极建设文体活动室（中心）、图书室、运动场馆、居民娱乐广场等，鼓励转城居民开展各项文体活动，使其加快思想观念转变，真正适应和融入城镇社会环境。

第五，着力解决转城人员就业问题。制定和实施促进转城人员就业的财税优惠政策，支持开展针对转城人员适应市场需求的职业教育及技能培训，提高转城人员的综合素质和就业适应能力；建立健全统一规范、公平公正的人力资源市场，完善转城地区就业服务网络；加大对吸纳农转城居民就业企业的税费优惠；支持转城居民自主创业，制定出台各项鼓励创业的政策措施，提供诸如开办资金、技术设备以及各类税费等相关优惠，从而改善创业环境，实现以创业带动就业和以创业促进发展的良性互动；促进产业结构优化调整，积极推进契合转城地区优势的花卉业、旅游业、餐饮业等产业发展，推动劳动力吸纳能力较强的第三产业发展。

（3）着力建立健全政府筹资机制，为推进全域城市化提供资金保障

第一，建立科学有效的财政资金筹措机制。将农转城地区土地出让收益纳入财政预算，专项用于解决转城人员的住房、就业、社会保障及

其他生产生活问题。认真解读大连全域城市化发展总体规划，明确财政扶持重点，全力支持全域城市化建设。积极盘活各种存量资产，最大限度地把城乡资源、级差地租和经营要素转变为城市化建设资本。

第二，建立多元化的基础设施投融资体制。在具备条件的县城和重点镇，探索建立村镇建设投资公司，支持符合条件的乡镇企业上市融资和发行企业债券，做大做强投融资平台，提高融资能力。做好转城地区招商引资工作。

第三，积极向国家和省有关部门申报项目，努力争取把大连列为国家和省城镇化建设示范区，想方设法争取国家和省财政专项资金的支持。

第 17 章 典型调研：全域城市化进程中被征地农民社会保障问题

所谓被征地农民是指农民集体土地被征为国有后，从该集体经济组织成员中产生的需要安置的人员。随着大连工业化和城市化的快速推进，农村集体土地大量被征用，越来越多的农民离开了赖以生存的土地。对被征地农民而言，失去土地就意味着丧失了最基本的生存保障。如何为被征地农民建立起安全有效的社会保障体系，妥善解决被征地农民的长远生计，不仅直接决定被征地农民的生存质量，而且事关社会稳定和区域和谐发展大局。2012 年 7 月，市委、市政府召开加快推进全域城市化工作会议，要求各地区、各部门研究制定详细推进措施。在此背景下，深入研究并构建被征地农民社会保障体系，对切实维护被征地农民利益，科学实现全域城市化，确保大连经济社会协调可持续发展，具有重要的现实意义和深远的历史意义。大连城郊区——甘井子区经过近十年的艰苦努力，最终实现了全域城市化，其妥善安置被征地农民的做法和经验尤值借鉴。

17.1 建立被征地农民社会保障体系的必要性

土地是农民的"命根子"，是农民家庭最可靠的生产生活场所，是农民最基本的就业岗位和收入来源，是农民最主要的致富资本，是农民家庭保障最重要的物质基础。《中华人民共和国农村土地承包法》从法律层面把土地的使用权、流转权、收益权、继承权和财产权等权益赋予了农民，农民的土地一旦被征用，则意味着农民自身甚至其子孙后代失去了财产、工作和生存保障。尽管政府征用土地时依法给予被征地农民和农村集体经济组织一定的征地补偿，但实践证明，无论是农民主动还是被迫离开土地，无论征地补偿当时多么合理，如果被征地农民不能享受哪怕是最低标准的社会保障，长远来看其终将成为一个社会问题。因此，建立被征地农民社会保障体系是各级政府推进工业化和城市化过程中无法回避且必须解决的问题。一般而言，被征地农民社会保障体系主要包括被征地农民养老保障、医疗保障、最低生活保障、受教育和培训保障和法律援助等。由于被征地农民与城市居民享受的综合社会福利程度差异较大，为确保被征地农民利益和政府顺利征用土地，现实中政府建立被征地农民社会保障体系内容往往扩延至住房、教育、就业、计划生育和公共基础设施等。

1）建立被征地农民社会保障体系是推进全域城市化的基本条件

实现全域城市化的重要标志是实现城乡一体化，而城乡一体化的核心是人的一体化。政府推进全域城市化的首要前提是将农民转变为市民，而农民转变为市民绝不仅仅是让农民获得城镇户口，更重要的是使农民摆脱低成本的生产生活方式并有能力承担高成本的市民生活。如果被征地农民社会保障问题得不到有效解决，就难以消除农民在出让土地时对家庭生存和发展的担忧，而这种担忧很难用某个时点上的一次性经济补偿数额来衡量。政府征地补偿屡创新高但往往遭到农民反对，原因也在于此。这既增加了土地征用的阻力和难度，也影响了全域城市化进程。只有建立被征地农民社会保障体系，才能提高农民生存发展的安全感和踏实感，才能获得农民对征用土地和推进全域城市化的理解和支持。

2）建立被征地农民社会保障体系是实现城乡统筹发展的重要途径

我国长期以来形成的城乡二元经济结构和城乡二元体制，将政府调控与市场经济社会管理与城乡经济割裂开来，导致土地、资金、劳动力等生产要素无法遵循市场规律，即无法在城乡之间合理有效配置。高速发展的城市很难从农村获得急需的建设用地、劳动力等资源，相对落后的农村也难以获得城市累积的资金、技术等生产要素支持，导致城乡现实差距越拉越大。建立被征地农民社会保障体系，在一定范围内可消除城乡二元结构，根本解决"三农"问题，弥合农民与市民之间的待遇不公平，促使被征地农民由被动接受城市化向主动推进城市化转变，加速政府实施城乡一体化建设，促进城乡资源统筹调配和高效利用。

3）建立被征地农民社会保障体系是维护社会稳定发展的重要保障

土地是农民最后一道生活安全保障，在当前农村社会保障制度严重缺失的情况下，之所以农村社会稳定发展，土地承包制度起到了不可或缺的作用。纵观世界经济发展史，工业化和城市化的快速发展必然导致征用农村土地，必然产生大量被征地农民。尽管政府在安置被征地农民时依法给予了相应的补偿和补助，但现实中一次性货币化安置费用受物价、就业、农民素质等因素影响，长期看很难保障农民家庭的生存和发展，当被征地农民的生存发展窘境发展到一定程度，就会成为严重的社会问题，极易引发群体性事件。现实中个别"一夜暴富"的被征地农民走上吸毒、赌博等犯罪道路从另一个侧面凸现了一次性货币化安置的弊端。建立农民社会保障体系，妥善解决被征地农民长久的基本生活，已成为政府推进城市化、维护社会稳定发展的重要保障。

17.2　大连城市化与土地征用及被征地农民数量分析①

近年来，大连城市化步伐明显加快，2002 年到 2010 年大连城市化率（非农业人口占城市总人口比重②）由 51.61% 提高到 61.99%，8 年

---

① 本章选取数据时限截至 2010 年，原因与第 14 章相同。
② 因本文重点研究大连地区被征地农民社会保障问题，故采用非农业人口比重指标来衡量城市化水平。

上升了10个百分点。随着城市空间的迅速扩展，城市建设、公共设施和交通道路等征用土地面积逐年增加，被征地农民数量同步扩大，2002年至2008年仅甘井子区采取社会保障方式总计安置被征地农民就多达11万人。2012年7月，市委、市政府颁布了《关于加快推进全域城市化的若干意见》、《大连市加快推进全域城市化实施方案》等一系列政策文件，要求各地区、各部门研究制定详细的推进措施，表明大连推进全域城市化工作步入了更快的发展阶段，被征地农民数量也将随之增加。深入分析大连城市化与土地征用现状，对各级政府科学制定推进全域城市化整体战略和加快建立被征地农民社会保障体系十分必要。

1）城市化与工业化、土地征用大体同步，土地征用面积近年加速扩大

工业化是城市化的发动机。近年来，大连市委、市政府坚持工业化带动城市化、城市化支撑工业化的治市理念，重点推进工业化和城市化双轮驱动发展。尤其2009年辽宁沿海经济带上升为国家发展战略后，处于辽宁经济发展龙头地位的大连，迎来了工业化和城市化加速发展的新时期。大连整个区域内形成了以19个辽宁沿海经济带重点经济园区为依托的黄海沿岸产业带和渤海沿岸产业带。随着工业化的持续发展，城市化水平日益提高，土地征用面积明显增加，农地非农化已成必然趋势。截至2010年，大连市人均GDP达到87 963元，比2006年的44 427元增加了43 536元，年均递增18.62%；城市化率由2006年的57.47%上升到2010年61.99%，年均增长1.91%；城市建成区面积由2006年的258平方公里增加到2010年的390平方公里，年均递增10.88%，高于辽宁省年均增长率6个百分点；征用土地面积加速扩大，由2006年的4平方公里增加到2010年的28.12平方公里，年均增长62.83%，高出辽宁省同期指标近50个百分点。2006年至2008年，大连市征用土地面积每年基本保持在4平方公里左右，2009年和2010年迅速扩大到12.11平方公里和28.12平方公里，分别比2008年增长了3.5倍和8倍（见表17-1）。通过对甘井子区部分街道的调查，被征用土地主要用于城市建设、商品房开发和部分重点工程建设。征用土地面积的扩大直接导致被征地农民数量的增加。

表 17-1 　　　　　2006—2010 年辽宁省和大连市城市
建成区和征用土地情况表　　　　单位：平方公里

项目 年份	辽宁省		大连市	
	建成区面积	征用土地面积	建成区面积	征用土地面积
2006	1 859.6	77.2	258	4
2007	1 917.6	72	258	3.7
2008	1 955.5	226.7	258	3.53
2009	2 030.71	83.78	258	12.11
2010	2 220.53	128.2	390	28.12
年均增长率	4.53%	13.52%	10.88%	62.83%

资料来源　2007—2011 年《辽宁统计年鉴》。

2）城市化整体快速推进，但地区间发展不均衡，土地征用和潜在被征地农民数量差距很大

近 10 年来，伴随着西拓北进和推进全域城市化战略的实施，大连城市化整体步伐明显加快，按非农业人口占城市总人口比重计算的城市化率 2002 年至 2010 年年均递增 2.46%，分别高于同期全国城市化平均水平 12.52% 和 14.49%。由于历史、经济和行政区划变更等诸多因素影响，大连市各地区城市化发展水平极不均衡。4 个市辖区中山区、西岗区、沙河口区和甘井子区于 2008 年已全部实现了由农业人口向城市居民的转移，从人口指标看 4 区均实现了区域城市化。高新园区、长海县、旅顺口区和金州新区城市化率高于全市平均水平，其中高新园区和长海县城市化率超过了 93%。瓦房店市、普湾新区（含普兰店市）、庄河市、长兴岛、保税区和花园口的城市化率均在 50% 以下，其中花园口城市化率仅为 8.46%（见表 17-2、表 17-3）。土地被征用及农业人口转为城市居民是实现城市化的前提。就地区而言，城市化水平越高，农业人口占总人口比重越低，土地资源越稀缺，潜在被征地农民的数量会越少，就越容易实现区域城市化；城市化水平越低，农业人口占总人口比重越大，土地资源相对宽松，潜在被征地农民的数量会越多，实现区域城市化的难度就越大。统计数据显示，2010 年大连市共有农业人口 222.9 万人，占总人口的 38%，其中瓦房店市、普湾新区（含普兰

店市）和庄河市农业人口合计达 186.2 万人，占全市农业人口的 83.5%。瓦房店市、普兰店市（不含普湾新区）和庄河市土地面积总计 10 002 平方公里，占全市土地总面积 12 573.85 平方公里的 79.6%。在保证耕地红线的前提下，土地资源稀缺已经成为阻碍大连市经济发达地区进一步发展的主要"瓶颈"。相反在经济欠发达地区，土地征用的弹性空间相对较大，潜在被征地农民的数量越多。

表 17-2　　　2002—2009 年大连市农业人口及城市化率情况表　　　单位：人

项目	2002 年		2005 年		2008 年		2009 年	
	农业人口	城市化率	农业人口	城市化率	农业人口	城市化率	农业人口	城市化率
中山区	2	100.0%	0	100.0%	0	100.0%	0	100.0%
西岗区	2	100.0%	0	100.0%	0	100.0%	0	100.0%
沙河口区	226	100.0%	0	100.0%	0	100.0%	0	100.0%
甘井子区	109 471	80.5%	33 915	94.5%	0	100.0%	0	100.0%
长海县	63 736	28.8%	35 565	52.5%	5 497	92.6%	5 375	92.7%
旅顺口区	99 648	52.2%	75 839	63.4%	52 992	75.1%	50 190	76.5%
金州区	341 320	48.9%	293 988	57.0%	280 367	61.6%	271 132	63.4%
大连市	2 699 948	51.6%	2 478 975	56.2%	2 355 455	59.6%	2 269 796	61.2%
瓦房店市	711 720	30.9%	697 097	32.0%	690 561	32.7%	691 020	32.7%
普兰店市	644 573	22.0%	608 031	26.3%	591 156	28.6%	579 388	29.3%
庄河市	729 218	19.1%	732 480	19.9%	734 882	20.4%	672 691	26.0%

表 17-3　　　　2010 年大连市城乡人口和城市化率情况表　　　单位：人

项目	非农业人口	农业人口	总人口	城市化率
中山区	356 625	0	356 625	100.00%
西岗区	302 387	0	302 387	100.00%
沙河口区	657 147	0	657 147	100.00%
甘井子区	673 423	0	673 423	100.00%
高新园区	101 691	6 034	107 725	94.40%
长海县	68 390	4 800	73 190	93.44%
旅顺口区	153 928	43 810	197 738	77.84%
金州新区	415 448	187 216	602 664	68.94%
大连市	3 635 581	2 228 778	5 864 359	61.99%
长兴岛	27 119	31 949	59 068	45.91%
保税区	22 714	35 922	58 636	38.74%
瓦房店市	312 018	528 623	940 641	33.17%
普湾新区	307 261	522 002	929 263	33.07%
庄河市	232 127	511 024	843 151	27.53%
花园口	5 303	57 398	62 701	8.46%

资料来源　根据 2003—2011 年《大连统计年鉴》数据计算。

3）征用集体土地用途多样，被征地农民数量难以准确统计，但数量将加速增长

目前政府征用农村集体土地主要用于城乡建设，包括城乡住宅、公共设施、工矿、交通水利设施和旅游等。经济社会发展程度和政府财力水平决定了城市化和城乡建设是一个循序渐进的过程，区域规划开发和项目建设征用集体土地通常被限定在一定范围内。一般情况下，城郊区城市规划建设面积相对较大，往往整个村的集体土地在较短的时间内被全部征用。但在远离城镇的农村，被征用的土地大多用于如高铁、高速公路等建设，面积相对有限，加之农民联产承包的土地受农用地质量等因素影响，往往被分割成不相连的几个地块，使农民拥有的土地通常被部分征用。此外，一些地方政府征用农村集体土地如山地、林地等用于城乡建设，这些土地不以农民个人名义拥有而是以集体形式存在，但农民实质享有这部分土地的相应权利，严格来说这部分农民也应属于被征地农民。由于被征用土地用途及面积不同，直接增加了相关部门对被征地农民数量的统计难度，目前大连市尚未有被征地农民详细的统计数据。根据市国土资源和房屋局统计数据显示，2006 年至 2010 年大连市全部土地被征用的农民每年基本在 2 万人左右（见表 17-4），而部分土地被征用的农民估计是全部土地被征用农民的数倍。2012 年 7 月，大连市委、市政府召开加快推进全域城市化工作会议，要求各地区、各部门制定详细的推进措施，并将其纳入政府绩效考核体系。随着政府推进全域城市化力度的加大和各项政策措施的制定实施，必将加速大连涉农地区向城镇地区转变，被征用的农村集体土地面积将进一步扩大，被征地农民数量将加速增长。

表 17-4　　2006—2010 年大连市全部土地被征用的农民情况表　　单位：人

项目	2006 年	2007 年	2008 年	2009 年	2010 年
被征地农民数量	20 087	15 062	23 198	22 049	25 787

资料来源　大连市国土资源和房屋局。

17.3　大连被征地农民社会保障现状

按照被征用土地用途和当时国家征用土地政策不同，大连被征地农民的安置方式大体包括货币安置、就业安置和社会保障安置三种类型。2000 年以前，全市征用土地基本采取"一次性经济补偿"的货币安置方式为主，政府一般给被征地农民每人一次性补偿安置费 1 000 ~ 5 000 元。在此期间，随着一次性货币安置的弊端逐渐暴露，个别地区转而采取货币补偿与政府安排被征地农民就业相结合的安置方式。政府除给被征地农民一次性补偿安置费外，指令用地单位或企业将被征地农民招收为职工，政府适当给予招工单位一定补贴。随着工业化和城市化进程的加快，征用土地面积越来越大，土地价格越升越快，被征地农民数量越来越多，落实单位招工政策越来越难，生活成本越来越高，被征地农民深感货币安置和就业安置方式对今后自身生存和发展越来越不利，因此常常抵制政府征用土地，政府采取货币安置和就业安置方式的难度越来越大。2010 年，国土资源部在全国部分地区推行征地制度改革试点，改革实质被概括为"土地换保障"，即建立以土地补偿费和安置补助费为主要资金来源、以社会保障为主要内容的安置政策和操作办法。2002 年，甘井子区率先在涉农街道南关岭推行以社会保障为主要内容的征地制度改革试点。截至 2012 年，甘井子区所有农村集体土地被统一征用，全部农民均以社会保障方式得到安置并转为城市居民，享受市民同等待遇，就此甘井子区实现了全域城市化。旅顺口区、高新园区等多个地区也相继建立了被征地农民社会保障体系。总结分析大连地区被征地农民社会保障现状，呈现出以下特点：

1）各地区经济社会发展程度、区域发展规划和财力水平不同，被征地农民安置政策有所区别，被征地农民生产生活质量差距较大

多年来，随着大连市工业化和城市化的快速推进，各县区政府大量征用集体土地用于城市建设。调研发现，由于各县区区位环境、工业化和城市化发展水平、城市发展规划、土地出让价格、政府财力水平以及农民城市化观念等不同，各地区征用土地的规模、被征地农民的数量和

被征地农民的安置政策存在较大差异。被征地农民社会保障体系建设较好的地区如甘井子区、旅顺口区、高新园区和金州新区等，基本采取以工业园区为依托，以实现全域城市化为发展战略，以城市建设项目为载体、以统一城乡体制促进区域经济社会协同发展为目标，着力构建有利于被征地农民长远生存和发展的社会保障体系；在征用土地过程中，以实现区域基本公共服务均等化为切入点，全方位解决被征地农民养老、医疗、就业、住房、教育及基础设施等民生问题，初步实现了被征地农民与城市居民享受平等待遇。调研发现，这些地区的被征地农民生产生活得到了较好的保障，家庭收入相对稳定；退休的被征地老年农民按月领取养老金，经济上摆脱了以前世代对家庭养老即对子女的过分依赖；许多被征地的中年农民就业于政府计划安排的就业单位，或定期不定期从村集体领取股利分红，生产生活相对稳定。另据旅顺口区政府相关人员介绍，该区实施了工业化推进城市化发展战略，近年来入住旅顺工业园区的企业招工数量逐年增加，目前部分企业甚至出现了招工难，被征地农民很容易就能找到相应的工作。一些未就业的被征地农民在一定期限内可得到政府失业救助。总体上看，政府实施的社会保障安置方式得到了被征地农民的普遍拥护和赞同。在现行财政体制下，建立被征地农民社会保障体系必须依赖政府财力支撑，政府财力相对较好的县区，被征地农民社会保障体系建设相对较好，社会保障各项标准较高，被征地农民生产生活得到较好保障。2010 年，甘井子区人均地方财政一般预算收入达到 5 144 元、旅顺口区 9 244 元、金州新区 13 705 元、高新园区28 797元。尽管政府财力与财政收入有所区别，但按照"一级政府、一级财政"的原则，财政收入很大程度能够反映政府财力状况。由于上述县区财力较好，政府有能力对被征用土地区域逐年加大教育、卫生、基础设施等投入力度，根本上改善了原农村地区的公共服务水平，使被征地农民基本享受到城市居民的同质化社会保障。相反，一些工业化水平相对较低、经济发展相对落后、政府财力较弱、农村范围较大的地区如瓦房店、普兰店市和庄河市（2010 年瓦房店人均地方财政一般预算收入 3 782 元、普湾新区 2 327 元、庄河市 2 248 元），政府往往根据城市建设项目实际而不是实施全域城市化战略征用土地，安置被征地农民时实质上仍然采取以货币化安置为主而不是建立被征地农民社会保障体系的方式。调研发现，许多被征地农民尽管在特定时点上看获得了较高的征地补偿，但长期看这部分农民的生产生活质量一般低于社会保障安置的农民，收入不稳定，常常因病致贫，老年生活比较困难。伴随物价、地价上涨及被征地农民收入的减少，越来越多的被征地农民要求政府给予原土地补偿价格与现土地补偿价格的差价补偿，当诉求得不到满足时往往采取上访、请愿等方式向政府施压。随着被征地农民逐年累积增加，在某些地区已经成为一种社会隐患。

2）受限于行政管理体制、户籍制度、原村集体经济实力等客观条件制约，尚未形成统一的被征地农民社会保障体系框架

按照我国现行的行政管理体制机制，县区及乡镇行政区划变更、撤销；农民户籍转为城市居民户籍；被征地农民参加城镇职工养老保险等等，均需市级或省级政府批准。甘井子区、旅顺口区和高新园区近年来被列为大连市经济社会优先发展区域，基本属于"改革试验区"性质。这类地区在建立被征地农民社会保障体系过程中，得到了上级政府的大力支持，许多创新性改革举措突破了原行政管理体制机制的制约，使得被征地农民社会保障体系得到最终建立；而瓦房店、普兰店市和庄河市等县区尽管有些城郊区客观上具备了区域建立社会保障体系的条件，但在大连市尚未建立统一的被征地农民社会保障体系总体框架下，受行政管理体制机制的制约，建立类似于甘井子区的被征地农民保障体系面临较大的体制机制障碍。此外，受区域开发程度、街道财力、村集体经济发展程度等制约，处于同一县区的不同乡镇不同村的被征地农民，其所享受的社会保障程度也有所不同。例如，甘井子区部分经济实力较强的乡镇和村（乡镇现已改为街道、村集体经济改为股份公司）在建立被征地农民保障体系过程中，乡镇政府和村集体承担了全部或大部分被征地农民上缴的养老、医疗、居民区建设等费用，一些村集体还定期或不定期向原村民分配集体经济收益；而目前经济实力较弱的乡镇和村（未来经济发展潜力可能很大）则需被征地农民承担部分费用，个别村集体甚至连政策所要求的支付给被征地农民的相关费用都难以保障，一定程度上造成被征地农民的攀比心理，增加了经济实力较弱的乡镇和村

建立社会保障体系的难度。

17.4 甘井子区建立被征地农民社会保障体系的做法

2001 年以来，甘井子区区委、区政府针对区域内城乡二元矛盾突出、城乡建设管理滞后、城乡资源配置低效等发展"瓶颈"，充分抓住大连市委实施的扩大城市空间、壮大经济规模、提升城市功能的西拓北进战略机遇，果断提出"统筹城乡管理体制、加快实现全域城市化"的发展战略。推进全域城市化面对的首要难题是如何妥善安置近 11 万的被征地农民。通过反复研讨和充分论证，区委、区政府最终确立了通过建立社会保障体系安置被征地农民的工作思路。经过十多年的艰苦努力，甘井子区实现了由新型郊区向新型城区的历史性跨越，实现了全区按照一般通行的城市标准、制度框架和人文理念运行，实现了由人口的城市化到空间的城市化、经济的城市化和居民生活方式的城市化的整体转变。甘井子区妥善安置被征地农民的思路和做法，对其他地区推进城市化具有重要的借鉴意义。

1）甘井子区建立被征地农民社会保障体系的总体思路

首先，制订一揽子以财政为基础的被征地农民社会保障安置改革计划。按照有利于减轻村集体负担、有利于保护农民利益、有利于解放和发展生产力、有利于提高城市规划建设水平的基本原则，制定了彻底的被征地农民社会保障改革规划：一是将乡镇改为街道，村委会改为居委会（社区）。二是将村集体经济改为社区股份制经济组织（公司），将农民土地全部划归社区集体管理，土地使用权归社区股份制经济组织，村民人人享有公司股份。三是将被征地农民全部转为城市居民（简称农转居），并享受城市居民同等待遇。转城人员的社保、医疗、文卫、教育、治安和基础设施等公共服务支出全部纳入政府财政预算。四是实现城乡经济社会管理体制机制直接对接，加速农村地区向城区转变。五是实施"三新"工程，全面改善被征地农民人居环境。

其次，争取上级政府和人民群众理解和支持。建立被征地农民社会保障体系是一场社会、经济乃至政治的深刻变革，许多改革措施不得不突破原有城乡体制机制框架，不得不打破现有的利益分配格局，这不仅需要锐意改革的决心和勇气，更需要上级政府和部门以及广大人民群众的理解和支持。为此，区委、区政府多次主动向市委、市政府汇报改革方案，得到了上级领导的赞同和肯定，得到了政府相关部门的鼎力支持。同时，积极向广大人民群众尤其是被征地农民宣传推进全域城市化的重要性，以及建立被征地农民社会保障体系对农民生产生活的根本影响，得到了人民群众广泛的拥护和支持。

最后，坚持分步实施、稳妥推进原则，先试点，后铺开。具体分三步走：第一步先搞试点。选择条件相对成熟的涉农街道南关岭进行试点，为全面建立被征地农民社会保障体系积累经验。第二步对城区规划控制红线以内的辛寨子、红旗、凌水和大连湾四个镇实行改革。第三步对保留农村建制的宫城子、革镇堡两个镇最后实行改革。

2）甘井子区建立以财政为基础的被征地农民社会保障体系的具体做法

（1）改革社会管理体制和财政管理体制，实现原农村自治管理向城市管理转变

一是实施农村户籍制度改革。经村民大会集体表决同意，将农业户口全部转为非农业户口。由甘井子区发展计划局争取指标，区公安分局换发户口。二是重新设置社区居委会和派出所管辖范围。居民转制后的社会管理按照城市管理和社区自治相结合的原则，全部划入相应的社区居委会，原村集体不再承担社会管理职责。居委会办公经费、人员开支列入区财政支出。按照便于社区居民自治、便于管理、便于开发社区资源的原则，由转制街道在区民政局指导下，按有关规定提出居委会数量、管辖户数、管辖范围、人员配备、办公用房方案，报区政府审批。区公安分局根据人口、治安的实际，调整派出所管辖范围和警力配置。三是转制后的被征地农民享受市民福利待遇。最低生活保障、优抚补助等均按城市居民对待。原农户士兵优待金，继续由改制后的社区股份公司发放，转制后的新兵按城市兵对待，支出列入区财政预算。四是调整计划生育政策。计划生育管理以街道为主，经费列街道财政预算。对符合生育二胎的农转居人员，计生政策延续1年，1年后停止发放二胎指

标。其他生育政策按城市居民对待，支出列入财政预算。五是将原农村小学全部移交区教育局管理，固定资产权属暂不变，经费列入区财政预算。六是改革卫生体制。将村卫生所改为社区卫生服务站或企业诊所。预防保健由街道防治站和社区卫生服务站负责，经费在区财政列支。

（2）改革社会保险制度，由财政统一筹措资金，实现农村社会保险与城镇职工基本社会保险制度直接对接

在现行城镇职工社会保险制度下，被征地农民社会保险主要分为两部分：一是对于法定劳动年龄段内人员，实现农村社会保险体系与城镇职工社会保险体系直接对接；二是对超过法定劳动年龄段不能参加城镇职工社会保险的"5060"人员（女50周岁、男60周岁及以上人员），各村比照同等条件参加社会保险人员待遇标准，根据自身经济实力予以保障。

①法定劳动年龄段内人员社会保险

为保障被征地农民享受城市居民社会保险同质待遇，甘井子区劳动保障部门先后下发了《甘井子区中下泉地区农民转为城镇居民参加社会保险实施办法（试行）》（大劳发〔2003〕53号）、《凌水、红旗街道区域内企业及其职工和农民转为城镇居民参加社会保险实施办法（试行）》（大劳发〔2003〕111号）等一系列文件，明确规定被征地农民享受城市居民同等养老保险与医疗保险，具体内容如下：

参保范围：男16周岁至60周岁，女16周岁至50周岁。

缴费方式：对于农民转为城市居民（以下简称农转居）后在企业工作的人员，由企业和个人按照城镇职工社会保险的有关规定，参加社会保险，缴纳社会保险费；对于从事个体劳动的农转居人员，按照大连市城镇个体劳动者参保的有关规定，缴纳基本养老、医疗保险费。

缴费基数：基本养老保险按上年度职工平均工资60%确定；基本医疗保险按统筹地区上年度职工平均工资确定。

缴费比例：基本养老保险缴费比例企业职工为27%，其中企业19%，职工个人8%；个体劳动者8%。基本医疗保险缴费比例企业职工为10%，其中企业8%，职工个人2%；个体劳动者6%。

资金来源：被征地农民参加社会保险所需资金由区政府、街道、村

集体（社区）和个人共同负担。政府从土地出让收益中提取 20% 收益专项用于被征地农民社会保障支出；考虑各街道财力状况不同，区财政通过转移支付方式对街道进行财力调剂，以确保改革顺利实施。村集体和个人缴费比例由村民大会决定。通常情况下，经济实力强的村村民个人少缴或不缴，经济实力较弱的村村民个人承担的比例较大。总之，被征地农民按照全区统一政策标准缴纳社会保险费用总额，最终享受同等的社会保险待遇。

资金管理：社会统筹基金与个人账户基金实行分别管理。社会统筹基金不能占用个人账户基金。从 2001 年起，企业缴费部分全部纳入社会统筹基金，不再划入个人账户；职工个人缴费纳入个人账户基金。个人账户基金由省级社会保险经办机构统一管理，按国家规定存入银行，全部用于购买国债，以实现保值增值。基本医疗保险基金由个人账户和社会统筹基金构成，纳入财政专户管理，专款专用，不得挤占挪用，不得用于平衡财政预算。个人账户体现形式为 IC 卡。社会统筹基金由单位缴纳的基本医疗保险费按规定记入个人账户后的余额部分，全部作为基本医疗保险统筹基金。

基本养老保险的领取：被征地农民缴费累计满 15 年及以上的，经当地劳动保障部门批准，可以办理退休手续，按月领取基本养老金。对于累计缴费不足 15 年的，可以补缴和趸缴。对于企业工作人员采取以下办法补缴：一是从 1993 年 1 月起补缴，1993 年 1 月以后在集体企业工作的人员，从参加工作之日起补缴；二是补缴标准按历年全市职工平均工资的 60% 为基数，按相应年度的企业缴费比例计算，并按规定补缴利息；三是补缴后累计缴费年限仍不满 15 年的，可由企业自选时间一次性趸缴。趸缴金额为当年企业职工应缴纳的最低养老保险缴费额乘以不足的缴费年限。趸缴的养老保险费按规定记入个人账户。对于个体劳动人员采取以下办法补缴：一是从 1993 年 1 月起补缴（个体劳动者年龄须满 16 周岁）；二是补缴标准按历年全市职工平均工资的 60% 为基数，1993 年 1 月到 1997 年 12 月期间按相应年度的企业缴费比例、1998 年 1 月以后按个体劳动者缴费比例计算，并按规定补缴利息；三是补缴后累计缴费年限仍不满 15 年的，可由个人自选时间一次性趸缴。

冠缴金额为当年企业职工应缴纳的最低养老保险缴费额乘以不足的缴费年限。冠缴的养老保险费按规定记入个人账户。对于达到退休年龄累计缴费不足 15 年但又不进行补缴的，不享受基本养老金待遇，其基本养老保险个人账户存储额一次性支付给本人。被征地农民基础养老金领取标准为职工退休时上年度本市职工月平均工资的 20%，缴费年限超过 15 年的，每超过一年增发上年度本市职工月平均工作的 0.6%。

基本医疗保险的领取：累计缴纳基本医疗保险费满 25 年的农转居退休人员，按照《大连市城镇职工基本医疗保险实施办法》享受基本医疗保险待遇。对于达到退休年龄累计缴费不足 25 年的可以补缴和冠缴。对于企业工作人员采取以下办法补缴：一是从 1996 年 7 月开始补缴，1996 年 7 月以后在集体企业中工作的人员，从参加工作之日起补缴；二是补缴标准按历年职工平均工资为基数，按相应年度的企业职工缴费比例，计算应补缴基本医疗保险费本金，扣除相应年度大连市参保企业职工实际发生的平均医疗费，余额部分予以补缴；三是若补缴后达到法定退休年龄累计缴费仍不满 25 年的，可在参保时一次性冠缴。冠缴标准为当年统筹地区企业职工平均医疗保险缴费额乘以不足的缴费年限。对于个体劳动者（须满 16 周岁）采取以下办法补缴：一是从 2002 年 4 月起补缴；二是补缴标准以历年统筹区内社会平均工资为基数，按相应年度的个体劳动者缴费比例，计算应缴纳的基本医疗保险费，扣除相应年度大连市参保企业职工实际发生的平均医疗费，余额部分予以补缴；三是若补缴后达到法定退休年龄累计缴费仍不满 25 年的，可在参保时一次性冠缴。冠缴标准为当年统筹地区个体劳动者平均医疗保险缴费额乘以不足的缴费年限。农转居人员补缴、冠缴金额全部划入统筹基金，不计入基本医疗保险个人账户。累计缴纳基本医疗保险费不满 25 年的人员，不补缴基本医疗保险费的，退休后终结医疗保险关系，不享受基本医疗保险待遇。基本医疗保险个人账户余额部分可继续使用。

② "5060" 人员社会保险

各村比照同等条件参加社会保险人员待遇标准，根据自身经济实力对 "5060" 人员予以养老和医疗保障。调研发现，总体上看，甘井子区各社区股份公司目前能够保障 "5060" 人员社会保险按时发放。对个别面临支付压力较大的社区，上级财政通过借款和转移支付等方式予以资金支持，确保政策落实到位。"5060"人员因年龄增长呈逐年减少态势，村支付压力自然削减。此外，按照2007年以后实施的大连市城镇无社会保障老年居民养老、医疗保险多项新政，区政府积极筹措缴纳参保资金，使"5060"及以上人员每人每月享受420元的养老金补助和医疗保险待遇。

（3）改革城市建设管理体制，支出纳入财政预算管理，实现被征地农民享受城市居民同质化公共服务

一是将原农村地区的环卫工作统一由区环卫处负责，归口区城建局，支出列区财政预算。二是园林由区园林处负责，绿化由区绿化站负责，归口区城建局。原集体林地性质不变，由改制后的社区股份制经济组织负责养护。三是市政设施由区市政管理处负责维护，归口区城建局。区城建局对基础设施、公益设施进行登记并就原集体所有的基础设施、公益设施的提出产权处理意见，支出列入市区财政预算。四是河道移交市河道管理部门管理，支出列入市财政预算。五是路灯移交市城建部门管理，支出列入市财政预算。六是市容管理由区城建局指导，协调街道管理。近年来，各级财政加大城市建设支出投入，彻底改善了原农村地区的落后面貌，许多农村地区现已成为街道整洁、环境优美的新城区。

（4）创新实施"三新"工程，保障被征地农民住有所居

为着力保障和改善被征地农民人居环境，甘井子区创新实施以"新市民、新社区、新生活'为内涵的"三新"工程建设，统筹解决被征地农民居住和就业等生存生活问题。一是高标准建设回迁区。选择具有丰富经验和一定实力的开发单位进行回迁区规划建设，即要按照城市标准进行系统规划，又要兼顾社区发展的特殊要求，既要统筹考虑居委会、社区服务等各种配套设施，还要建设高水平的生态景观。在规划选址阶段，由村民在本村优先选置。规划设计方案必须经全体村民通过。二是按照各村自身经济实力，一村一策制定福利政策，包括对回迁户的按户、按证、按人奖励面积和对采暖费、装修费、物业费补助等，解决农转居人员上楼后居住成本增加的实际困难。三是通过参与腾出土地的

产业发展、成立物业管理公司等多种渠道,妥善安排农转居人员就业。有些村对尚未城市化开发的耕地有条件地交由村民耕种,以增加被征地农民收入。四是促进村级经济发展。所有实施"三新工程"的农转居村都预留了集体经济组织物业资产,以便将来通过自我经营或出租的方式获得长期收益。同时实施村集体经济组织产权制度改革,把原村民在集体的劳动积累、法律赋予的土地等资产以股份形式确定下来,努力做到人人有股份,年年有红利,以保障农转居人员的利益和收益。

17.5 大连被征地农民社会保障体系构建

在 2012 年 7 月大连市召开的加快推进全域城市化工作会议上,李万才市长指出:全域城市化是推动大连市实现科学发展新跨越强有力的引擎,具有里程碑式的意义。会议要求各地区、各部门要主动作为,制定详细推进措施,提出具体落实方案。同时,市政府下发了《大连市加快推进全域城市化实施方案》。甘井子区实现全域城市化的实践表明,建立以财政为基础的被征地农民社会保障体系是实现全域城市化的重要手段和重要保障。

1)明确方向,超越"土地换保障"思路,研究制定统一的以财政为基础的大连市被征地农民社会保障体系总体框架

被征地农民社会保障是一个复杂而庞大的体系,它包括改革城乡管理体制、改革资金筹措、解决被征地农民生产生活等诸多方面。由于被征地农民的特殊性,其社会保障体系不同于一般城市居民的社会保障。针对"土地换保障"政策难以落实、被征地农民安置政策不统一、现行城乡体制机制在一些县区较难突破、有些基层政府财力和村集体收入有限等实际,需要市政府按照加快推进全域城市化整体战略,超越"土地换保障"的现有思路,站在实现城乡一体化、基本公共服务均等化的高度,借鉴甘井子区的成功经验,统筹考虑与被征地农民生产生活密切相关的户籍转换、社会保险、住房、就业、教育、治安、环卫、城市基础设施建设等各方面改革,研究制定全市统一的、规范的、以财政为基础的被征地农民社会保障体系总体框架,以帮助、引领和指导各县

区在推进城市化进程中妥善安置被征地农民。被征地农民社会保障体系总体框架见图17-1。

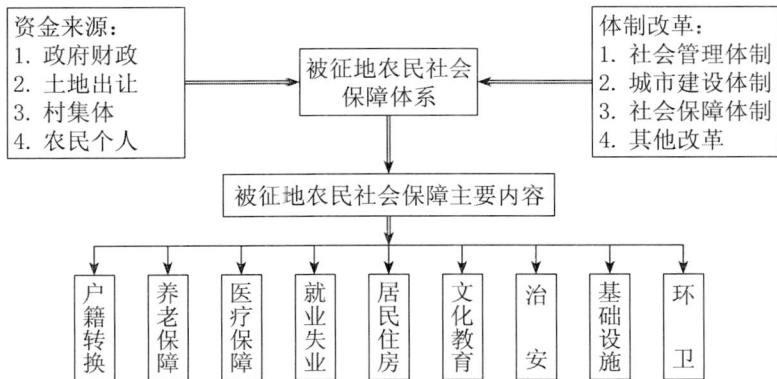

图17-1 被征地农民社会保障体系总体框架

按照《大连市加快推进全域城市化实施方案》要求，大连市成立了推进全域城市化工作领导小组，并下设办公室具体负责推进工作。为此，建议领导小组办公室在推进全域城市化实施方案总体要求下，组织专人加强对被征地农民社会保障体系研究，制定与体系密切相关的体制机制改革、财政资金保障、社会保障主要内容设置、体系适用范围等总体框架，财政保障机制和体系适用范围是体系建设的核心，必须重点研究。确保各区市县、先导区根据总体框架能够制定本地区被征地农民社会保障体系的具体实施方案。

实践证明，政府财政是确保被征地农民生产生活的长期保障。在实施全域城市化过程中，建立财政资金保障机制极其关键。随着全域城市化的推进，财政将面临更大的压力，但正如大连市财政局局长毛岩亮所说：各级财政部门必须从促进大连经济社会整体繁荣和加快推进全域城市化的大局出发，跳出财政看财政，既算财政账，又算政治账、经济账和社会效益账，充分发挥财政宏观调控、资源配置和收入分配等职能作用，确保大连市经济社会发展整体战略顺利实施。

建立财政资金保障机制的着力点主要包括：一是政府财政要引领和帮助农转居地区筹措资金，以解决被征地农民缴纳社会保险等资金不足问题；另一方面政府财政要承担被征地农民及其后代子孙享受城市居民同质化公共服务的支出需要。对土地出让收入不足及综合经济实力较弱的改革地区，财政部门应统筹资金帮助解决被征地农民缴纳社会保险以及其他改革支出的需要。二是将改革地区原村集体承担的社会管理责任转由政府负责，所需支出列入政府财政预算；按照事权与财力统一原则，将教育、医疗、文体、治安、计划生育和基础设施等公共支出转由各级政府财政承担。将被征地农民最低生活保障、优抚补助等均按城市居民对待，支出列入财政预算。同时，深化转移支付制度改革，优化转移支付结构，上级财政应将新增财力更多地向农转居地区倾斜，努力缩小改革地区与主城区差距，加快全域经济社会协调、均衡发展。

2）细化分工，明确各级政府和村集体在建立被征地农民社会保障体系过程中的职责

实践表明，政府是加速推进全域城市化和建立被征地农民社会保障体系的主体。鉴于建立被征地农民保障体系的长期性、复杂性和艰巨性，必须明确各级政府职责。总体而言，市级政府负责研究制定全市统一的被征地农民社会保障体系总体框架，解决和理顺体系建立过程中的体制机制障碍，建立完善体系相关政策，宏观调控体系整体运行，确保全域城市化稳步推进；县区政府结合本地区加快推进全域城市化整体方案和体系总体框架，组织基层政府和村集体研究制定本地区被征地农民社会保障体系具体方案，根据征用土地实际和城市化发展程度，确定重点改革区域（可以是一个乡镇、一个村或一个产业园区）。适时调整财政管理体制，统筹调配改革资金，确保改革实施；乡镇政府和村集体负责改革方案的组织落实，改革资金的筹措，集体土地的管理和集体收益的分配，以及相关的被征地农民生产生活保障。

3）统筹兼顾，实现推进工业化和城市化与建立被征地农民社会保障体系相衔接

工业化是城市化的引擎，城市化是实现区域经济社会快速发展的重要路径，征用土地主要用于区域性开发、区域产业园区建设和区域城市化建设。为此，各级政府在开发重点区域和加快推进城市化过程中，应统筹兼顾被征地农民社会保障体系建设，将建立被征地农民社会保障体系作为征用土地的一个基本条件，根本解决被征地农民的生产生活问

题，以实现区域协调发展。

4）量力而行，有重点、分步骤实施被征地农民社会保障体系

建立被征地农民社会保障体系需要较强的经济实力支撑。现实中有些改革地区仅靠现有的土地出让收入、农民自筹资金很难满足被征地农民社会保险缴纳、就业安置、住房建设、公共服务提供等费用和支出需要，客观要求各级政府即要综合考虑现有的政府财力水平和村集体收入状况，又要考虑未来政府和村集体及农民个人所承担的改革成本。改革应遵循量力而行的原则，对统筹调配资金能够满足现在和未来建立被征地农民保障体系的地区，整体实施农转居改革；凡综合经济实力无法妥善安置被征地农民的地区，可待经济条件成熟时再予以推进。对于部分被征用土地的农民乃以货币化安置为宜。同时，政府应重视村集体经济的发展，努力提高农村地区工业化、产业化水平，并加强村集体经济监管，以促进村集体增收，村民利益最大化，为加快推进全域城市化和实施被征地农民社会保障体系夯实基础。

第18章 专题研究：甘井子区农民市民化转型成本测算与分担机制

推进城镇化现已成为各级政府加速区域经济转型、促进经济社会协调持续发展的重要途径之一，而农民市民化（即农转城）是推进城镇化的必然结果。所谓农民市民化是指转变农民身份使其成为城市居民。实践表明，许多地区之所以城镇化进展缓慢，主要是因为当地政府无力承担或难以解决农民市民化转型过程中农民基本权利保障和提供公共服务所需的诸项成本。那么，农民市民化转型成本的内涵及成本构成是什么？成本是多少且由谁分担？转型资金如何筹措？就上述问题，笔者对已实现区域城市化的甘井子区的农民市民化转型成本和分担机制进行了认真调研和测算，以期为大连市各级政府加快推进全域城市化提供有价值的思路与启示。

18.1 甘井子区农转城战略实施

甘井子区是大连市四个市辖区之中唯一的城郊区。2001年，甘井子区下辖13个街道、6个涉农乡镇，总人口78.5万人，其中城镇人口约 68 万人，农村人口近 12 万人。陆地面积 502 平方公里，其中划入城市规划控制区面积 136 平方公里；市政界内面积 50.5 平方公里，占全区总面积的 1/10。为加速区域经济社会发展，甘井子区委、区政府针对城乡二元体制下形成的城乡经济要素难以有效配置、城乡差距难以短期缩小、经济社会矛盾难以根本化解等诸多矛盾和问题，充分抓住大连市委实施的西拓北进战略机遇，统筹谋划，创新改革，果断提出以农转城推进城市化，以城市化实现区域全面振兴的发展战略。经过近 10 年的艰苦努力，甘井子区实现了由人口的城市化到空间的城市化、经济的城市化和居民生活方式的城市化的整体转变。截至 2012 年年底，全区近 12 万农民全部实现了向市民转型。

1）甘井子区推动农转城的主要做法

（1）改革社会管理体制

一是将农民户籍全部转为市民户籍；二是将乡镇改为街道，村委会改为居委会。治安转由区公安分局统一调配；三是农转城人员享受市民相同的最低生活保障、就业失业、优抚补助等公共福利待遇；四是将原农村小学全部移交区教育局管理；五是将村卫生所改为社区卫生服务站，由区卫生局管理。

（2）改革城市建设管理体制

一是农转城地区的环卫工作统一由区环卫部门负责；二是园林绿化归口区城建局负责；三是市政设施建设维护归口区城建局负责；四是河道移交市河道管理部门管理；五是路灯移交市城建部门管理；六是市容管理由区城建局指导，协调街道管理；七是将急需建设的城市基础设施项目纳入城建议事日程；八是将市政界向外延伸到城市规划控制红线。

（3）改革经济管理体制

一是调整财政管理体制。按照事权与财力匹配原则，建立公共支出以区和市为主的财政管理体制，原农村地区的城市建设管理支出及公共支出转由区和市政府财政负责。二是原集体土地上的房屋产权证，由规划和国土资源局争取政策，换发全国统一的房屋产权证。三是将原村集体经济组织改为社区股份合作制公司，做到原村民"人人有股份"。公司代表原全体村民行使集体土地管理职能，不再行使社会管理职能。四是加快经济结构调整，推动农转城地区以乡镇企业为主的发展模式向都市经济发展模式转变。

（4）创新实施"三新"工程，统筹解决转城人员的社保、居住和就业等问题

为保障和改善转城人员生产生活，甘井子区创新实施以"新市民、新社区、新生活"为内涵的"三新"工程：①妥善解决转城人员的社会保障问题。一是实现农转城地区的农村社会保险体系与城镇职工社会保险体系直接对接。对法定劳动年龄段内的转城人员，采取政府、村集体和个人分担方式缴纳基本养老、医疗保险。二是对超过法定年龄不能参加养老保险的转城人员即"5060"人员，由村集体比照法定退休参保人员的同等标准支付养老金。这些人均参加了城镇居民基本医疗保险。三是转城人员享有与城市居民相同的其他社会保障待遇。②妥善解决转城人员的住房和就业问题。一是高标准建设回迁区。选择具有丰富经验和一定实力的开发单位进行回迁区的规划建设，充分考虑居委会和社区服务等各种配套设施及高水平生态景观建设。规划设计方案经全体村民通过，由村民在本村优先选置。二是按照各村自身经济实力，一村一策制定福利政策，包括对回迁户按户、按证、按人奖励面积和对采暖费、装修费、物业费补助等，解决转城人员上楼后居住成本增加的实际困难。三是通过参与腾出土地的产业发展、成立物业管理公司等多种渠道，妥善安排转城人员就业。四是促进原村级经济发展。所有实施"三新工程"的转城村都预留了集体经济组织的物业资产，以便将来通过自我经营或出租的方式获得长期收益。

（5）农转城坚持分步实施、稳妥推进

具体分三步：第一步，2001年选择条件相对成熟的涉农街道南关岭进行试点，为全面推进农转城积累经验。第二步，2007年对规划控制红线以内的辛寨子、红旗、凌水和大连湾四个镇实行农转城。第三步，2010年对营城子、革镇堡两镇实施农转城改革。

2）甘井子区农转城地区及农民市民化转型现状

农民市民化转型为甘井子区经济社会发展提供了强劲动力，全区在

民生改善、经济发展、社会管理、城市建设等诸方面均取得了明显成效，但改革仍存在一些亟待解决的问题。

（1）消除了城乡二元体制，彻底解决了"三农"问题，转城人员生产生活质量明显改善

甘井子区通过推动农转城消除了城乡二元体制，实现了城乡体制并轨，彻底解决了农民、农业和农村问题，使原农村地区管理体制统一按照城市管理体制运行，使原农民获得了城市居民的同等待遇，初步实现了基本公共服务均等化，农转城人员生产生活质量得到明显改善。转城人员充分享受城市社会保障，不仅实现了"老有所养、病有所医"，而且减轻了原农村家庭的赡养负担。"三新"工程将农转城人员迁入按现代城市标准建设的新社区，一些社区建设标准和质量甚至超过了城市社区，彻底改善了农转城人员的居住面积和居住环境，高标准实现了"住有所居"。"三新"工程尤其注重新市民建设，在充分保障农转城人员享受市民就业失业相关政策基础上，区街两级政府高度重视区域产业规划、社区建设和村集体经济发展，采取多项措施帮助农转城人员就业，并实施多种优惠政策降低农转城人员生活成本。同时，加强村集体经济组织监督管理，切实维护农转城人员的经济利益，一些集体经济收益较好的村定期或不定期向农转城人员发放红利。政府逐年加大原农村地区教育、文化、卫生和治安等方面的投入，提高社会福利水平，改善人文环境，实现了"学有所教"、社会平稳有序运行。政府逐年加大原农村地区的水、电、气、路等基础设施建设，实现市政配套全域覆盖，加速了农转城地区与城区公共服务同质化进程。正是由于甘井子区坚持人本思想，着力保障和改善民生，使其在推进全域城市化进程中得到了群众的广泛拥护和支持。

（2）拓展了城市发展空间，提升了城市功能，完善了公共服务体系，助推区域经济社会更快发展

实施农转城使甘井子区摆脱了原有的城市规划控制红线和市政界束缚，拓展了区域发展空间，实现了国民经济和社会发展规划、城市规划和土地利用规划"三规融合"。通过调整土地利用规划，将辖区基本农田保护指标全部调出，为全域开发建设和区域经济社会持续发展预留了

充足的空间。2010 年修订城市规划、土地利用规划时将辖区全部纳入城市范围。在市政府支持下，哈大高铁大连站—大连北站、大连市新体育中心、大连新机场等重大城建项目落户甘井子区，城市地铁枢纽站及主城区地铁近 40% 的线路都布局于此，上述项目均已开工建设。大连北站和体育中心已于 2012 年投入使用。农转城也为甘井子区实施功能区发展布局创造了条件，规划建设了大连生态科技创新城、大连体育新城、大连湾装备制造业聚集区等各具特色的功能区，助推甘井子区成为大连市现代化中心城区的步伐。

农转城推动甘井子区按照市政标准加速各项基础设施建设向城市拓展区延伸，十年来新改扩建快速路、主干道、支路和连接线过百条，实现了快速交通全域覆盖和全域半小时交通圈。区域内热、电、水、气、环卫等主要基础设施建设项目基本完成，解决了制约经济社会发展的"瓶颈"问题，提高了转城人员的生活质量。按照现代化国际化标准，新建了区行政中心、部分中小学校、图书档案馆、社区卫生服务中心等一大批服务设施，提升了政府公共服务能力。完成村民自治向城市社区自治的体制过渡，实现了社区居委会按照城市标准保障公共服务。目前区财政用于公共服务和民生领域的资金占财政一般预算支出比重达到50% 以上，公共服务体系日趋完善。

农转城推动甘井子区将生态环境建设全部纳入市政统一管理，通过大规模建设市级公园、社区公园和城市生态林，新增绿地面积1 000 多万平方米，新建明珠、光明等多个城市公园，对高速公路、铁路、轻轨等交通干线两侧进行了全面绿化，将原农转城地区的红旗街道 100 多平方公里的区域规划为大连西郊森林公园，并按国际化、现代化要求，治理水系、建设景观、改善生态，建成了富有欧式风格的城市风景区。启动了全域河流和海域生态改造工程，将一些污水河改造为清水河，河沿岸改造为城市景观带，海滨浴场改造为高等级的海滨公园。加大矿山治理力度，改善矿区生态环境。持续实施环境综合整治工程，集中解决了影响市容市貌的突出问题。生态环境建设改善了辖区人居环境，为甘井子区和大连经济社会可持续发展提供了生态保障。

（3）受城乡体制机制等制约，农民市民化转型尚存一些亟待解决的问题

甘井子区推动农民市民化转型和实施全域城市化战略取得了喜人成效，但受体制机制、政府财力、现行政策等因素制约，区域经济社会发展仍面临一些亟待解决的问题：一是政府有限的财力很难满足农转城带来的人口快速增长所需的同质化公共服务需求，短期内实现基本公共服务均等化的压力很大。二是筹措重大基础设施建设项目配套资金压力较大。许多由市政府规划建设、布局在甘井子区的重大基础设施建设项目需区政府配套，筹措配套资金压力很大。三是由于国家、省、市对农村集体经济组织产权制度及相关政策未予明确，使甘井子区原农村地区向市区全面转型面临一定的困难。四是个别经济发展滞后的村，集体经济实力较弱，解决农民市民化转型过程中所承担的经济成本存在较大压力。

18.2 甘井子区农民市民化转型成本与测算

1）农民市民化与转型成本

（1）农民市民化

概括而言，农民市民化即农转城是指转变农民身份使其成为城市居民。在现行城乡二元体制下，这一转变包括：一是农民身份转移，即农民向城镇迁徙，获得城镇户口，以平等的城市居民身份享受公共福利、参与社会管理和市场竞争；二是农民就业转移，即农民在职业上从农业向非农业转移；三是农民思想观念与生活方式的转移，即农民的价值观和生活方式向城市居民转变。恰如人口城市化理论阐述的那样，农民市民化是随着工业化进程而出现的农村农业人口向城镇非农业人口转变的过程，它不仅是农业人口通过迁移向城市聚集变为城市居民的过程，而且是其身份城市化、职业非农化、思想意识和生产生活方式逐渐城市化的过程。城市化实践表明，无论是按照市场规律自发形成的城市化，还是政府主导推进的城市化，政府执政能力将直接影响和决定城市化的速度与质量，同时政府和社会成员都将为此付

出一定的经济成本。

（2）农民市民化转型成本

农民市民化转型成本实质是人口城市化的经济成本，通常是指一定时期内农业人口转为城市人口所付出的资金总和。其成本主要包括：一是为新增城市居民提供医疗卫生、社会保障、教育培训、文体计生、就业失业和社会治安等基本公共服务所花费的成本；二是为新增城市居民解决住房所花费的住房成本；三是为确保新城区运转所花费的道路交通、邮电通讯、水电燃气、能源环境等基础设施建设成本等；四是农民转为市民后的城市生活成本；五是农民放弃农业生产收入的机会成本等。表面上看，农民市民化转型成本着重强调的是使农民在身份、地位、社会权利及生产生活方式等各方面向市民转变并融入城市社会所付出的最低资金，但其本质是为消除城乡二元体制下长期形成的城乡户籍制度、经济管理体制、社会管理体制和城市建设管理体制等差异而进行城乡一体化改革所必须付出的经济代价，这种代价均摊在每个农转城人员身上即为农民市民化转型成本。由于各地区经济社会发展程度、政府财力状况、人口密度、资源禀赋、区位优势等不尽相同，农民市民化转型成本通常存在较大差距。转型成本按承担主体划分，可分为个人成本和公共成本，亦称私人成本和社会成本（政府成本）。事实上，单就某项公共服务类成本如养老保险而言，尽管按照政府现行政策由个人、企业和政府财政共同承担，但最终承担主体仍归于政府，所以将其划为公共成本。农民市民化转型成本主要构成见图18-1。

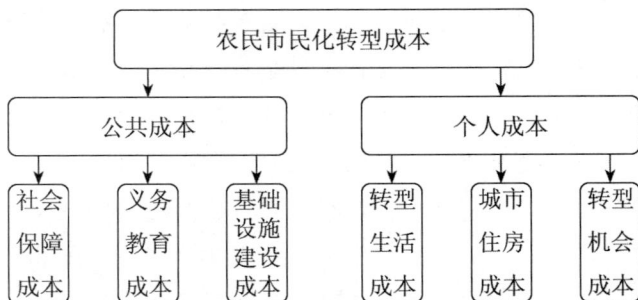

图 18-1 农民市民化转型成本主要构成

2）甘井子区农民市民化转型成本测算

（1）转型生活成本（$C_生$）

转型生活成本是指农民市民化转型后所承担的城市生活成本，即农转城人员在城市正常生活的日常开支（包括水、电、气、交通等方面的消费支出）扣除农转城人员转型前在农村的消费支出。转型生活成本衡量的是农民转型前后的城乡消费差距（见表18-1）。需要说明的是，表18-1数据来自统计部门抽样调查，受限于样本数量及居民消费结构，用1年的数据测算的结果代表性和准确性较低，因此我们采用3年数据加以测算。由于甘井子区属于大连市城郊区，原农村劳动人口多在市内和村集体企业打工，收入较高。加之农业以设施农业、果园等为主，经济效益较好，家庭收入增长较快，故2010—2012年转城地区原农村人均生活消费接近城镇居民消费。

表18-1　　　　　　甘井子区农村与城镇居民消费水平差距　　　　　　单位：元

年份	涉农街道住户人均生活消费支出	城镇居民人均消费支出	消费差距
2010	12 241	15 389	3 148
2011	15 812	18 094	2 282
2012	12 425	18 661	6 236
农民市民化转型年平均增加的消费成本		3 889 元	

资料来源　大连市甘井子区统计局。

据表18-1测算，甘井子区农民市民化转型生活成本为：

$$C_生 = \frac{1}{3} \sum_{n=2010}^{2012} (C_{城n} - C_{农n}) = 3\ 889(元)$$

式中，$C_生$代表农民转为市民的转型生活成本；$C_{城n}$代表城镇居民年人均生活消费支出；$C_{农n}$代表涉农街道年人均生活消费支出。

（2）转型住房成本（$C_房$）

转型住房成本是指为保障转城人员在城镇安居而必须支付的基本居住费用。住房作为转城人员的重要财产和生活保障，其成本是转型成本极其重要的组成部分。甘井子区采取相对一致的做法解决转城人员的住房问题，具体做法：一是由村集体出资并选择经验丰富和实力较强的开发单位规划建设高标准回迁区，规划设计方案需经全体村民通过，村民在本村优先选置，回迁区使用的集体土地不缴纳与土地相关的税费。二是各村根据自身经济实力，一村一策制定住房福利政策，包括对回迁户按户、按证、按人分配和奖励面积，并对采暖费、装修费和物业费等给予适当补助。由此可见，转城人员的住房成本既不同于城市的人均房租，也不同于城市商品房的平均价格，其实质是转城人员回迁楼房的人均建安成本，这种成本甚至低于目前城市经济适用房和廉租房的建安成本。由于村集体收入实质上是村民收入，所以村集体出资建回迁楼的成本应归个人成本。通过对甘井子区辛寨子和大连湾街道回迁楼建安成本的调查发现，由于各村地理位置、建设标准和建设时间以及装修费补贴标准等不尽相同，住房成本也不完全一样，如辛寨子大东沟村回迁楼单位面积造价每平方米约 2 000 ~ 2 200 元，村集体对每户补贴装修费约 10 万元，建安成本总计每平方米约 3 000 元左右。村集体对每个回迁户按户、按证、按人分配和奖励面积，每户在获得原有房产证上的实有面积基础上，每户奖励 20 平方米，每个房产证奖励 20 平方米，每人奖励 15 平方米。以原有 80 平方米房屋的 3 口之家计算，其实际应得楼房面积为 165 平方米（80+3×15+20+20），即每人平均约 55 平方米。由于转型人员极其重视转城安置尤其是住房安置政策的横向比较，所以转城地区住房成本与大东沟村趋同。因缺少准确的统计数据，引用转城社区相关人员的测算数据，甘井子区农民市民化转型的现住房成本大体可按每人 60 平方米、单位住房建安成本每平方米 3 000 元计算。据此，甘井子区农民市民化转型的人均现住房成本为 180 000 元。由于转型农民原宅基地归集体股份公司出售，因此现住房成本应扣除土地出让价格后才是农民市民化转型的实际住房成本。现以辛寨子街道大东沟社区 2012 年土地出让成本进行测算，包括农民原宅基地在内的土地出让平均价格每平方米为 1 623 元（见表 18-2），那么大东沟农民市民化转型的实际住房成本每平方米为 1 377 元（3 000-1 623）。

表 18-2　甘井子区辛寨子街道大东沟社区 2012 年土地出让情况

用地位置	用地性质	建筑面积 （平方米）	土地出让价格 （万元）	单位价格 （元/平方米）
大东沟	软件外包、研发	2 8000	3 307	1 182.2
大东沟	住宅及配套设施	50 936.1	12 754	2 529.0
大东沟	研发	7 700	761	1 427.5
大东沟	软件外包、研发	72 600	8 501	1 185.2
大东沟	商业、居住及 服务配套设施	207 100	47 074	4 236.7
大东沟社区单位用地出让成本		1 623 元/平方米		

资料来源　大连市财政局。

据上述资料推算，甘井子区农民市民化转型的住房成本为：

$$C_{房} = 60 \times 1\ 377 = 82\ 620（元）$$

式中：$C_{房}$ 代表农民转为市民的转型住房成本。

（3）转型机会成本（$C_{机}$）

农民市民化转型后放弃了农村土地经营权，同时失去了农业生产及相关收益，这是农民主要的机会成本。机会成本通常以转城前农村家庭人均纯收入体现，主要包括农业生产收益和兼业经营收益。兼业经营收益主要指农民从事非农业活动获得的经济收益。由转型生活成本测算可知，甘井子区涉农住户农业生产收益和兼业经营收益均较高（包括股份合作制公司年度分红），涉农家庭人均纯收入大约是大连市农村居民年人均纯收入的两倍，高于甘井子区城镇居民人均可支配收入（见表 18-3）。

表 18-3　　　　甘井子区涉农街道住户人均纯收入　　　　单位：元

年份	2010	2011	2012	平均纯收入
年人均纯收入	22 083	25 843	28 900	25 609

资料来源　大连市甘井子区统计局。

据表 18-3 测算，甘井子区农民市民化转型的机会成本为：

$$C_{机} = \frac{1}{3} \sum_{n=2010}^{2012} R_n = 25\ 609（元）$$

式中：$C_{机}$ 代表甘井子区农民市民化转型的机会成本；R_n 代表涉农街道住户年人均纯收入。

（4）基础设施建设成本（$C_{基}$）

基础设施建设成本指的是为了满足转城地区作为新城区的经济社会发展和居民正常生产生活需要，建设诸如道路交通、水电气、信息通讯、学校教育、医疗卫生、文化娱乐等保障城市正常运转的各种基础性生产生活设施所需要的资金投入总量。目前甘井子区初步实现了全域城市化和城市基础设施投入与基本公共服务均等化，原农村地区城市基础设施建设已与城区无太大差别，所有市民基本享受同质的基础设施。正因城市基础设施不具有排他性，因此该成本可用甘井子区人均基础设施建设成本测算。本文的城市基础设施主要指工程性基础设施即所谓城市的"五通一平"或"七通一平"。鉴于基础设施投产额统计的可得性和困难性，考虑到转城人员的住房已妥善解决和房地产开发投资不属于基础设施建设，且固定资产投资额中的其他投资比重很小，故此本文将甘井子区年固定资产投资额扣除房地产开发投资额后的余额视为农民市民化转型的基础设施建设成本（见表18-4）。

表18-4　　　　　　甘井子区城镇固定资产投资情况

年　份	2010	2011	2012
城镇固定资产投资额（亿元）	602	535	663.2
房地产开发投资额（亿元）	192.8	205.8	252.7
城镇户籍人口（万人）	67.3	68.6	70.2
城镇人均固定资产投资额（元）	60 802.4	47 988.3	58 475.8
人均基础设施建设成本	55 756 元		

资料来源　大连市甘井子区统计局。

据表18-4测算，甘井子区农民市民化转型的基础设施建设成本为：

$$C_{基} = \frac{1}{3} \sum_{n=2010}^{2012} C_{人均基n} = 55\,756（元）$$

式中：$C_{基}$ 代表甘井子区农民市民化转型的基础设施建设成本；

$C_{人均基n}$ 代表甘井子区 2010—2012 年城镇人均固定资产投资额。

（5）转型社会保障成本（$C_{社保}$）

转型社会保障成本是指为保障农民转城后的基本养老、医疗、失业等社会福利而必须投入的资金总和。我国长期的城乡二元体制导致农民和市民在社会保障方面存在很大差距。农民市民化转型后应享受市民同等的养老、医疗、救助和失业等社会保障。甘井子区转城人员构成及社会保障测算十分复杂，就业于企业的转城农民按照企业职工标准缴纳"五险一金"或"三险一金"，而当时未及时就业的农民按照城市灵活就业人员的最低标准由村集体或个人缴纳养老和医疗保险，这部分人所占比例很大。考虑社会保障成本相关数据的可得性，本文将 2012 年城市灵活就业人员缴纳的社会保障成本视为农民市民化转型的社会保障成本。需要说明的是，对于养老保险成本的测算，许多学者和专家按照在岗职工平均工资和人口平均寿命采取年金现值法对基础养老金和个人账户养老金分别进行测算，进而得出基本养老保险成本。采取年金现值法测算有一定的合理性，但在实际计算中因法定劳动代表者具体年龄选取未有科学依据，社平工资实际年均增幅不确定，养老保险收益不确定，政府填充基础养老金账户资金也不确定，考虑课题报告的时效性，本文采用将 2012 年城市灵活就业人员缴纳的养老、医疗保险成本作为农民市民化转型的社会保障成本或许是最合适的选择。大连市 2012 年上半年社平工资为 2 231 元/月、下半年为 2 486 元/月，灵活就业人员按其 20% 缴纳养老保险，按其 6% 缴纳医疗保险，据此测算：

$$C_{社保} = 2\ 231 \times 6 \times (20\% + 6\%) + 2\ 486 \times 6 \times (20\% + 6\%)$$
$$= 7\ 359\ （元）$$

式中：$C_{社保}$ 代表甘井子区农民市民化转型的社会保障成本。

事实上，转型社会保障成本还应包括部分转城人员的失业保险、最低生活保障、社会救助和困难居民家庭补助等。从实际情况看，目前甘井子区转城地区法定劳动人口绝大多数已经就业，且村集体根据土地出让和资产收益，定期或不定期向原村民发放股利，转型人员的生活都有较好的保障，申请上述社会保障成本的人员数量很小，这部分成本很低，因此本文对其未予具体测算。

（6）转型教育成本（$C_{教}$）

转型教育成本是指，农民所抚养的子女在学前教育和义务教育阶段政府财政承担的满足农民子女接受教育所需的全部费用总和。自大连市政府于2011年对义务教育公用经费提高补助标准以来，全市城乡义务教育公用经费补助已经相同，城乡教育基础设施建设基本同质，甘井子区农民转型子女教育成本城乡差别不大（见表18-5）。需要说明的是，目前甘井子区外来务工人员子女占在校学生总数近52%，人均教育经费支出以常住人口测算或许更准确，考虑常住人口统计数据的可得性，本文仍以户籍人口进行测算。

表18-5　　　　　　　　甘井子区人均教育经费支出

年份	2010	2011	2012
教育经费支出（亿元）	10.5	12.5	15.1
城镇户籍人口（万人）	67.3	68.6	70.2
年人均教育经费支出（元）	1 560.2	1 822.2	2 151.0
农民市民化转型人均教育成本	1 844 元		

资料来源　大连市甘井子区统计局、财政局。

据表18-5测算，甘井子区农民市民化转型的教育成本为：

$$C_{教} = \frac{1}{3}\sum_{n=2010}^{2012}\left(\frac{E_n}{P_n}\right) = 1\ 844（元）$$

式中：$C_{教}$代表甘井子区农民市民化转型的教育成本；E_n代表甘井子区2010—2012年教育经费支出；P_n代表甘井子区2010—2012年城镇户籍人口。

（7）转型成本测算需说明的事项

综合上述成本测算结果，甘井子区农民市民化转型总体成本（见表18-6）为：

$$C_{总} = C_{生}+C_{房}+C_{社保}+C_{基}+C_{社保}+C_{教}$$
$$= 3\ 889+82\ 620+25\ 609+55\ 756+7\ 359+1\ 844 = 177\ 077（元）$$

表18-6　　　　　　　　甘井子区农民市民化转型总成本　　　　　　　　单位：元

项目	转型生活成本	转型住房成本	转型机会成本	城市基础设施建设成本	转型社会保障成本	转型教育成本	总成本
年人均成本	3 889	82 620	25 609	55 756	7 359	1 844	177 077
成本比重	2%	45%	14%	31%	7%	1%	100%

综合分析甘井子区农民市民化转型成本的测算过程，存在以下需说明的事项：

一是受统计局限和其他因素影响，测算采用的可公开数据可能与实际存在一定的误差，进而影响到转型成本结果的准确性，本文按照现实和传统结合的方法以近年数据为基础对每项成本进行了认真测算，努力使测算结果趋向实际。

二是为保证各项成本统一口径，本书一般以户籍人口为基准测算人均成本。从专业角度看，以生均测算教育成本或许更准确，但如此测算与其他成本无法比较，所以采用户籍人口测算。

三是农民市民化转型既有短期成本也有长期成本。转型初期，住房成本和基础设施建设成本比重大，此类成本属于一次性成本，村集体经济或政府财力较好即可解决。随着城市的发展和农民彻底向市民转变，社会保障和教育等公共成本随着民众物质生活需求的提高会趋向增长。

四是据辛寨子街道相关负责人介绍，大东沟村回迁楼建设及转城人员安置处于甘井子区中等水平，低于红旗和大连湾街道部分社区，高于营城子和革镇堡一些社区。以此计算的甘井子区转型成本具有代表性，接近转城地区总体住房成本。

18.3 甘井子区农民市民化转型成本分担机制构建与筹措

甘井子区推进农转城并实现全域城市化的实施主体是政府，其目的是消除城乡二元体制，提高城乡生产要素配置效率、缩小城乡差距、促进区域经济社会协调发展。尽管政府是推进主体，但不意味着转型成本皆由政府承担。按照城市化成本理论，遵照效率和公平原则，农民市民化转型成本应由农民、政府和社会共同承担。甘井子区的实践表明，推进农转城是一项极其复杂的系统工程，既需要政府科学谋划，也需要农民的理解和支持，更需要较强的经济实力和相对充裕的政府财力。系统分析甘井子区的转型成本——人均接近 18 万元，共计 212 亿元（120 000×177 077）的转型成本，其承担主体主要包括农民（村集体组织）、各级政府和农民所在企业，据此构建了农民市民化转型成本的分担机制。

1）甘井子区农民市民化转型成本分担主体

甘井子区每个农民转型为城市居民大约需要 18 万元的费用。这些经济成本无论从城市管理理论和经济发展理论，还是城市化成本理论分析，其承担主体应包括各级政府、农民（村集体）和农民所在企业（见图 18-2）。

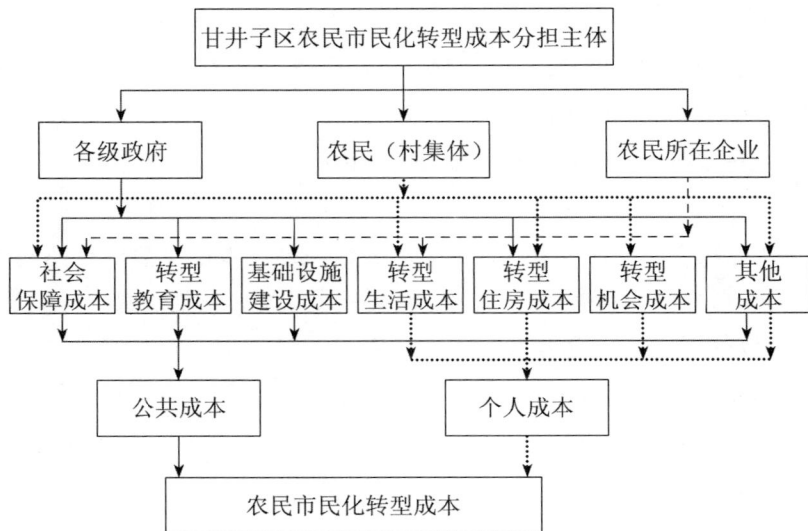

图 18-2　甘井子区农民市民化转型成本分担主体构成

（1）各级政府有责任承担农民市民化转型成本

甘井子区政府力主推进农转城的实质是消除城乡二元体制，从根本上解决甘井子区经济发展过程中土地和人力资本的"瓶颈"制约，实现区域经济社会更快发展。调整国民经济结构、提高资源配置效率、促进经济社会协调发展是各级政府应有的职责，各级政府尤其是甘井子区政府承担转型成本理所应当。从城乡差距形成和政府职责转变视角分析，中央和省市政府有责任承担转型成本。我国计划经济体制下长期实施的以城市工业发展为先、农业支持工业发展的传统模式，使城乡间、农民与市民间在经济社会诸方面形成巨大的体制机制障碍和经济差距。面对农村、农业和农民发展全面落后于城市发展的局面，中央近年明确提出工业反哺农业，要求各级政府以工促农、以城代乡，加快推进城镇化进程，让农民平等享受改革开放的丰硕成果。甘井子区通过推进农转城实现了农民享受与城市居民同质的政府公共服务、相同的生产生活方式，是坚决落实上级政府缩小城乡差距、促进城乡协调发展政策的实证，无论从贯彻国家"三农"政策还是实现政府职能转变的层面看，中央和省市政府均有责任承担甘井子区农民市民化转型成本。依照公共财政职能，这部分成本主要包括基础设施建设成本、转型教育成本、相应的社会保障成本和其他公示成本。

（2）农民（村集体组织）自身有责任承担农民市民化转型成本

在我国现行城乡体制机制下，农民转为市民绝不仅仅是当代农民身份、地位和福利的改善，而更应是承载其后代人生产生活方式的根本性演进。作为农转城最大受益者的农民，按照国家"土地换保障"政策，理应承担与当代及后代人身份及福利改善相应的社会保障成本、转型生活成本、住房成本和其他成本，同时由于生产方式由务农向城市工人转变，也理应承担放弃艰苦的农业劳动向从事城市专业化劳动转型的机会成本。需要说明的是，按照现行农村组织管理制度，村集体组织成员由村民选举产生并代表村民行使和承担相应的权利和义务。村集体的经济收入归全体村民所有，村集体组织代表村民行使经济管理权限，因此村集体组织承担的转型成本亦可说由所在村的农民承担。当然，应肯定村集体组织在管理村级事务、经济收入及承担转型成本等方面的能动作用和积极作用。

（3）农民所在企业有责任承担农民市民化转型成本

转型农民除一部分由政府和村集体安排在社区和回迁小区物业公司工作外，大部分转型人员在政府引导下经专业培训后到区域内企业从事专业化生产。无论是劳动法规强制要求、响应政府"号召"还是为吸引人力资本，企业能够吸纳转型人员就业并按规定比例为其缴纳"五险一金"或"三险一金"，本质上就已承担了农民市民化转型成本。按照现代企业经营理念，企业经营不仅是为实现经济利益最大化，同时亦应承担一定的社会责任，这种责任体现在促进经济社会和谐共荣。在转型初期，政府和农民承担的经济成本非常高，在土地无法短期转让的情况下，农民筹措住房成本和社会保障成本压力很大，转型人员亟待安置，急需就业。区域内企业尤其是建立在转城地区的企业有责任根据经营实际，帮助政府解决农民就业问题，加速农民向专业人员转变，这也是现代企业践行社会责任的标志。

2）农民市民化转型成本分担主体所担成本概算

甘井子区实现农民市民化转型大体需要超过 212 亿元的经济成本，该成本主要由各级政府财政、农民（村集体）和农民所在企业分担，具体分担成本见表 18-7。

表 18-7　　甘井子区农民市民化转型成本分担主体所担成本

成本分担主体	农民（村集体）		农民所在企业		各级政府财政		总成本
成本类型	住房成本	机会成本	生活成本	社会保障成本	基础设施建设成本	教育成本	
年人均成本（元）	82 620	25 609	3 889	7 359	55 756	1 844	177 077
成本比例	45.4%	14.1%	2.1%	6.6%	30.7%	1.0%	100%
转型成本（万元）	991 440	307 308	46 668	88 308	669 072	22 128	2 124 924
主体分担成本（万元）	1 433 724				691 200		2 124 924
主体分担比例	67.5%				32.5%		100%

由表 18-7 可知，甘井子区农民市民化转型总成本约 212 亿元，其中农民（村集体）和农民所在企业承担 143 亿元，占总成本的 67.5%，各级政府财政承担约 69 亿元，占总成本的 32.5%。转型成本中住房成本和基础设施建设成本最高，总计超过 166 亿元，占总成本的 78.1%；其次是机会成本和社会保障成本，两者合计约占总成本的 20%。从成本的属性分析，住房成本和基础设施建设成本属于短期成本，只要村集体收入和政府财力较好或通过其他途径筹措到资金，短期即可解决；而生活成本和社会保障成本则属于长期成本，虽然占比较小（8.7%），但需要转城人员拥有长期稳定的经济来源予以保证，这也是农民是否愿意和支持推进农转城的重要前提条件，此问题如不先妥善解决就强行推进农转城，将给政府带来难以预测的隐患。

从表 18-7 可见，各级政府财政在甘井子区农民市民化转型成本中的分担比例达到了 33%，如果加上其他公共成本该占比可能会有所上升，但客观测算公共成本总额，政府推进农转城的实际财政支出额不一定会大幅增长。近年来，大连各级政府逐年加大民生投入，着力实现基本公共服务均等化，努力缩小城乡差距，许多民生领域城乡人均财政公共服务支出差距越来越小（见表 18-8），即使不实施农转城，基础设施建设成本、教育成本等公共成本也不会大幅减少。

表 18-8　　2012 年大连市城乡居民部分财政公共补助对比

项目		财政补助标准	城乡差额
公办普惠性学前教育机构运行补助	城镇地区	365 元/月·儿童	135 元/月·儿童
	农村地区	230 元/月·儿童	
公办义务教育学校公用经费补助	城镇地区	小学 750 元/年·学生 初中 950 元/年·学生	0
	农村地区	小学 750 元/年·学生 初中 950 元/年·学生	
城镇居民基本医疗保险	城镇地区	成年人 340 元/年·人	80 元/年·人
新型农村合作医疗保险	农村地区	260 元/年·人	
城镇居民养老保险	城镇地区	基础养老金 1 440 元/年·人	360 元/年·人
新型农村社会养老保险	农村地区	基础养老金 1 080 元/年·人	
城市居民最低生活保障	城镇地区	5 760 元/年·人（除北三市）	1 680 元/年·人
农村居民最低生活保障	农村地区	4 080 元/年·人（除北三市）	

3）甘井子区农民市民化转型资金筹措

通过上述测算，甘井子区推进区内农民市民化转型大体需要 212 亿元资金，从改革试点到实现全域城市化历经近 10 年时间，平均每年需要筹措资金 17.7 亿元。由于大连是拥有经济管理权限的计划单列市，转型资金主要是由中央、市、区和街道政府财政、农民（村集体）和农民所在企业共同筹措的，其中绝大部分成本是由各级政府财政和农民筹措的。系统分析所筹措的资金来源主要包括土地出让收益、农民自身收益、政府财政收入和企业经营收入（见图 18-3）。

```
                    甘井子区农民市民化转型资金来源
          ┌──────────────┬──────────────┬──────────────┐
          ↑              ↑              ↑
    ┌──────────┐    ┌──────────┐    ┌──────────┐
    │各级政府财政│    │农民（村集体）│    │农民所在企业│
    └──────────┘    └──────────┘    └──────────┘
       ↑     ↑          ↑        ↖      ↑
  ┌──────┐┌──────┐  ┌──────┐  ┌──────┐┌──────┐
  │税收及非税││政府性基金│  │村集体收益│  │工资及兼营││企业经营│
  │  收入  ││  收入  │  │      │  │  收入  ││  收入  │
  └──────┘└──────┘  └──────┘  └──────┘└──────┘
     ↑       ↑          ↑          ↑       ↑
  ┌──────────────┐┌──────────────┐┌──────────┐┌──────────┐
  │农民拥有的土地收益││村集体企业经营││转型人员就职的││企业市场运营│
  │              ││及资产收益  ││社会机构  ││          │
  └──────────────┘└──────────┘└──────────┘└──────────┘
```

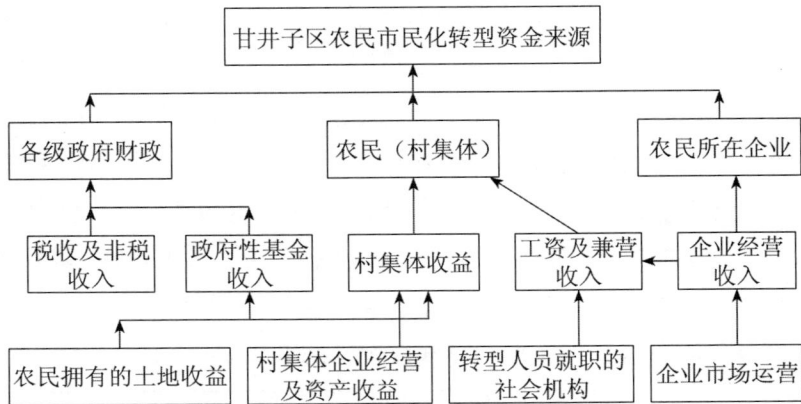

图 18-3　甘井子区农民市民化转型资金筹措

（1）农民（村集体）土地出让收益

土地是农民的"命根子"，是农民家庭保障最重要的物质基础，也是各行各业发展不可或缺的资本。随着经济社会的快速发展，稀缺的土地资源已经成为区域工业化发展的"瓶颈"。甘井子区通过农转城，打破了城乡体制机制束缚，实现了城乡资源尤其是土地资源的统一配置，为甘井子区经济更快发展创造了条件。近年来，随着工业和房地产业的飞速发展，农村土地出让价格逐年上涨，土地流转速度日益加快，这为政府和农民筹措转型资金提供了基本前提，土地出让收入已经成为消化农民市民化转型成本最主要的资金来源。由于转城地区土地出让前期成本确认、后期土地出让收益归属等相关政策及测算很复杂，且各村农民人均土地面积和土地出让流转不均衡，依照目前的统计管理数据无法据实对转城地区土地收入进行测算。典型调研发现，甘井子区大多农转城地区的农民（村集体）通过土地出让能够筹措到分担的转型资金。例如，大连机场附近拥有转城人员 3 400 人的前革村，仅 2007 年主要通过出让土地筹措资金达 1.5 亿元，经过 3 年时间就解决了本村农民所分担的转型资金的筹措问题，目前村集体还有大约 2 000 亩土地，每亩土地出让最低补偿价格为 40 万元，意味着转型人员的收益将进一步增加。再如，大连湾街道的前盐村，借助造船和港口企业入驻契机，通过出让沿海滩涂和海域使用等途径筹措到了所分担的转型资金。据甘井子区相关部门负责人介绍，前盐村转型人员的生产生活水平高于辛寨子大东沟村。然而，一些距离区行政中心较远、工业化城市化进程缓慢、土地转让比较困难的地区，筹措转型资金压力很大。如营城子街道的个别村，由于土地出让速度和价格低，转型资金主要依靠区政府和街道财政借款或通过其他途径筹措，目前基本解决了转型人员的社会保障成本，许多农民仍以务农为生，住房等成本还有待土地转让后加以解决。从长远看，如果经济保持现有的发展态势，稀缺的土地资本的价格上升空间很大，不难想象这些地区的村民生产生活会有更大的提升空间。由此可见，地区工业化城市化水平是决定农民土地能否出让、农民能否充分就业进而筹措到所分担转型资金的根本，而土地收益是决定农民（村集体）能否筹措到所担转型资金的关键。

（2）各级政府财政收支

从表18-7可知，中央、市、区和街道四级政府财政共同分担了甘井子区转型成本约69亿元。中央财政对地方学前和义务教育等给予了部分财政补助。按照大连城市管理体制，原中山、西岗、沙河口三区和甘井子区市政界内的基础设施建设维护、环卫等支出由市区政府财政共同承担，甘井子区原农村地区主要由区政府和乡镇政府财政承担。甘井子区推进农转城并实现全域城市化后，市政府相应调整了对甘井子区城市和财政管理体制，市本级财政相应承担了转城地区的基础设施建设成本及部分其他公共成本。因此，区级政府财政和街道财政承担的转型基础设施建设成本要远远小于69亿元。客观地说，以中央和市本级政府现有的财政收支规模，6～10年间承担甘井子区部分基础设施建设成本和其他公共成本对其不构成任何压力；对甘井子区政府财政而言，转型初期形成一定压力但长期不构成负担。甘井子区大规模推进城市化始于2007年，2007—2012年甘井子区政府财政收入迅速增长，由2007年的16.2亿元增加到2012年的53.6亿元，6年间增长了3.3倍。财政支出由2007年的20.3亿元增加到2012年的53.7亿元，增长了2.6倍（见表18-9）。如考虑政府性基金收入，仅2012年甘井子区政府可支配财力就达62.28亿元。据甘井子区一些街道负责人介绍，2007年前后政府和农民（村集体）筹措转型资金的确存在压力，通过与入驻企业协商，以"暂借"方式由企业承担了部分回迁楼和基础设施建设成本，最终由政府财政收入和土地收益偿还，目前"暂借"资金已妥善解决。

表 18-9　　　　　2007—2012 年甘井子区财政收支情况　　　　单位：万元

年份	2007	2008	2009	2010	2011	2012	年均递增
财政收入	161 739	197 500	260 691	346 389	453 811	535 511	27.1%
财政支出	202 946	232 408	301 386	381 088	483 511	537 399	21.5%

（3）农民所在企业给农民支付的报酬

2008 年以前，许多农民到村集体企业（目前一些集体已转为私人企业）和大连市内企业工作，企业仅限于向农民工支付工资。随着社会保障制度改革的深入，自 2008 年始企业按法定比例为农民工缴纳养老医疗保险，使农民有了长期的社会保障和稳定的收入。尽管农民所在企业按市场规则运营，但客观上帮助农民筹措到自担的转型成本，助推了农民市民化转型。在政府的引导推动下，许多新入驻转城地区的企业，积极聘用经政府相关部门培训的转型农民，分类指导帮助转型人员提高生产技能，如前盐村的一些转型人员现已成为企业的业务骨干和技术能手，其生产生活得到了较好保障。应该说，企业吸纳农民就业并支付相应的报酬为农民筹措自担的社会保障成本、生活成本和机会成本等转型成本创造了条件。

（4）转型人员兼营收益

转型人员兼营收益主要来源：一是集体股份合作制公司分红收益。村集体组织转为股份公司后，做到"人人有股份、人人有收益"。公司收益主要包括土地转让收入、预留的物业资产自我经营或出租收益、原村集体企业收益和土地管理费等。公司按照相关规定并经全体股东表决后定期或不定期向转型人员分发股利。二是房屋出租收益。按照回迁楼安置政策，转型家庭可以按照所得住房总面积选择套数不等的楼房。例如，原有 80 平方米农房的三口之家可得 165 平方米的楼房，许多家庭选择两套共 165 平方米楼房，一套用于居住，一套出租以获取租金。三是一些年龄较大的农民，得到退休金后仍在未开发的农地从事农业生产，从中获得一定的收益。兼营收益对转型人员解决生活成本、提高生活质量助益很大。

18.4　甘井子区农民市民化转型成本研究的结论

通过对甘井子区推进农转城实践、农民市民化转型成本测算及分担筹措机制的研究，得出以下总体结论：

第一，农转城使甘井子区城乡经济社会步入良性发展轨道。甘井子区委、区政府依托城郊区和拓展区的区位优势，通过实施农转城从根本上消除了城乡二元体制机制障碍，实现了城乡资源优化配置，彻底打破了阻碍工业化和城市化发展的"瓶颈"，系统解决了转型的诸项成本及主体分担问题，使甘井子区经济社会步入了良性循环：全域城市化→农转城→土地和人力资源→工业化→土地收益和财政收入增加→农民市民化转型成本→全域城市化。甘井子区农转城改革经受住了现实的考验，其对大连市及我国类似地区推进城镇化具有重要的理论和现实指导意义。

第二，坚持以人为本，切实维护农民利益。城乡一体化的核心是"人"的一体化。甘井子区始终把维护农民切身利益放在首位，把解决农民的公平待遇和可持续发展问题作为推动农转城的出发点和落脚点，从农转城方案设计到实施，从并轨城乡体制机制到功能区建设，从土地收益分配到财政支出安排都以保障农民利益作为政府施政的根本方向，千方百计解决转城人员的居住、就业、集体收益分配、社会保障、教育和基础设施建设等关键性问题，彻底消除了转城人员的后顾之忧，使其真正享受到了改革发展的成果，得到了转型人员的广泛拥护和支持。

第三，工业化和城市化的快速发展是实现农民市民化转型的基础条件。甘井子区是大连经济的拓展区，农民市民化转型后，大连市许多新增工业项目、大型基础设施和房地产开发项目落户甘井子区，土地收益和政府财力随之快速增长，为政府和农民（村集体）筹措转型资金创造了前提条件，保证了改革的顺利实施。

第四，消化农民市民化转型成本需要各分担主体长期不懈的努力。转型成本主要包括基础设施建设成本、教育成本和社会保障成本等公共成本，以及城市生活成本、机会成本和住房成本等个人成本，公共成本主要由各级政府财政承担，个人成本主要由农民（村集体）和农民所在企业承担。通过前面的测算可知，甘井子区农民市民化转型总成本至少212亿元，这些成本无论是短期还是长期都需要各主体筹措资金加以解决，受限于政府财力和农民（村集体）土地转让程度，加之体制机制改革与资金筹措难以同步，使筹措资金尤其是短期资金面临很大的困难。实践中各级政府和农民（村集体）费尽心力，动员一切可动员的力量全方位筹措资金，保证了改革的整体推进，但也历经近10年的时间。

第五，受限于统计数据和相关数据的可得性，转型成本的测算难免存在误差。本文数据主要来自统计、教育、人社和财政等部门，由于统计部门多采用抽样调查法计算相关指标，使调查结果与真实数据存在偏差，可能影响测算的准确性。由于近10年城市管理体制和社会保障、教育和土地管理等政策屡经调整，加上一些人为因素影响，使个别指标数据无法统一、对比测算，也影响了测算结果的准确性，本文作者在研究过程中已尽可能力求测算结果的真实性和可借鉴性。

第四篇　加强县乡财源建设问题

经济决定财政，财政反作用于经济。在社会主义市场经济尚不完善，分税制财税体制亟待规范，区域经济竞争日益激烈，县乡经济发展相对滞后，基层政府财力仍显薄弱的现实条件下，县乡财源建设这一影响或决定政府财力大小和职能实现程度的根本性课题一直备受各界关注和重视。就大连市而言，尽管县乡财源建设近年来取得喜人成效，但受体制机制、经济基础、资源禀赋、区域发展战略、财源建设思路等主客观因素影响，仍然存在财源基础相对薄弱，财源结构不尽合理，财源建设乏力，县乡财力差距较大，部分县乡财政十分困难等亟待解决的问题。本书从财源及财源建设基本内涵出发，在总结和分析财源建设本质特征的基础上，通过对大连金州区和普兰店市市县乡财力和财源建设的实证分析，力求厘清目前影响和决定县乡财源建设的关键性因素，明确加强县乡财源建设的"瓶颈"所在，进而提出加强县乡财源建设的现实举措。

第 19 章　财源与财源建设的理论分析

19.1　财源的基本理论

1）财源的含义

传统意义而言，财源即指政府财政收入的来源。政府财政收入是指政府为履行职能，凭借政治权利和财产权利取得的以价值形态体现的经济资源的总称。目前，世界各国对政府财政收入内容的界定不尽相同，我国理论界与政府部门对财政收入的界定也存在差异。实际工作中，人们通常将政府财政预算收入视为政府财政收入，其中不包括或不全部包括政府预算外资金、政府基金收入和转移支付资金。这种以政府财政收入界定财源的传统定义是不全面、不准确的，理论和实践应以广义财力概念界定财源，即一定时期内凡是政府为实现职能需要所占有、支配和使用的财政资金的来源都应称为财源。简而言之，财源指政府财力的来源。

2）财源的分类和特征

按照不同的标准，财源可以划分为不同类型。从来源上看，有内生财源和外生财源；从时间上看，有现实财源、梯度财源、新兴财源和后续财源；从表现形式看，有显性财源和隐性财源；从作用上看，有支柱财源、主体财源和一般财源；从区域上看，有集约（板块）型财源和分散型（单体）财源；从范围上看，有广义财源、狭义财源和规范财源，等等。财源本质特征有二：一是彻底的根本性。财源是财力的根，是"源"，不是"流"。具体而言，税收征管措施、节约行政成本等虽然有利于政府财力的积累，但属于"流"，不是财源。工商业、国有资产等则是形成财力的根源，即为财源；二是严格的现实性。财源必须是实际的、客观的，一切隐形的、潜在的资源在未被开发利用之前不能称为财源。

3）县乡财源的概念

县乡财源是指一定时期内提供县乡政府财力的所有来源。具体指在既定的财政管理体制下，县域内能够为县乡政府提供财力的经济社会资源（内生财源）以及直接形成县乡财力的转移支付资金的来源（外生财源）。通常情况下，内生财源的多寡对县乡财力的大小具有决定性作用。财源繁盛，财力充裕，反之财力薄弱。但在特定区域内，外生财源决定县乡财力规模（如一些贫困地区），上级转移支付多，财力就大。内生财源则退居其次。

19.2　财源建设的基本理论

1）财源建设的内涵

财源建设是我国经济发展的重要环节，也是各级政府实现职能的重要财力保证。财源建设的重要性和复杂性决定了人们对财源建设的认识和理解不尽相同。一些学者认为，财源建设是政府对那些与财政收入形成相关的事业、行业或活动的支持和扶持；有人认为，财源建设是政府通过合理配置资源要素并进行生产，以达到增加财政收入和社会财富的过程；还有人指出，财源建设是指财政收支如何有助于增加当地财源和促进产业发展。上述理论从不同视角对财源建设内涵进行了诠释，均有其可取性。但依照财力定财源概念，财源建设即指政府为促使财源提供更多财力而实施的各种政策措施的总称。财源建设的主体是政府，客体是所有财源，目的是增加政府财力。那种把财源建设归于财政部门的观点是片面的、不切实际的。

2）财源建设的特征

（1）复杂性

财源建设涉及自然、经济社会、政治、文化等各因素，涉及中央、地方、政府部门、企业、行业等各方面，也涉及金融、财政、产业、投资、市场和计划等各领域，是一个极其复杂的综合体。财源建设过程中，政府实施的每一项财源建设措施都不是孤立的，必将对相关领域产生影响，这些影响相互作用、相互制约、相互传导，使财源建设变得更加复杂。

（2）现实性

财源建设的目的是筹集政府财力，因此财源建设具有明显的功利主义特征。这就要求政府只对那些能够形成财力的财源加以建设，并以现实财力的增长来评价财源建设成效。

（3）区别性

尽管政府提供教育、科技等"准公共性"产品对区域经济社会发展具有重要作用，但其与政府财力增长并非直接相关，因此不应将此列为财源建设。

3）财源建设的理论

财源建设理论实质也是经济建设理论，只不过财源建设理论更注重财政效益。回顾和总结历史上形成的财源建设理论，如物质资本积累决定论、技术进步决定论、制度决定论、人力资本决定论等，都对一国乃至世界经济发展产生较大影响。我国也曾出现许多优秀的财源建设理论，如梯级财源论、结构财源论、替代财源论和综合财源论等，这些传统的理论指导实践在特定历史时期取得了较好的成效。但从我国县乡经济发展现状分析，财源建设理论中的区域持续发展理论和经济发展战略理论或许更适合我国县乡财源建设。①区域持续发展理论。该理论的核心内容是协调社会、经济资源与环境的可持续发展，重在研究它们之间的关系。可持续发展研究包括生态持续性、经济持续性和社会持续性，每一种持续性在不同的时间和空间都有不同的论证。②经济发展战略理论。经济发展战略即在一定范围内进行的，以生产力发展和布局为中心的国民经济建设总体的空间战略部署。该理论重要观点：一是确定经济发展战略目标，包括总体目标与经济社会、生态等分项指标，它既要符合国家发展的宏观大势，又要充分考虑地区具体条件和特点；二是确定区域的产业结构，包括主导产业、辅助产业及基础设施间的相互联系及相互制约的比例关系；三是确定区域开发方式，如"不均衡"发展或"均衡"发展等；四是区域发展空间结构的最优组织，即通过线（轴）、网络、节点、等级体系等空间结构因子的地域组合，实现不同阶段区域的最优空间结构；五是在宏观上和微观上如何确定经济增长点。

4）财源建设方法和方式

实践财源建设理论，推进区域财源建设，客观需要掌握两种基本方法：

（1）综合分析法

综合分析法是指对区域经济社会情况进行宏观的、整体的分析和评价，对区域财源建设的现状与问题、宏观和微观因素、有利和不利因素及区域经济规模、总体水平、发展速度、经济效益和综合发展能力等方面进行全面的评估，探讨和发现区域财源建设真正面对的各方面问题，最终确定区域财源建设的目标取向和适合区域发展的财源建设理论。

（2）区域规划法

区域规划法就是在对区域经济整体分析评价基础上，研究确定区域财源建设的目标、方向、规模和结构，因地制宜、合理布局、协调发展，以求获得最佳经济效益，确保财源建设健康、长远和高效发展。目前我国政府建设财源主要采取以下四种方式：①政策和资金扶持；②对特定区域重点扶持；③对企业的特定经济成分予以扶持；④优化产业结构。

第 20 章　县乡财力构成与财源建设分析

县乡财源建设的最终目的是增加政府财力。分析和研究县乡财力构成及变化趋势能够直观体现县乡财源的基本现状，并且能够在很大程度上发现和推断影响县乡财源建设的关键性因素和现存主要问题之所在。

20.1　县乡财力构成

目前，我国县乡政府财力主要由地方预算外收入、基金收入、税收收入、非税收入和上级财政转移支付构成。需要说明的是，由于预算外收入、基金收入有特定来源和用途，县乡政府一般不能自主支配，因此在不考虑调入资金和财政上年结余的情况下，实践中通常只将税收收入、非税收入和上级财政转移支付中的税收返还和各项补助之和扣除体制上解和专项上解后的财政资金视为县乡财力，这是县乡政府可自主支配的财力，即狭义财力。实际上，目前许多县乡财源建设资金主要来自土地出让金收入，考虑到预算外收入、基金收入和上级政府转移支付由县乡实际占有并用于县乡经济发展，归根结底也是为了实现县乡政府职能需要，因此这部分财政资金也应视为县乡财力，即广义财力。本部分基于广义财力进行研究。

县乡政府财力是在现行财政管理体制框架下形成的，其构成见图20-1。县乡政府财力主要取决于两个方面：第一，县乡财政预算内外收入的多寡（左半部分）。预算收入由县乡经济社会资源决定。第二，上级政府财政转移支付的多少（右半部分）。上级政府对下级政府的财政转移支付数量一方面源于财政管理体制，另一方面源于上级政府的宏观调控方向和特定政策意图。

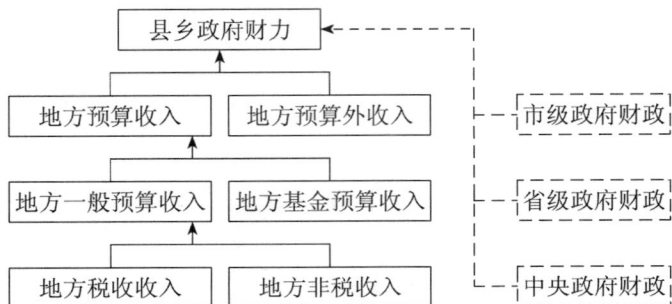

图 20-1　县乡政府财力构成

20.2　大连金州区和普兰店市财源建设实证分析

现以大连原金州区（以下简称金州区）和普兰店市为例对县乡财力构成和财源建设加以实证分析。

金州区毗邻大连开发区，行政级次类属于县级，土地面积1 074.6平方公里，人口48万，下辖16个乡镇，131个自然村。2008年人均GDP达85 416.7元，人均地方财政一般预算收入8 099.3元。综合上述两项经济指标，金州区经济位列大连市13个区市县（含先导区）上游水平。

普兰店市（县级市）是大连市三个最大的涉农县之一，土地面积2 913平方公里，人口82.8万，下辖21个乡镇，162个自然村。2008年人均GDP为36 474.7元，人均财政收入1 752.5元，是大连经济最不发达的地区之一。

1）财政管理体制对县乡财力和财源建设的影响分析

财政管理体制是国家规范财政分配关系，划分各级政府之间、国家与行政事业单位之间财政管理方面的职责、权力、财政收支范围、利益以及确立预算组织原则的基本制度。财政管理体制决定政府间支出责任的划分、政府间财政收入的归属和政府间财力的均衡。可见，我国现行的分税制财政体制不仅决定县乡政府财力的大小和县乡政府职能的实现程度，也直接影响地方财源建设和社会经济协调发展。

财政管理体制主要包括三要素：事权、财权、财力。各种不同类型的财政体制都由此三要素不同组合而成。简单地说，事权是指一级政府在公共事务和服务中应承担的任务和职责；财权是指一级政府为满足一定的支出需求而自筹财政收入的权力，包括税权和费权；财力则是指一级政府占有和使用的财政收入，包括自筹和上级转移支付。调研发现，目前我国理论界热议的地方财政管理体制存在的主要问题、成因及对县乡财源建设的影响，从金州区和普兰店市现行财政体制的运行中进一步得到了印证。一般而言，清晰的事权划分是确立财权的依据和基础，然而，我国1994年实行分税制财政体制的初衷却是为了提高财政收入占GDP的比重和中央财政收入占全国财政收入的比重，分税制并非建立在明确划分各级政府事权的基础之上。尽管我国宪法对中央和地方政府职责范围作出了原则性规定，但并没有通过立法对各级政府的事权予以明确划分，导致下级政府事权几乎是上级政府事权的翻版，呈现"上下对口、职责同构"的特征。而我国垂直的行政命令体系使上级政府常常对下级政府发出政策指令或绩效考核指标，但相应的支出责任却由下级政府全部或部分承担，这种"事"在下而"权"在上的行政体制对下级财政支出膨胀有着强烈的助推效应，致使下级政府财政支出压力日益增强。此外，中央常常以立法形式出台支持各项事业发展的宏观调控政策，如农业、教育、科技等等，明确规定最低财政支出增长幅度，但上级政府不负担或不全部负担所增加的支出，使得中央的法定事权成为地方政府的当然事权，形成"上级请客、下级买单"的局面，进而加剧了地方财政尤其是县乡财政的收支矛盾。此外，我国集权型行政体制决定了现行财政体制也属于集权型，财政预算和税收管理等权力主要集中于中央政府和上级政府。县乡政府往往是财政体制的执行机构。上级政府可凭借行政权力适时调整财政体制，进而限定和决定地方政府的财源范围和财力规模。分税制先以增值税与地方共享，后将企业和个人所得税列为共享税便是佐证。地方财政体制也按此确定，全国最终形成了以"共享税"为主的财政体制。这种集权型体制构筑了我国行政权力与政府狭义财力呈反"金字塔"型架构，即行政权力越大，集中财政收入的能力就越强，财力也就越大，反之亦然。

"事权下放、财权上移"是我国现行财政管理体制不完善所导致的必然结果，而处于事权和财权双重挤压下的县乡财政变得日趋困难也就在情理之中。调查发现，金州区和普兰店市一些乡镇政府凭借现有财力根本无法满足事权需要，有些乡镇甚至连政府机关日常运转都难以保障。"吃饭不饱"，何谈建设？毋庸置疑，上级政府为增强宏观调控力度而集中财力的重要性，但在财政转移支付制度尚不完善的情况下，这种事权与财力相脱节的财政管理体制使大多数县乡沦为"吃饭财政"，上级政府对县乡的转移支付资金更多用于解决公平问题而不是效率问题，即主要用于缓解县乡财政困难和实现上级政府的特定政策目标，很少用于县乡财源建设。需要说明的是，由于金州区和普兰店市上下级转移支付资金数量较大、项目复杂、口径不一，财政部门不宜测算和对外公布相关数据，因此本书仅对县乡财政转移支付情况进行理论分析。在我国市场经济体制尚不健全，财税管理权限集中于上级政府，区域经济竞争日益激烈的大背景下，县乡政府发展经济和建设财源只能依赖内生财力支撑。无论是招商引资还是调整产业结构，无论是改善投资环境还是扶持区域资源开发，都需要财政资金保障。在县乡政府事权繁重、财力匮乏、上级支持有限的情况下，要求其凭借自身能力发展经济和建设财源是不现实的。

我国现行财政收入制度的核心是以"共享税"为主在不同政府间划分税收，而"共享税"基本都是各级政府的主要税收来源，也就是说县乡的税源实质上也是上级政府的税源。2003年大连市政府进一步完善市县财政管理体制，建立了以"属地征税、分税、分享"为核心内容的新的财政体制。新体制根据不同县区类型对市县两级五种"共享税收"增值税25%部分（上缴中央75%）、企业和个人所得税40%部分（上缴中央60%）、营业税和房产税确定了不同的分享比例。体制规定金州区 20% 的共享税收将上缴市财政。金州区县乡财政体制也据此进行了调整，由于乡镇数量多、乡镇财力差异大、税种少，使其变得更加复杂。假设金州区下辖县乡全部实行分税制，且县与乡共享税种和分成比例与市对县体制相同，那么乡镇的共享税收在四级政府的分成比重见表 20-1。84% 的增值税、74.4% 的企业和个人所得税税收需上缴上级财政。营业税和房产税则上缴 36%。县级共享税收 80% 的增值税、68% 的企业和个人所得税、20% 的营业税和房产税税收划入上级财政。此外，体制还规定了上级政府对县乡税收增量部分的分成比例及不能下划的企业户数。从体制实施的总体效果看，税收逐级向上集中。如果体制将其他一些税收列为共享税收或直接列为上级收入，那么县乡财力将会进一步减少。在现行财政管理体制下，这种情况在全国范围内时有发生。

表 20-1　　　　　　　金州区乡镇（县）共享税收分成比例

项目	中央财政	大连市财政	县级财政	乡级财政
增值税	75%	5%	4%（20%）	16%
企业和个人所得税	60%	8%	6.4%（32%）	25.6%
营业税		20%	16%（80%）	64%
房产税		20%	16%（80%）	64%

资料来源　根据大连市县乡三级财政管理体制相关统计数据计算。

　　在市场经济体制尚不健全的前提下，推进县乡财源建设首先要保证县乡拥有一定的用于财源建设的财力，县乡财力的多寡取决于现行的财政体制，而财政体制能否确保县乡拥有用于财源建设的财力关键在于事权与财权的匹配程度。如果"事权下放、财权上移"的现状不能从根本上得到改变，那么县乡政府财政将越加困难，凭借其自身推动经济发展和财源建设的愿望和目标将很难实现。由此，推进财源建设的重要前提之一就是完善现行财政管理体制，实现事权与财力匹配，确保县乡拥有一定用于财源建设的财力。此外，应充分认识县乡财政与上级财政的利益相关性，在上级政府财力相对充裕的情况，县乡政府获得或求助上级政府支持区域经济发展不失为一种现实的、有效的途径。

　　在分析财政管理体制对县乡财源建设影响的同时，不能忽视政府现行的政绩考核评价机制对县乡财源建设的重大影响。上级政府对下级政府的行政能力考核更多注重 GDP、财政收入等"硬指标"的增长，客观地说，这种注重效率的做法对调动地方政府发展经济的积极性和扩大经济规模具有较强的推动作用，但实际工作中也出现了一些值得注意的问题：在"硬指标"考核压力下，一些地区横向攀比指标增幅之风日涨，甚至出现上级政府向下级政府强压增长指标的现象，这种脱离实际的做法造成经济虚增、财政空转。

2）县乡财政收入主要构成及财源建设分析

随着市场经济快速发展和区域经济整体带动，金州区和普兰店市县乡经济近年增长迅速，财政收入逐年增加，财力日渐壮大，财政收入构成及财源结构随之发生很大变化（见表20-2、表20-3）。

表 20-2　　　　　　　　　　金州区县乡财政收入构成　　　　　　　单位：万元

指标	2000 年		2002 年		2004 年		2005 年		2006 年		2007 年		2008 年	
	数量	比重	数量	比重	数量	比重	数量	比重	数量	比重	数量	比重	数量	比重
县乡财政总收入	58 546		76 249		97 887		173 724		246 889		309 181		388 768	
税收收入	39 469	67.4%	48 392	63.5%	37 788	38.6%	63 645	36.6%	85 489	34.6%	122 699	39.7%	153 593	39.5%
非税收入	3 125	5.3%	6 412	8.4%	13 412	13.7%	7 857	4.5%	15 511	6.3%	19 339	6.3%	31 439	8.0%
基金收入	4 444	7.6%	7 785	10.2%	27 703	28.3%	85 179	49.0%	131 825	53.4%	150 392	48.6%	183 539	47.2%
预算外收入	11 508	19.7%	13 660	17.9%	18 984	19.4%	17 043	9.8%	14 064	5.7%	16 751	5.4%	20 197	5.2%
县级财政收入	34 264	58.5%	42 142	55.3%	64 782	66.2%	130 638	75.2%	183 111	74.2%	212 370	68.7%	274 851	70.7%
税收收入	15 187	44.3%	14 297	33.9%	4 683	7.2%	20 358	15.6%	21 711	11.9%	25 888	12.2%	39 676	14.4%
非税收入	3 125	9.1%	6 400	15.2%	13 412	20.7%	8 058	6.2%	15 511	8.5%	19 339	9.1%	31 439	11.4%
基金收入	4 444	13.0%	7 785	18.5%	27 703	42.8%	85 179	65.2%	131 825	72.0%	150 392	70.8%	183 539	66.8%
预算外收入	11 508	33.6%	13 660	32.4%	18 984	29.3%	17 043	13.1%	14 064	7.7%	16 751	7.9%	20 197	7.4%
乡镇财政收入	24 282	41.5%	34 107	44.7%	33 105	33.8%	43 287	24.9%	63 778	25.8%	96 811	31.3%	113 917	29.3%
税收收入	24 282	100%	34 095	100%	33 105	100%	43 287	100%	63 778	100%	96 811	100%	113 917	100%

数据来源　根据原金州区相关年度财政决算计算。

表 20-3　　　　　　　　　普兰店市县乡财政收入构成　　　　　　　单位：万元

指标	2000年		2002年		2004年		2005年		2006年		2007年		2008年	
	数量	比重	数量	比重	数量	比重	数量	比重	数量	比重	数量	比重	数量	比重
县乡财政总收入	32 355		38 703		55 458		66 866		105 755		139 895		145 110	
税收收入	25 880	80.0%	31 966	82.6%	36 113	65.1%	48 874	73.1%	60 080	56.8%	74 099	53.0%	71 146	49.0%
非税收入	6 089	18.8%	5 414	14.0%	12 099	21.8%	12 187	18.2%	22 448	21.2%	34 001	24.3%	54 524	37.6%
基金收入	386	1.2%	1 323	3.4%	7 246	13.1%	5 805	8.7%	23 227	22.0%	31 795	22.7%	19 440	13.4%
县级财政收入	15 855	49.0%	17 303	44.7%	25 871	46.6%	37 386	55.9%	67 486	63.8%	89 135	63.7%	83 440	57.5%
税收收入	9 427	59.5%	10 770	62.2%	7 230	27.9%	21 738	58.1%	25 071	37.1%	30 056	33.7%	34 452	41.3%
非税收入	6 042	38.1%	5 210	30.1%	11 395	44.0%	9 843	26.3%	19 188	28.4%	27 284	30.6%	29 548	35.4%
基金收入	386	2.4%	1 323	7.6%	7 246	28.0%	5 805	15.5%	23 227	34.4%	31 795	35.7%	19 440	23.3%
乡镇财政收入	16 500	51.0%	21 400	55.3%	29 587	53.4%	29 480	44.1%	38 269	36.2%	50 760	36.3%	61 670	42.5%
税收收入	16 453	99.7%	21 196	99.0%	28 883	97.6%	27 136	92.0%	35 009	91.5%	44 043	86.8%	36 694	59.5%
非税收入	47	0.3%	204	1.0%	704	2.4%	2 344	8.0%	3 260	8.5%	6 717	13.2%	24 976	40.5%

数据来源　根据普兰店市相关年度财政决算计算。

从表 20-2、表 20-3 可见，金州区县乡财政总收入由 2000 年的 5.9 亿元增加到 2008 年的 38.9 亿元，8 年增长约 7 倍，其中税收收入增长近 4 倍，基金收入增长高达 41 倍。税收收入占财政总收入比重由 2000 年的 67.4% 下降到 2008 年 39.5%，降幅 28 个百分点，而基金收入比重则由 7.6% 上升至 47.2%，增幅达 40%，意味着金州区基金收入已超过税收收入成为财政收入的主要来源（见图 20-2）；普兰店市财政总收入由 2000 年的 3.2 亿元增加到 2008 年的 14.5 亿元，增长约 4.5 倍，其中税收收入增长近 2.8 倍，非税收入增长近 9 倍，基金收入增幅超过 50 倍。2008 年普兰店市税收收入占财政总收入比重为 49%，非税收入约占 38%，而基金收入比重较小，为 13.4%（见图 20-3）。

从收入具体构成看，只有金州区本级有预算外收入，收入由 2000 年的 1.2 亿元增加到 2008 年 2 亿元，8 年增长不到 2 倍，其所占区本级财政收入的比重由 2000 年的 33.6% 下降到 2008 年的 7.4%，占县乡总收入的比重也由 19.7% 降至 5.2%。金州区和普兰店市县乡财政收入中

比重

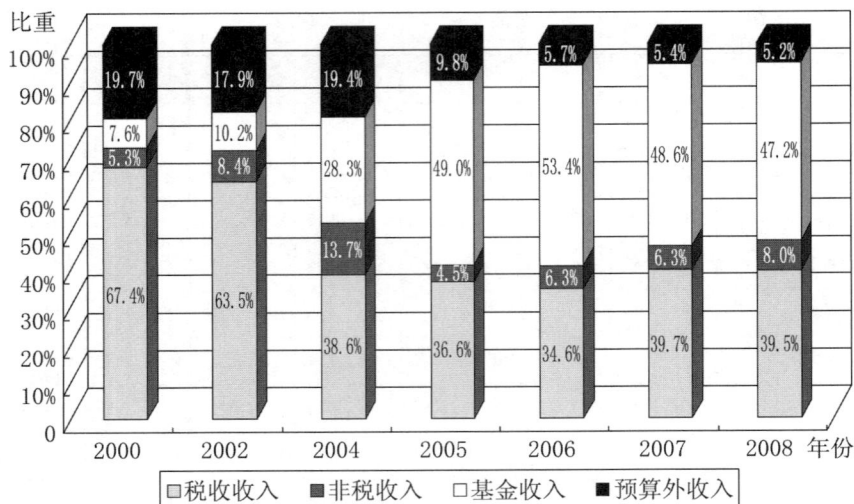

图 20-2　金州区县乡财政预算收入构成

比重

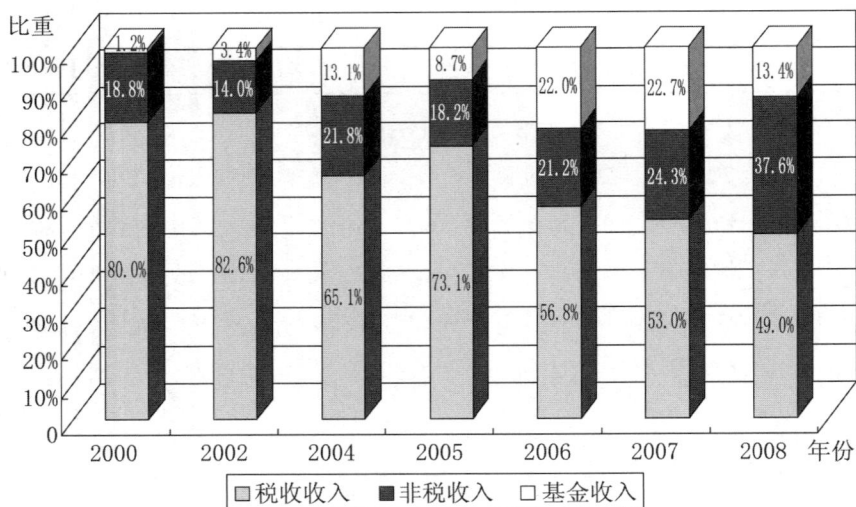

图 20-3　普兰店市县乡财政预算收入构成

均未有预算外收入，表明预算外收入已不是大连县乡财政收入的重要来源。

　　从政府级次看，金州区和普兰店市县本级财政收入占财政总收入的比重呈逐年上升态势，金州区本级收入占总收入比重由 2000 年的 58.5% 提高到 2008 年的 70.7%。普兰店市该比重虽上升势头较缓，但也由 2000 年的 49% 上升至 2008 年 57.5%。数据表明，县本级财政收入占区域总收入的比重日渐增大，而乡镇财政收入占总收入比重则呈下降态势（见图 20-4、图 20-5），这意味着在现行财政体制下县域财源主要集中在县级而不是乡镇级。

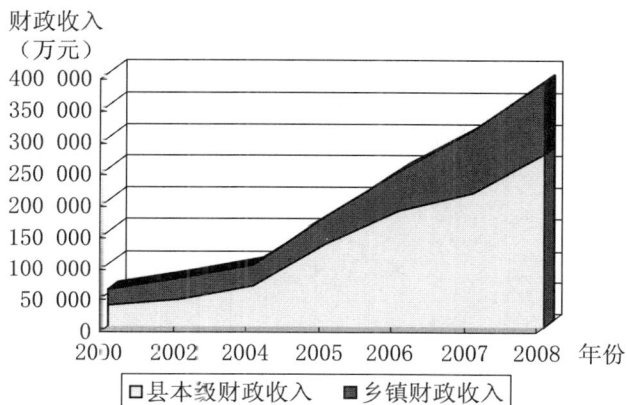

图 20-4　金州区县乡财政收入比重及变化趋势

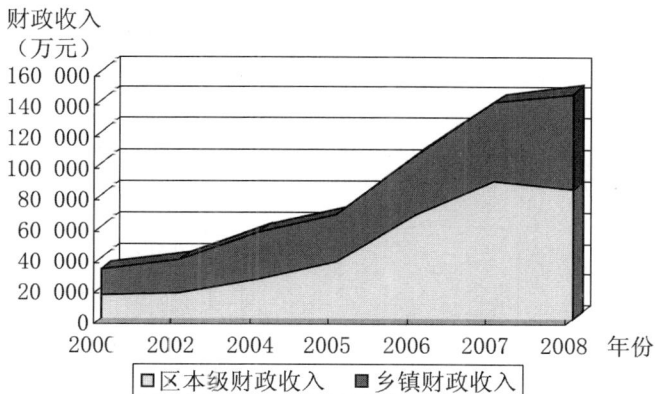

图 20-5　普兰店市县乡财政收入比重及变化趋势

非税收入在县乡财政收入尤其是经济相对落后的县乡中占据重要地位，主要包括政府性基金收入、专项收入、行政事业性收费收入、罚没收入、国有资本经营收入和国有资源有偿使用收入等。表 20-2、表 20-3、表 20-4 和表 20-5 的数据显示，2000 年以来，金州区和普兰店市县乡非税收入增长迅速，年均增长皆在 44% 以上；普兰店市县乡非税收入年均递增 184.6%，其中国有资本经营收入、行政性收费和罚没收入占非税收入比重最大；金州区超过 65%，普兰店市高达 93%，尤其是行政性收费和罚没收入两县区均超过 40%。非税收入也是县乡财政收入不容忽视的来源。

表 20-4　　金州区和普兰店市县乡非税收入构成情况　　　　单位：万元

年份\指标	2000 年		2002 年		2004 年		2005 年		2006 年		2007 年		2008 年	
	数量	比重	数量	比重	数量	比重	数量	比重	数量	比重	数量	比重	数量	比重
金州区 非税收入	3 125		6 412		13 412		7 857		15 511		19 339		31 439	
国有资本经营收入	200	6.40%	1 238	19.31%	6 000	44.74%	1 756	22.35%	2 548	16.43%	4 568	23.62%	7 727	24.58%
国有资源有偿使用收入			323	5.04%	267	1.99%	291	3.70%	450	2.90%	806	4.17%	6 040	19.21%
行政性收费和罚没收入	2 044	65.41%	3 104	48.41%	4 952	36.92%	3 267	41.58%	8 842	57.00%	9 898	51.18%	12 850	40.87%
专项收入	1 140	36.48%	1 747	27.25%	1 863	13.89%	2 342	29.81%	3 277	21.13%	4 067	21.03%	4 822	15.34%
其他收入	-259	-8.29%			330	2.46%	201	2.56%	394	2.54%			0	
普兰店市 非税收入	6 089		5 414		12 099		12 187		22 448		34 001		54 524	
国有资本经营收入	1 078	18%	689	13%	5 283	44%	4 479	37%	7 829	35%	7 153	21%	27 172	50%
行政性收费和罚没收入	3 643	60%	3 194	59%	4 728	39%	5 371	44%	10 646	47%	19 746	58%	23 661	43%
专项收入	886	15%	1 404	26%	1 808	15%	2 013	17%	2 442	11%	2 941	9%	3 025	6%
其他收入	482	8%	127	2%	280	2%	324	3%	1 531	7%	4 161	12%	666	1%

数据来源　根据普兰店市相关年度财政决算计算。

表 20-5　　金州区和普兰店市县乡财政收入年均增长情况　　　　单位：万元

指标	金州区			普兰店市		
	2000 年	2008 年	年均增长	2000 年	2008 年	年均增长
县乡财政总收入	58 546	388 768	37.10%	32 355	145 110	28.42%
其中：税收收入	39 469	153 593	25.42%	25 880	71 146	18.36%
非税收入	3 125	31 439	46.93%	6 089	54 524	44.10%
基金收入	4 444	183 539	85.92%	386	19 440	92.17%
预算外收入	11 508	20 197	9.83%			
县级财政收入	34 264	274 851	41.48%	15 855	83 440	31.89%
其中：税收收入	15 187	39 676	17.36%	9 427	34 452	24.11%
非税收入	3 125	31 439	46.93%	6 042	29 548	30.28%
基金收入	4 444	183 539	85.92%	386	19 440	92.17%
预算外收入	11 508	20 197	9.83%			
乡镇财政收入	24 282	113 917	29.39%	16 500	61 670	24.58%
其中：税收收入	24 282	113 917	29.39%	16 453	36 694	14.30%
非税收入				47	24 976	184.60%

数据来源　根据金州区和普兰店市相关年度财政决算计算。

　　基金收入是指各级政府及其所属部门根据法律、行政法规规定并经国务院或财政部批准，向公民、法人和其他组织征收的政府性基金，以及参照政府性基金管理或纳入基金预算、具有特定用途的财政资金。政府性基金包括散装水泥专项资金收入、国有土地使用权出让金收入等。表20-2、表20-3和表20-5显示，基金收入现已成为县乡财政收入的重要来源。2008年，金州区基金收入占县乡财政总收入比重达47.2%，占县本级财政收入的66.8%，2000—2008年年均递增85.92%。普兰店市基金收入占财政总收入七重为13%，县级比重为23.3%，基金收入年均增长高达92.17%。可见，基金收入的迅猛增长已经成为推动县乡财政总收入和县级财政收入快速上升的决定性力量。在基金收入构成中，土地出让金收入所占比重最大，2000年以来金州区该比重都在85%以上，表明房地产业已经成为县级财政收入快速增长的助推器。

　　从财政收入年均增长速度看，2000年至2008年，两县区财政收入快速增长，年均递增均超过25%，金州区接近40%，普兰店市也接近30%。从结构上看，两县区非税收入和基金收入对财政总收入增长的贡献远远高于税收收入。8年间，金州区税收收入年均增长率为25.4%，而非税收入和基金收入年均递增分别高达46.9%、85.9%，基金收入近乎翻倍增长。县级情况与之基本相同。普兰店市与金州区类似，乡镇税收年均增长尤其缓慢，仅为14.3%。表明县乡财政总收入快速增长主要依赖于非税收入和基金收入的强力支持，而不是更多基于税收收入的增长。

　　县乡财政收入的来源结构直观体现县乡政府的财政利益分配政策和制度的不同经济取向，反映财政收入对不同经济领域的依赖程度，以及政府通过运用收入分配政策对经济结构的调控能力。上述数据显示，在既定财政管理体制下，税收收入在县乡财政收入尤其是乡镇财政收入中仍然占据主要地位，但随着经济的发展和财源结构的变化，税收收入占县乡财政总收入的比重呈下降态势，且年均增长率在财政收入主要构成中远远低于非税收入和基金收入。这在很大程度上表明：一是县乡政府辖区内经济发展（财源建设）速度相对较缓，经济扩张能力较弱，政府财源建设的力度不足；二是辖区内经济整体发展效益和质量不高，财源的税收收入产出能力不强；三是财政管理体制向上集中税收收入的程度较高，县乡自有财力不足。政府性基金收入尤其是国有土地使用权出让金收入快速增长表明，县级财源中房地产业发展迅速，已经成为县级财政收入的重要财源；非税收入年均递增迅速显示，在税收收入下降、经济建设乏力的情况下，经济欠发达的县乡政府往往把增加财政收入的重点更多集中在非税收入的征缴上。

3）税收收入主要构成及财源建设分析

税收是国家凭借政治权力参与剩余产品分配，取得财政收入的重要手段。抛开财政管理体制因素，长期看税收收入是各级政府最稳定的财政收入来源。分析县乡税收收入构成能够在很大程度上反映经济发展和财源状况。

表 20-6、表 20-7 的数据显示，在中央未将企业和个人所得税列为中央与地方共享税、大连未实行新的财政管理体制之前的 2002 年，县乡的增值税、企业和个人所得税、营业税和房产税都是县乡的主体税种，随着财政体制将县乡主体税种逐步列为共享税，县乡税收占财政收入比重也相应下降。目前占两县区税收总收入比重超过 5% 以上的税种主要包括增值税、营业税、企业所得税、城市维护建设税、契税和城镇土地使用税。分税种看，两县区增值税、营业税和企业所得税税收合计占税收总收入比重均超过 60%，其中营业税所占比重最大，金州区为 34.8%，普兰店市为 38.3%，而增值税和企业所得税在 10% ~20% 之间。需要说明的是，这一比重是在县乡政府与上级政府对"共享税"分成后的比重，并不是辖区内全口径税收收入。尽管 2000 年至 2008 年县乡税收收入占财政总收入的比重呈下降趋势，但税收的本质特征决定了税收收入仍然是上级政府和县乡政府长期的、相对可靠的和稳定的财政收入来源。8 年间，两县区各主要税种收入除因财政体制调整使个别年份有所下降外，总体仍呈上升态势，其中营业税增幅最快，金州区营业税收年均增长 35.07%，普兰店市为 14.36%（见图 20-6、图 20-7）。从县乡税收总量看，农业税和农业特产税税收占税收总收入的比重一直很小。这说明农业不是县乡的重要财源，取消农业税和农业特产税对县乡财政总收入影响不大。但调查发现，取消两税对一些乡镇

影响较大。由表 20-2、表 20-3 可知，乡镇财政收入主要来自税收，在取消两税之前的 1996 年和 1998 年，两税收入分别占金州区乡镇税收的 12.75% 和 10.09%，普兰店市则高达 25.54% 和 26.66%。意味着农业税和农业特产税的取消，使原本税种和税收较少的乡镇失去一个重要的财政收入增长点。

表 20-6　　　　　　　　金州区县乡税收收入构成情况　　　　　　　单位：万元

指标	2000 年		2002 年		2004 年		2005 年		2006 年		2007 年		2008 年	
	数量	比重	数量	比重	数量	比重	数量	比重	数量	比重	数量	比重	数量	比重
县乡税收总收入	39 469		48 392		37 788		63 645		85 489		122 699		153 593	
增值税	9 231	23.4%	13 986	28.9%	3 980	10.5%	13 048	20.5%	14 794	17.3%	18 534	15.1%	20 620	13.4%
营业税	8 808	22.3%	13 826	28.6%	13 707	36.3%	19 034	29.9%	29 946	35.0%	40 466	33.0%	53 494	34.8%
房地产业			2 423	17.5%	3 130	22.8%	5 674	29.8%	11 188	37.4%	18 272	45.2%	18 478	34.5%
建筑业			5 714	41.3%	7 860	57.3%	9 356	49.2%	14 564	48.6%	17 426	43.1%	29 614	55.4%
企业所得税	7 466	18.9%	6 840	14.1%	6 410	17.0%	8 419	13.2%	11 356	13.3%	16 631	13.6%	22 562	14.7%
个人所得税	6 344	16.1%	3 897	8.1%	2 627	7.0%	2 682	4.2%	2 871	3.4%	3 781	3.1%	3 979	2.6%
房产税	1 562	4.0%	2 190	4.5%	2 278	6.0%	2 978	4.7%	3 739	4.4%	3 998	3.3%	4 461	2.9%
农业税和农业特产税	1 225	3.1%	901	1.9%	3		2							
印花税	482	1.2%	739	1.5%	1 375	3.6%	1 544	2.4%	2 202	2.6%	2 574	2.1%	2 999	2.0%
车船使用税	238	0.6%	377	0.8%	450	1.2%	441	0.7%	627	0.7%	0		0	
资源税	74	0.2%	45	0.1%	172	0.5%	1 465	2.3%	833	1.0%	918	0.7%	1 576	1.0%
城市维护建设税	1 756	4.4%	1 970	4.1%	2 527	6.7%	3 263	5.1%	4 997	5.8%	6 838	5.6%	8 627	5.6%
契税	1 338	3.4%	2 124	4.4%	2 205	5.8%	8 839	13.9%	8 564	10.0%	16 392	13.4%	15 537	10.1%
城镇土地使用税	564	1.4%	701	1.4%	748	2.0%	1 075	1.7%	2 934	3.4%	6 352	5.2%	7 459	4.9%
耕地占用税	110	0.3%	278	0.6%	864	2.3%	63	0.1%	748	0.9%	1 123	0.9%	6 720	4.4%
其他各税	271	0.7%	518	1.1%	442	1.2%	792	1.2%	1 878	2.2%	5 092	4.1%	5 559	3.6%

数据来源　根据金州区相关年度财政决算计算。

表 20-7　　　　　　　　　普兰店市税收收入构成情况　　　　　　　单位：万元

指标	2000 年		2002 年		2004 年		2005 年		2006 年		2007 年		2008 年	
	数量	比重	数量	比重	数量	比重	数量	比重	数量	比重	数量	比重	数量	比重
县乡税收总收入	31 966		32 369		36 113		48 874		60 080		74 099		71 146	
增值税	6 547	20.5%	6 847	21.2%	4 338	12.0%	7 891	16.1%	9 046	15.1%	10 602	14.3%	12 835	18.0%
营业税	12 195	38.1%	12 982	40.1%	18 944	52.5%	25 533	52.2%	30 975	51.6%	31 932	43.1%	27 279	38.3%
企业所得税	3 977	12.4%	3 036	9.4%	2 899	8.0%	3 498	7.2%	4 179	7.0%	6 751	9.1%	8 202	11.5%
个人所得税	2 810	8.8%	1 986	6.1%	1 574	4.4%	1 437	2.9%	1 342	2.2%	1 579	2.1%	1 952	2.7%
房产税	1 165	3.6%	1 186	3.7%	1 401	3.9%	1 568	3.2%	1 762	2.9%	2 297	3.1%	2 449	3.4%
农业税和农业特产税	1 650	5.2%	1 753	5.4%	169	0.5%	0		0		0		0	
印花税	313	1.0%	441	1.4%	573	1.6%	715	1.5%	1 094	1.8%	1 132	1.5%	1 353	1.9%
车船使用税	179	0.6%	210	0.6%	220	0.6%	208	0.4%	248	0.4%	0		0	0
资源税	125	0.4%	44	0.1%	432	1.2%	915	1.9%	1 549	2.6%	2 234	3.0%	2 525	3.5%
城市维护建设税	1 384	4.3%	1 679	5.2%	2 382	6.6%	2 791	5.7%	3 421	5.7%	3 548	4.8%	3 587	5.0%
契税	977	3.1%	1 198	3.7%	1 937	5.4%	2 728	5.6%	3 803	6.3%	5 665	7.6%	4 016	5.6%
城镇土地使用税	300	0.9%	339	1.0%	516	1.4%	744	1.5%	1 758	2.9%	6 193	8.4%	4 803	6.8%
耕地占用税	197	0.6%	509	1.6%	587	1.6%	750	1.5%	382	0.6%	865	1.2%	995	1.4%
其他各税	147	0.5%	159	0.5%	141	0.4%	96	0.2%	521	0.9%	1 301	1.8%	1 150	1.6%

数据来源　根据普兰店市相关年度财政决算计算。

综上所述，在分税制财政体制下，县乡政府税收收入中流转税类的增值税、营业税和城市维护建设税，所得税类的企业所得税和个人所得税，财产税类的房产税和城镇土地使用税及资源税类的契税等，是当前县乡政府税收收入的主要来源，其课征面涉及县域经济社会发展的方方面面。税收来源的广泛性和复杂性及县乡经济社会资源的多样性，决定了推动县乡财源建设不存在固定模式。在市场经济条件下，县乡政府力促财源发展，应该遵守政府与市场的职能边界，符合区域经济发展总体战略和区域规划，充分认识行政体制和财政体制的切实推进作用，依托县乡经济社会发展实际，兼顾各利益主体的利益，因地制宜地推动县乡财源建设。

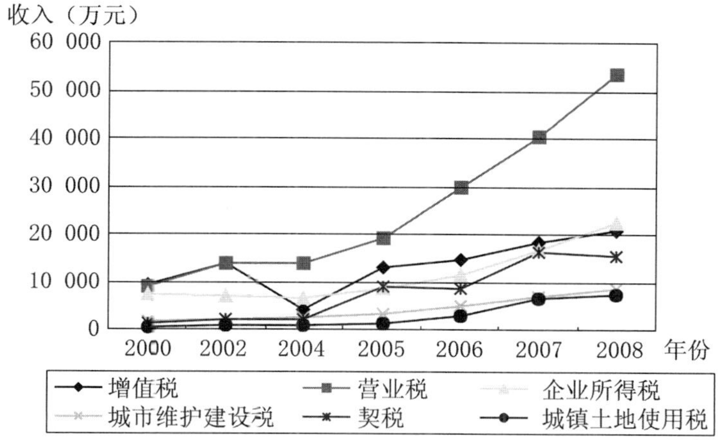

收入（万元）

图 20-6　金州区县乡主体税收收入变化趋势

收入（万元）

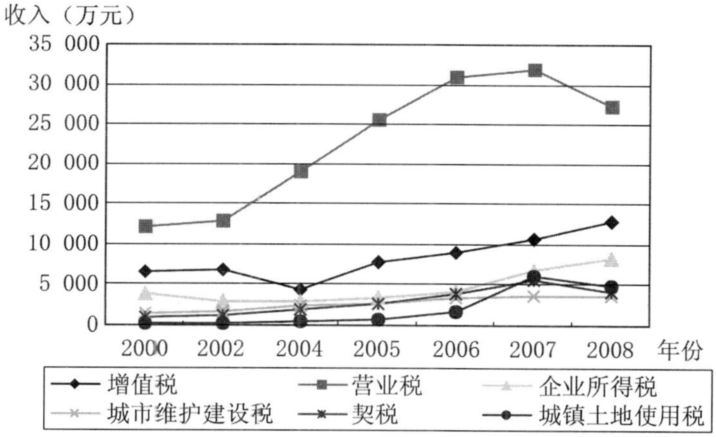

图 20-7　普兰店市县乡主体税收收入变化趋势

4）产业纳税构成与财源建设分析

根据三次产业占国民生产总值比重和不同产业纳税额占税收收入比重分析，8 年间，金州区第一产业占国民生产总值比重在 8% 左右，普兰店市则高达 20%。第一产业纳税额占税收收入比重无论是按全口径计算还是按地方口径计算，两县区平均都在 3% 以下（见表 20-8）；两县区第二产业占总值比重均在 60% 左右，纳税额比重在 65% 以上，普兰店市平均超过了 70%；第三产业生产总值比重金州区平均为 29%，高出普兰店市近 7 个百分点。根据表 20-8 计算，金州区三次产业对税收收入平均贡献率分别为0.5%、7.7%和7.8%。上述分析表明，大连县乡税收收入主要来自第二产业和第三产业，尤其是第二产业的发展。第二产业和第三产业对税收收入的贡献基本相当，意味着税收收入的增加关键取决于二产和三产的规模扩张程度。

表20-8　　　　　金州区、普兰店市三次产业国民生产总值
比重和产业纳税比重及贡献率情况　　　　　单位：万元

指标		2002年		2004年		2005年		2006年		2007年		2008年	
		总额	比例	总额	比例	总额	比例	总额	比例	总额	比例	总额	比例
金州区	第一产业生产总值	115 000	8%	150 000	8%	182 250	8%	220 000	8%	280 000	8%	328 000	8%
	第二产业生产总值	915 000	63%	1 220 000	65%	1 455 750	65%	1 880 000	65%	2 170 000	62%	2 542 000	62%
	第三产业生产总值	415 000	29%	500 000	27%	612 000	27%	800 000	28%	1 030 000	30%	1 230 000	30%
	第一产业纳税额	1 196	1%	877	1%	75	0%	44	0%	133	0%	4 649	2%
	第二产业纳税额	79 052	70%	84 232	71%	106 858	69%	131 534	68%	170 532	64%	211 651	69%
	第三产业纳税额	32 791	29%	32 806	31%	47 065	31%	62 774	32%	97 860	36%	89 510	29%
	第一产业税收贡献率	1.0%		0.6%		0%		0%		0		1.4%	
	第二产业税收贡献率	8.6%		6.9%		7.3%		7.0%		7.9%		8.3%	
	第三产业税收贡献率	7.9%		6.6%		7.7%		7.8%		9.5%		7.3%	
普兰店市	第一产业生产总值	205 408	21%	273 753	20%	308 150	19%	368 260	18%	463 513	19%	529 084	19%
	第二产业生产总值	624 829	62%	864 692	64%	956 723	58%	1 259 211	60%	1 351 085	55%	1 756 524	58%
	第三产业生产总值	170 020	17%	215 821	16%	396 845	24%	455 312	22%	658 429	27%	734 497	24%
	第一产业纳税额	1 450	5%	540	1%	604	1%	3 463	6%	2 838	4%	903	1%
	第二产业纳税额	19 219	60%	25 540	71%	35 838	73%	41 952	70%	49 758	67%	50 392	71%
	第三产业纳税额	11 297	35%	10 033	28%	12 432	25%	14 665	24%	21 503	29%	19 851	28%

注：纳税额为地方口径税收收入。

数据来源　金州区财政局、国税局和地税局；普兰店市财政局、国税局和地税局。

分析产业纳税构成无法规避房地产业对县乡财力的影响，因房地产业已经成为县乡财力的重要来源。房地产业是指从事土地和房地产开发、经营、管理和服务的行业。近年来，大连县乡房地产业以前所未有的速度发展，房地产业相关收入迅猛增长。目前与房地产业直接相关的

财政收入包括营业税、企业所得税、个人所得税、土地增值税、城镇土地使用税、耕地占用税、房产税和契税等税收收入及国有土地使用权出让金收入。粗略估算，2005年以来，金州区与房地产相关收入占全县财政收入比重已超过60%（见表20-9、图20-8），如果把企业和个人所得税等其他收入考虑在内，该比重可能已超过70%。毫不夸张地说，县乡财政实质已演变为"房地产财政"。普兰店市总体情况与金州区相似。房地产业现已成为大连各级政府的支柱财源。

表20-9　　　金州区房地产业部分相关收入占县乡财政总收入比重　单位：万元

指标	2000年	2002年	2004年	2005年	2006年	2007年	2008年
县乡财政总收入	58 546	76 249	97 887	173 724	246 889	309 181	388 768
房地产业相关收入合计	7 372	20 417	42 750	110 820	170 595	197 117	242 244
占县乡财政总收入比重	12.6%	26.8%	43.7%	63.8%	69.1%	63.8%	62.3%

注：此表房地产业相关收入仅包括房地产业和建筑业营业税、城镇土地使用税、耕地占用税、房产税、契税和国有土地使用权出让金收入，不包括企业和个人所得税等收入。

数据来源　金州区财政局。

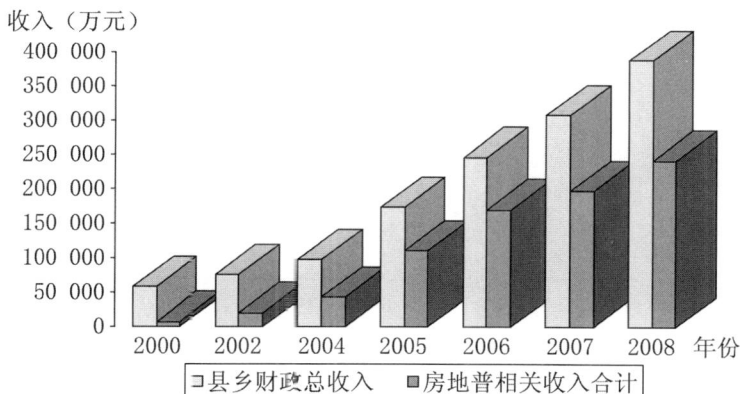

图20-8　金州区房地产业部分相关收入占县乡财政总收入比重

从大连整个地区看，房地产业不仅仅是县乡的支柱财源，市级财政也有赖于房地产业的强力支持。这种以房地产业为重要财源的现象在理论界引发很大争议，有人认为我国经济发展过度依赖房地产业，容易引发投资泡沫和经济过热。不可否认这种观点的合理性，但大连县乡财源建设实践表明，大力推进房地产业发展是县乡政府现实的、必然的选择：一是县域经济基础薄弱，资源匮乏，发展现代工业十分困难；二是县乡政府财力有限，建设资金短缺，发展房地产业可为政府提供更多的建设资金；三是房地产需求旺盛，政府收益丰厚且无需更多财力投入；四是房地产业关联度高，能够带动上下游经济快速发展；五是银行现行房贷政策为房地产业的发展提供了充足的资金支持；六是得天独厚的地理优势和人居环境使大连房地产业具有较好的拓展空间。由此，推动房地产业发展是大连县乡政府目前最现实的选择。

5）财源建设分析的几点结论

一是地方财政管理体制不完善，事权与财力不匹配，县乡财政收支压力逐年增大，县乡政府缺少财源建设的相应财力。二是县乡政府建设财源必须争取上级政府的支持和扶持，上级政府有责任加强县乡财源建设。三是县乡财政已经沦为"房地产财政"，长期看经济发展和财力增长具有不可持续性和较大风险。客观要求县乡政府必须适时调整产业结构，逐步摆脱对房地产业的过度依赖。四是经济规模的扩大和税收的增加主要来源于第二产业和第三产业，二、三产业税收贡献率基本相当，县乡财源建设重点应着力发展二、三产业。五是切实提高经济运行质量和税收收入占财力的比重。六是现行的政府政绩考评机制在很大程度上导致县乡经济虚增、财政空转，县乡经济运行和财政风险日渐加大。应考虑建立政府财源建设质量评价体系，系统监控经济和财政收支规模、结构、质量、效益和变化趋势，真实反映经济和财政状况。七是县乡财源建设的多样性和复杂性，决定了加强县乡财源建设在区域乃至全国范围内不可能采取同一理论和模式。

第 21 章 促进县乡财源建设的现实举措

县乡财源建设的复杂性、现实性和区别性决定了政府所选择的财源建设理论和模式会千差万别，所采取的技术性措施和手段将多种多样。无论对选取的个别县乡财力构成和财源建设情况分析得多么透澈，对建设财源实施的政策措施多么有力，在改革方兴未艾、经济形势瞬息万变的大背景下，在国家和区域宏观调控政策调整的灵活性趋大的现实情况下，在县乡政府数量庞大、区域经济复杂多样的客观条件下，所有具体的理论和针对性措施都很难具有代表性和典型性。由此，推进县乡财源建设，必须从财源建设的本质出发，对较长时期内影响和制约县乡财源建设的根本性问题予以解决，从更高、更广阔的视角探寻加强县乡财源建设共性的、现实的举措。

21.1 县乡财源建设的制度保障——完善财政管理体制

财政管理体制直接决定省、市、县、乡镇各级政府的财力，而财力大小又直接影响各级政府的行为空间和财源建设力度。政府无论是否严格遵循所谓的自由市场经济规律促进经济社会发展，无论是否纯粹按照公共财政要求确定财政支出责任，都要拥有相应的财力为经济社会发展创造最起码的"硬环境"和"软环境"。分析表明，现行的分税制财政体制是直接导致我国大多县乡政府"吃饭难饱"的根源所在，改革地方财政管理体制已成为客观要求。

1）明确界定各级政府的事权

事权的确定应遵照政府与市场职责分工，按照受益和效率原则，对社会公共领域的事务，凡是市场不能解决或不能有效解决的，交由政府解决；凡是可以通过市场解决的，政府不应介入，已经介入的坚决退出；介于二者之间的，政府积极引导，由市场解决。应根据公共产品性质和外部性大小重新划分各级政府事权：全国性公共产品由中央政府提供；地方性和区域性公共产品由地方政府提供，中央或其他地方协助；地方性公共产品由地方政府提供；对地方区域性公共产品由单一地方政府提供时，相关其他地方政府给予一定的横向财力支持。应依法明确界定中央和各级地方政府的支出责任：中央政府提供全国性和区域性外溢效应比较强的公共产品，以及与各级政府共同提供如教育、医疗等准公共产品；地方政府提供地方性公共产品和区域性公共产品，以及与上下级政府共同提供教育、医疗等准公共产品。同时，应改变目前以法定增长方式界定地方政府支出责任的做法，代之以具体项目支出标准为依据。中央政府应对诸如教育、农业、科技等法定增长项目建立全国统一的基本标准指南，用于指导地方政府对具体项目的投入，防止地区间同一项目支出水平、不同项目间支出水平的无序扩大。

在集权型财政管理体制下，只有中央政府才有权力界定政府事权或赋予某下级政府界定辖区内的政府支出责任，也就是说，界定我国各级政府事权的权力集中在中央政府而不在地方政府。各级政府事权必须由中央政府通过立法形式予以界定，否则事权不清所导致的问题将永远存在。由于我国市场经济和公共财政体制尚不完善，当前试图完全、彻底地划清各级政府的事权既不现实，也无可能。最佳选择是中央政府按照市场失灵理论和公共产品理论，遵循事权与财力匹配的原则，以立法或法律形式首先明确中央政府独立承担的事权，之后确定中央与地方政府的共享事权，然后界定地方各级政府独立承担的支出责任，最后确定各级政府的共享事权。鉴于事权划分的复杂性，可选择几项与国家发展战略密切相关、与政府支出责任关联性大、占政府财政支出比重高的事权，如国防、教育、社会保障、公共基础设施等先行予以界定，之后根据经济社会发展程度和各级政府财力状况再对其他事权逐步进行划分。同时，应充分考虑我国各级政府所承担的发展经济职能，赋予地方政府一定的财源建设责任。

2）变事权与财权匹配为事权与财力匹配

我国现行的分税制是建立在忽视政府事权划分且旨在增加上级政府财政收入基础之上的财政管理体制。体制运行的必然结果是上级政府根据"本级优先"的原则进行财政分权以实现财政收入向上集中的目的。实际上，无论事权是否明确划分，这种政府财权向下逐级弱化的财政分权注定造成基层政府财政收入无法满足职责需要的后果。如果考虑到一些欠发达县乡即使拥有全部区域财权也仍然筹集不到事权所需的财政收入时，事权与财权匹配就成了一句空话。当地方政府事权与财权不匹配时，上级政府可给予财力补助，这样，事权与财力匹配就更现实、更合理。由此，地方财政管理体制的实质内容是处理好财力配置的上级与下级的"两极"关系，上级政府财权集中程度的确定，必须根据经济发展尤其是地方经济发展状况，合理安排中央、省、市、县、乡五级财力分配比例，以实现财力满足各级政府职能需要。鉴于此，应将我国财政管理体制"一级政府，一级事权，一级财权"的制度安排改为"一级政府，一级事权，一级财力"。适时调整中央与地方、地方与地方的财政收入制度，完善财政转移支付制度，最终保证各级政府拥有行使职权和建设财源的财力，真正实现事权与财力匹配。

3）建立透明的转移支付制度

转移支付制度是实现事权与财力匹配的重要手段，也是实现区域均衡发展的有效工具。财力上移为上级政府增加转移支付资金创造了条件，在许多地区，上级政府转移支付已经成为下级政府的重要财力支撑。在全国县乡财政总体困难的情况下，一些学者将转移支付制度视为完善财政体制的突破口。实际上，事权是转移支付制度建立的基础，在事权界定不清的前提下，无论转移支付制度在技术层面多么科学合理，都不可能最终实现事权与财力的匹配，在此基础上建立的转移支付都不会是规范的、完善的制度，所有完善转移支付制度的具体措施也只能是为解决某一级政府财政困难或实现上级政府特定政策目标在转移支付技术层面上的修修补补。不可否认，即使事权界定不清和财权划分不合理，转移支付制度仍然能够发挥均衡地区差距、缓解特定级次政府财政困难、促进地方经济发展的作用，但其无法从根本上解决事权与财力匹配问题。目前规范转移支付制度的最佳路径是提高各级财政转移支付的透明度，实现上级政府财政资金转移完全受下级政府乃至公众的监督，进而倒逼上级政府主动调整转移支付结构、规范专项转移支付、改进转移支付的计算办法，使落后地区真正获得上级财政转移支付资金的扶持。实现财政转移支付透明化在技术操作上并不难，难的是上级政府是否真正想要实现。

4）改革地方税制，完善地方税体系

1994 年建立分税制的初衷是力求实现"一级政府、一级事权、一级财权"，但由于分税制改革的直接目的不是实现各级政府事权与财权匹配，而是为了提高中央财政收入比重，最终导致分税制实施过程中走样变形。中央政府在实施以流转税为主的财政分权时会更多地考虑本级财政收入所要达到的比重，省、市政府也依此实施，最终形成了目前以"共享税"为主的财政分权模式。这种模式其实质并不是真正意义上的分税制。这是因为，县乡政府的主体税种都被确定为"共享税"，"共享税"在多级政府间共享次数越多，县乡政府从主体税种中所获得的共享税收入就越少，"共享税"后留给县乡政府的只是些税源分散、收入不稳、征管困难且税收成本高的小税种。县乡政府依靠"共享税"分成收入和小税种收入很难满足所承担的事权需要，县乡财政困难也就在所难免。由此，改革地方税制、完善地方税体系就成为增加县乡政府内生财力的必然路径。首先，给予地方政府适当的税收立法权和在一定范围内税种、税率的选择权，在地方政府不侵占中央税基、不影响国家宏观调控和全国统一市场形成的情况下，可根据本地区经济发展的具体情况和实际需要开征某些新税种，如大连可开征海域使用方面的税种，从而使地方税体系更加规范，更符合区域经济发展需要。总体上看，可按"中央立法为主，地方立法为辅，中央和地方分税分级管理"的原则划分税收管理权限。对事关全局、与国家主权紧密相关的税种（如关税）及对宏观经济调控具有"自动稳定器"功能的税种（如个人所得税），税收管理权限集中在中央；属于地方但具有普遍性的税种，除税收立法权归中央外，地方政府有权决定地方税种的开征、停征、税率调整和税收减免，但报送中央备案；地方政府可按照减少"共享税"、税种属性与事权相适应的原则，对现行税种进行必要调整并根据区域税源特点开征新税，形成地方新的主体税种。

21.2　县乡财源建设的重要支撑——争取上级政府扶持

目前以"共享税"为主的分税制财政体制决定了加强县乡财源建设绝不是县乡政府的个体行为，利益相关性客观要求中央、省、市政府在县乡财源建设中理应承担责任。理论虽然如此，由于政府事权划分不清，上级政府可承担或不承担支持县乡财源建设的责任。在以经济增长作为政府政绩考核评判标准的现行机制下，县乡政府无论是主动还是被动都会全力以赴加速本区域经济发展。实践中，这种以政府配置资源和政府投资为主的财源建设模式将更多依赖政府的财政实力和融资能力。在县乡政府财力和融资能力有限的情况下，争取上级政府支持往往成为其促进财源建设的现实路径和重要支撑。调研发现，县乡政府争取上级政府直接财政资金扶持难度很大，即使争取到财政资金扶持也往往针对具体项目，对推动县乡整体财源建设作用有限。最佳方式是上级政府主动将县乡经济发展整体纳入国家级、省级或市级发展战略规划中，或者县乡政府按照财源建设的经济发展战略理论及财源建设的综合分析法和区域规划法对区域经济社会情况进行宏观的、整体的分析和评价，主动争取上级政府将其纳入更高层的发展战略规划中，并在新的发展规划中承担经济建设责任。

自 20 世纪 80 年代国家设立经济特区和经济技术开发区起，随着经济迅猛发展和科技进步，我国区域经济已由原来的散点布局逐渐向集群化演变。尤其是 2003 年以来，跨区域的板块经济、经济区、经济带、城市群、都市圈以及同一区域的开发区群、新区、县域组团等区域规划陆续出现并付诸实践。集群化发展已经成为现代中国区域经济发展和竞争的重要态势。2009年，中央原则通过了辽宁沿海经济带开发战略，预示着处于战略发展"龙头"地位的大连将拟定新的区域发展战略规划。金州区和普兰店市政府应抓住这次难得的机会，将县域规划融入大连新的整体规划中，努力争取国家和上级政府的政策资金支持。只有这样，金州区和普兰店市财源建设才会有质的飞跃。当然，从全国范围看，这种机遇和财源建设路径不具有常规性、参照性，但这毕竟是县乡财源建设的一条有效途径。同时，上级政府和县级政府应适当调整经济发展布局，逐步改变经济重点开发区和新兴产业分布状态，推动和吸引重要项目向经济落后的县和乡镇延伸，借助重点项目集效功能，吸引社会资金投入，进一步改善此类地区的投资环境，从根本上解决财源建设的"瓶颈"问题，全面提升县乡经济综合竞争力。

21.3 县乡财源建设的关键环节——确保财源建设质量

财源建设的质量问题是区域经济和财政发展的关键性问题，也是财源建设的核心问题。我国现行的政府绩效考核评价机制基本是以衡量县乡经济规模和速度指标（如人均GDP及增长率、经济增长率、财政收入增长率等）作为政绩考核的重要依据。客观地说，这种以速度和总量定胜负、论英雄的方式极大地调动了县乡政府加强财源建设的主观能动性和积极性，促进了县乡经济和财源的快速发展，但同时也带来了一定的负面效果。该机制决定了县乡政府的财源建设偏好也是速度型，直接造成县乡政府过于注重短期内投资规模的扩张和招商引资的数量，很大程度上忽视了财源建设的质量和效益及区域经济的长远发展。调查发现，一些地区重复建设严重、产业结构失调、经济效益低下、区域竞争无序、招商引资不实等问题的出现与速度型政绩考评机制有很大的相关性。尤为值得关注的是，一些地区还发生了上级政府以强压指标的方式人为确定下级政府各项经济指标增幅的情况，导致下级政府迫于上级行政压力，在区域财源根本无法实现指标增幅时弄虚作假。现实中出现了某一地区经济规模不断扩大、财政收入快速攀升，但政府财力拮据、财政保障能力弱化等奇怪现象。此外，为进一步调动县乡政府建设财源的积极性，上级财政部门除借助调整财政管理体制适当增加县乡政府财力外，更多实施奖励和补助办法（如缓解县乡财政困难奖励和补助资金办法、招商引资奖励资金办法、"三奖一补"转移支付办法等）引导县乡政府加速区域经济发展。应该说，这些办法对缓解县乡财政困难和推进区域财源建设起到一定的作用，但总体上看，由于许多县乡尤其是乡镇政府财力过于薄弱且奖励资金有限，即使县乡政府得到这部分奖励资金，也起不到实质改变县乡财政困难的作用，一定程度上还会造成财政资金的浪费。由此，构建科学的县乡财源建设质量评价体系显得尤为紧迫、重要。

财源建设质量是指财源建设的保障能力、投入规模、管理水平和经济效果。具体包括现实财源规模的大小、结构的合理、效益的高低及持续发展能力。财源质量评价体系是评价制度、评价指标体系、评价方法和评价标准构成的有机整体。其目的，一是真实反映区域财源发展水平及变化情况；二是全面进行区域财源情况考核和综合评价；三是对区域财源的变动因素进行分析，促进区域财源结构的优化和质量的提高；四是研究区域财源建设与发展的关系，促进区域经济的持续协调发展。质量评价体系的四个构成部分是相互联系的有机整体，其中指标评价体系是核心和关键，评价方法和标准是技术和手段，评价制度是保障。实际上，政府政绩考评机制的核心内容也是通过评价指标体系对县乡政府行政能力综合进行考评，其中也含有质量评价的内容，从这个角度上看，财源建设质量评价体系可归属于政府政绩考评机制。通过完善政绩考评机制也能达到构建财源建设质量评价体系的应有效果。无论构建财源建设质量评价体系还是完善政府政绩考评机制，目的都是为了确保县乡财源建设真实高效，保证财源可持续发展。同时，应加大财政资金整合力度，对上级政府支持和扶持县乡发展的各种财政资金进行摸底梳理，对与县乡发展相关的税式支出进行清理排查，在对上述资金和政策进行绩效评价的基础上，进行必要整合，切实提高财政资金和政策的效力。

21.4 县乡财源建设的必要手段——调整优化产业结构

当前，各县乡政府更多依照传统财源建设理念加强财源建设，力求在扶持主导财源、巩固现有财源、发展新兴财源、培植后续财源上实现新突破。一些经济较好的县乡注重和加速工业园区的建设，努力培育新的经济增长点。调研发现，无论县乡政府如何因地制宜地采取各种财源建设理念和措施，都无法规避对区域产业结构的调整与优化。我们暂且不论上级政府从宏观上为优化产业结构所实施的各项政策，仅就县乡政府将房地产业作为支柱财源而言，也实有优化产业结构的必要。房地产业的经济属性和固有特点决定了区域房地产业发展具有不可持续性，长期看，房地产业不可能成为县乡政府的永久性支柱财源：一是房地产业发展受区域土地资源的根本制约；二是区域土地资本的过度开发，将数年后的公共财政收入提前透支，未来公共财政面临无法预测的风险；三是房地产业发展受限于国家土地、金融、财税等政策及市场需求的影响，对财政收入而言缺乏稳定性。鉴于此，县乡政府在大力推进房地产业发展的同时，必须注重优化产业结构，着重发展第二产业和第三产业中财源相对稳定的行业或事业，努力开辟新的经济增长点，进而逐步摆脱对房地产业的过度依赖。

第 22 章　典型调研：增加大连金州新区可用财力的现实考察

　　大连金州新区成立于 2010 年，是大连原金州区和开发区行政区划合并后建立的新市区。自金州新区成立以来，经济社会发展态势良好，2012 年全区实现国内生产总值 1 472 亿元，稳居东北县区首位，即使与辽宁省 14 个市进行比较，其排序也仅位居大连、沈阳、鞍山之后，列第 4 位，在全国 140 个国家级开发区中列前 5 位。经济发展助推全区公共财政收入较快增长，2012 年首次突破 100 亿元，达到 105.2 亿元，位列东北县区之首。尽管财政收入逐年增长，政府调控能力稳步增强，经济社会更趋和谐，但新区承载的改革与发展任务却更加艰巨：经济环境更加复杂，财政增收更加困难，事权范围更加广泛，收支矛盾更加突出，可用财力更加有限。财力是实现政府职能的支柱，也是政府实施宏观调控的重要杠杆。在经济整体走弱和政府绩效考核指标刚性不减的客观条件下，增加可用财力已经成为新区亟待解决的难题。

22.1　金州新区可用财力构成及决定因素

　　金州新区政府可用财力是指政府依据政治权力，在一定时期内筹集、掌握和自主支配使用的以资金形式体现的政府财政资源。在现行财政管理体制下，新区可用财力主要包括公共财政收入（税收收入和非税收入）、基金收入和上级财政转移支付中的税收返还和各项补助之和扣除体制上解和专项上解后的财政资金。金州新区政府可用财力构成见图 22-1。

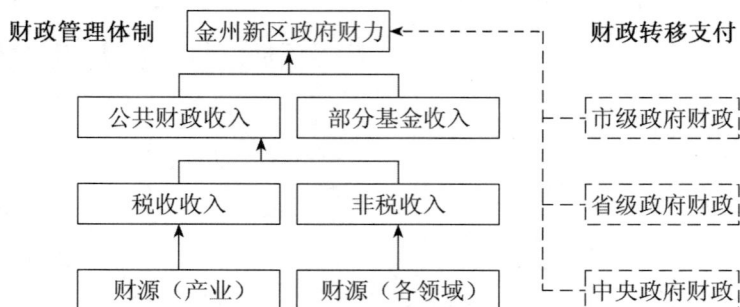

图 22-1　金州新区政府可用财力构成图

总体而言，影响和决定新区政府可用财力大小的关键取决于三个方面：一是财政管理体制。体制是决定上下级政府间财力大小的根本性制度。新区属地征缴的全口径税收，按体制确定的分配比例在上级政府和新区政府间进行分配。上级分配比例大，新区财力必然小。上级对新区转移支付多，新区财力必然大，反之亦然。二是财源建设。在财政体制既定的前提下，可用财力大小由区域财源决定，财源若丰厚，财力则充裕；财源若薄弱，财力则匮乏。三是区域发展战略及优惠政策。开发区是改革开放优惠政策的直接受益者。区域发展战略只有上升为上级政府战略才能享受更多的优惠政策，进而加快财源建设并获得上级政府财政支持。

需要说明的是，因政府性基金收入具有特定用途，地方政府不能完全自主支配，所以是否将基金收入纳入可用财力存在一定争议，但现实中地方政府往往将基金收支净额直接用于区域经济社会建设，构成了实质性的可用财力。在现行体制机制下，政府性基金和财政转移支付资金具体情况不易公开，因此本部分主要对公共财政收入进行分析，对基金和转移支付资金数额不予详述，但将提出针对性措施。

22.2　金州新区可用财力现状

按财政方法估算，金州新区公共财政收入约占可用财力的 91%。由此可见，公共财政收入即税收收入和非税收入构成了新区政府可用财力的主体。通过对公共财政收入的分析，新区可用财力呈现以下主要特点：

1）财源基础较好，财力规模持续壮大但增幅明显下滑

表 22-1、表 22-2 显示，2010—2012 年新区经济总量三次产业比重总体为 4：70：26，第二产业和第三产业贡献地方税收占财政各项税收比重均超过 99%，说明新区财源和财力主要来自第二产业和第三产业。在第二产业中，制造业产值和贡献税收比重均在 90% 以上，说明新区支柱产业是制造业。制造业是实现工业化的标志，是抵御经济运行风险相对强的产业，是政府稳定的财源，也是新区实施新兴工业化和产业化发展战略的重要基础。正因如此，3 年来新区可用财力实现稳步增长，财力规模持续壮大。公共财政收入由 2010 年的 82.6 亿元增至 2012 年的 105.2 亿元，增长了 27.4%。约占公共财政收入 75% 的各项税收收入由 61.7 亿元增至 80.2 亿元，增长了 30%（见表 22-3）。可用财力的稳步增长，为新区政府保障较高福利的党政机关运转和高水平的区域经济社会发展提供了坚实的物质基础。但从趋势上看，新区公共财政收入增幅呈下滑态势，由 2010 年的 20.2% 下降到 2012 年的 16.1%，其中税收增幅快速回落，由 2010 年的 19.0% 下降到 2012 年的 11.3%，3 年下滑了近 8 个百分点。

表 22-1　　2010—2012 年金州新区产业结构及地方税收贡献情况　　　　单位：亿元

项目	2010 年				2011 年				2012 年			
	一产	二产	三产	合计	一产	二产	三产	合计	一产	二产	三产	合计
GDP	41.7	790.9	267.7	1 100.4	48.1	938.2	334.8	1 321.1	55.2	1 032.4	384.6	1 472.1
产业占 GDP 比重	3.8%	71.9%	24.3%	100%	3.6%	71.0%	25.3%	100%	3.7%	70.1%	26.1%	100%
新区地方税收	0.1	27.5	34	61.7	0.1	34.1	37.9	72.1	0.3	38.6	41.4	80.3
产业税收占税收比重	0.2%	44.6%	55.3%	100%	0.1%	47.3%	52.6%	100%	0.4%	48.1%	51.6%	100%

注：表中税收数据根据现行财政体制计算。

资料来源　根据 2010—2012 年《大连年鉴》、金州新区财政决算计算。

表 22-2 第二产业内部结构及贡献全口径税收比重情况 单位：万元

项目	2010 年		2011 年		2012 年	
	缴税额	占比	缴税额	占比	缴税额	占比
采矿业	591	0.04%	580	0.04%	799	0.05%
制造业	1 234 260.5	91.19%	1 317 092.3	91.46%	1 406 014.9	90.33%
电力、燃气及水的生产和供应业	31 600	2.33%	19 897	1.38%	21 325	1.37%
建筑业	86 997	6.43%	102 522	7.12%	128 426	8.25%
合计	1 353 448.5	100.00%	1 440 091.3	100.00%	1 556 564.9	100.00%

资料来源 大连市金州新区税务局。

表 22-3 2010—2012 年金州新区公共财政收入情况 单位：万元

项目		2010 年		2011 年		2012 年	
		数额	同比增减	数额	同比增减	数额	同比增减
公共财政收入合计		825 934	20.2%	906 264	9.7%	1 052 204	16.1%
各项税收	数额	617 010	19.0%	720 937	16.8%	802 493	11.3%
	占总收入比重	74.7%		79.6%		76.3%	
非税收入	数额	208 924	23.9%	185 327	−11.3%	249 711	34.7%
	占总收入比重	25.3%		20.4%		23.7%	

资料来源 大连市金州新区财政局。

2）经济快速发展但运行质量不高，财政依存度偏低

公共财政收入占 GDP 比重又称财政依存度，是用来衡量一个国家或一个地区经济运行质量的重要指标。一般来说，财政收入占 GDP 的比重越高，说明国家（或地区）经济状况越好，财力越充足，反之亦然。短期看，财政依存度高低受产业结构、财税政策、税收征管等影响较大，如一地区为吸引投资或为扶植特定产业发展采取了较多的优惠政策，则会导致一定时期内财政依存度偏低。但长期看，财力与 GDP 之间存在一致性，随着 GDP 的增长，财力总量必然会增加。新区 GDP 和财力能够达到现今规模，主要得益于上级政府对原开发区实施了诸多优惠政策，使开发区财源在短时间内迅速发展壮大。2010—2012 年新区

经济实现快速发展，GDP 年均递增达到 15.7%，对于一个以制造业为主且 GDP 占大连市 1/5 的地区来说成就显著。但从财政依存度看，新区经济运行质量不高。2010—2012 年大连市财政依存度约 10% 且呈小幅上升态势，而新区则为 7% 左右且呈下降走势（见表 22-4），财政依存度由 2010 年的 7.5% 降至 2012 年的 7.1%。国际上大多数发达国家或地区财政依存度基本在 20% 以上。这意味着新区在注重经济总量增长的同时，应重视经济运行质量，适时调整产业结构，提高经济对财力的贡献水平。

表 22-4　　　　　2010—2012 年大连市与金州新区

公共财政收入占 GDP 比重　　　　　　单位：亿元

项目	2010 年		2011 年		2012 年		年均递增
	数额	占 GDP 比重	数额	占 GDP 比重	数额	占 GDP 比重	
大连市 GDP	5 158	—	6 150	—	7 002	—	16.5%
全市公共财政收入	501	9.7%	651	10.6%	750	10.7%	22.4%
金州新区 GDP	1 100	—	1 320	—	1 472	—	15.7%
新区公共财政收入	83	7.5%	91	6.9%	105	7.1%	12.5%

资料来源　根据 2010—2012 年《大连年鉴》计算。

3）财力结构渐趋优化但不够合理，非税收入比重较高

衡量财力结构合理与否的主要指标是税收和非税收入占财政收入的比重。税收是政府财政的主要收入形式，一般市场经济国家税收占财政收入比重通常在 80% 左右，发达国家该比重在 90% 以上。非税收入在财政收入中处于补充地位，一般低于 20%。三年来，新区财政收入规模不断扩大的同时，财力结构渐趋优化，各项税收占财政收入比重小幅上升，该比重由 2010 年的 74.7% 升至 2011 年的 79.6% 和 2012 年的 76.3%，据此表明新区财政收入的规范性、稳定性和持续性逐步增强。尽管如此，新区财力结构尚待进一步完善。2010—2012 年大连市税收占公共财政收入比重整体保持在 80% 左右，非税收入比重约 20%，而新区税收比重总体低于大连市水平，非税收入比重 2010 年达 25.3%、2012 年为 23.7%，远高于大连市（见表 22-5），超过了辽宁省政府规定的比重上限。非税收入主要包括国有资本经营收入、国有资源（资

产）有偿使用收入、行政事业性收费、罚没收入和专项收入等，具有非规范性和不稳定性特征，其比重过大往往引致社会各界依据虚高的财政收入而要求追加刚性支出的诉求，使政府安排财政预算陷于被动并加重财政运行风险。同时，增加非税收入不可避免会加重企业和群众负担，长此以往会降低政府的声誉和公信力。2012 年新区非税收入中行政事业性收费和罚没收入超速增长，增幅达 83.1% 和 957.2%（见表22-6），说明政府加大了对行政事业领域和违规行为的收费和处罚力度。过多的收费和处罚可能招致社会各界的反感甚至抵制，进而损害政府形象。

表 22-5 　　　 2010—2012 年金州新区公共财政收入结构情况

项目		2010 年	2011 年	2012 年
大连市	各项税收占公共财政收入比重	79.6%	79.1%	79.7%
	非税收入占公共财政收入比重	20.4%	20.9%	20.3%
金州新区	各项税收占公共财政收入比重	74.7%	79.6%	76.3%
	非税收入占公共财政收入比重	25.3%	20.4%	23.7%

资料来源　根据大连市金州新区财政决算计算。

表 22-6 　　　 2010—2012 年金州新区非税收入情况 　　　　 单位：万元

项目	2010 年		2011 年		2012 年	
	数额	同比增减	数额	同比增减	数额	同比增减
专项收入	13 682	50.7%	28 988	111.9%	29 988	3.5%
行政事业性收费	66 801	501.4%	31 091	−53.5%	56 938	83.1%
罚没收入	4 227	28.0%	4 644	9.9%	49 095	957.2%
国有资本经营收入	73 545	−36.9%	75 186	2.2%	54 059	−28.1%
国有资源（资产）有偿使用收入	25 650	7.1%	38 588	50.4%	59 347	53.8%
其他收入	25 018	429.2%	6 831	−72.7%	284	−95.8%
合计	208 924	23.9%	185 327	−11.3%	249 711	34.7%

资料来源　根据大连市金州新区财政决算计算。

4）属地税收贡献巨大但地方税收较少，财力增长缓慢

按照现行分税制财政体制，新区属地各项税收即全口径税收按上级确定的分成比例，在中央、大连市和新区政府间进行分配。上级政府为增强其宏观调控能力，将主要税种自留或与下级政府共享，下级政府现有的多是散而小的税种（见表22-7）。新区属地核心税收是增值税、消费税、企业所得税和个人所得税（见表22-8）。由表22-2可知，新区支柱产业是制造业，其贡献税收占第二产业全部税收的90%以上。2010—2012年，制造业贡献的四项税收合计分别占该产业贡献税收总额的94.79%、90.43%和90.33%。按现行税收分成比例计算，新区属地征收的100元增值税中，仅有18元是新区税收；100元企业和个人所得税中，只有22元属于新区财力。表22-9显示，2010—2012年新区属地全口径税收为630.9亿元，上缴中央和大连市财政的税收达416.8亿元，占66%；形成新区财力的税收为214亿元，仅占34%。多年来，金州新区一直是大连区域内向中央和大连市上缴税收最多的地区，为中央和大连市财政收入持续增长作出了巨大贡献。近年来，作为大连市制造业开发基地的新区虽然经济总量和属地税收持续增长，由于税收分成比例很低，导致新区财政依存度偏低，财力增长缓慢。2010—2012年，新区公共财政收入年均递增12.5%，比大连市的22.4%低近10个百分点。

表22-7 　　　　　　　　金州新区现行税收分成比例

项目	税种	分成比例
中央税	关税、消费税	全部上缴中央财政
中央地方共享税	增值税、企业所得税、个人所得税、营业税、房产税、城镇土地使用税	增值税：中央75%、地方25%（其中大连市7%，新区18%）；企业和个人所得税：中央60%，地方40%（其中大连市18%，新区22%）；营业税、房产税和城市土地使用税：大连市30%，新区70%。金融保险业营业税归大连市。另有15家属地企业地方税收上缴大连市
金州新区地方税	城市建设税、房产税、车船税、契税、印花税	全部纳入金州新区财政

表 22-8　　　　　　制造业内部全口径税收及税种结构　　　　单位：亿元

项目	2010 年		2011 年		2012 年	
	数额	占比	数额	占比	数额	占比
营业税	9 661	0.78%	10 936	0.83%	11 406	0.81%
企业所得税	183 750	14.89%	232 075	17.62%	257 812	18.34%
个人所得税	63 873	5.18%	72 961	5.54%	60 455	4.30%
城市维护建设税	7 244	0.59%	59 482	4.52%	64 496	4.59%
房产税	19 001	1.54%	22 261	1.69%	25 830	1.84%
印花税	9 202	0.75%	11 763	0.89%	10 017	0.71%
城镇土地使用税	15 921	1.29%	18 099	1.37%	18 957	1.35%
土地增值税	60	0	1	0	711	0.05%
车船税	—	0	—	0	3	0.00%
资源税	650	0.05%	757	0.06%	—	0.00%
契税	14	0.00%	91	0.01%	1 662	0.12%
耕地占用税	—	0	—	0	901	0.06%
增值税	609 107	49.35%	651 072	49.43%	665 553	47.34%
消费税	313 169	25.37%	234 904	17.84%	286 130	20.35%
车辆购置税	2 609	0.21%	2 690	0.20%	2 082	0.15%
合计	1 234 261	100.00%	1 317 092	100.00%	1 406 015	100.00%

资料来源　根据大连市金州新区财政决算计算。

表 22-9　　　2010—2012 年金州新区属地税收贡献情况　　　单位：亿元

项目	2010 年		2011 年		2012 年		合计	
	数额	占比	数额	占比	数额	占比	数额	占比
全口径税收	193.3	100%	212	100%	225.9	100%	630.9	100%
新区各项税收	61.7	32%	72.1	34%	80.2	36%	214	34%
属地税收贡献	131.3	68%	139.9	66%	145.6	64%	416.8	66%

5）产业结构基本稳定但对地方财力贡献差距很大，三产优于二产

由表 22-1 可知，2010—2012 年金州新区一、二、三产业比重分别为4∶72∶24，4∶71∶25，4∶70∶26，三大产业对地方税收贡献占税收总额比重分别为 0.2%、44.6%、55.3%；0.1%、47.3%、52.6%；0.4%、48.1%、51.6%。总体上看，新区产业结构基本稳定，经济以二产和三产为主，但其对地方税收贡献差距很大。按照现行财政体制测算，2010—2012 年新区三大产业万元 GDP 地方税收贡献分别为 24 元、348 元、1 273 元，21 元、363 元、1 132 元，54 元、374 元、1 076 元。由此不难看出，尽管第二产业占 GDP 比重达 70%，但其对地方税收贡献占比不到 50%，而占 GDP 比重约 25% 的三产该比重却在 51% 以上，客观表明产业对财力的贡献方面三产明显优于二产（见图22-2）。重视并加快发展第三产业已经成为新区增加可用财力的现实选择。

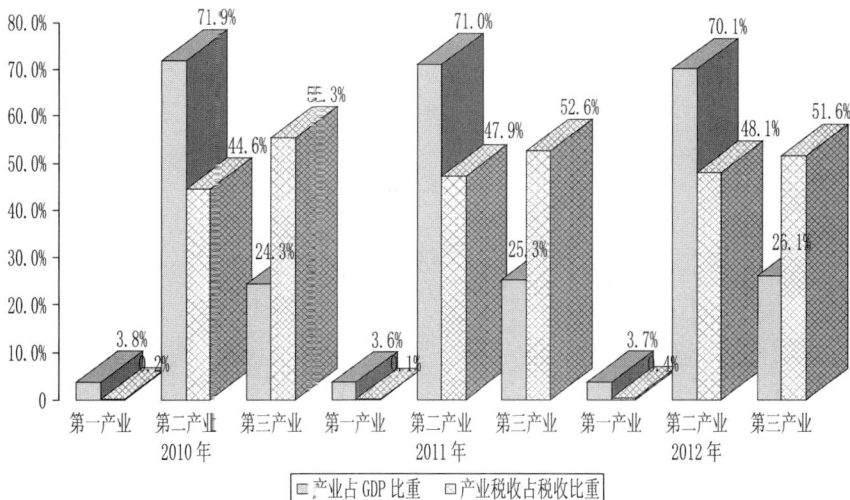

图 22-2　2010—2012 年金州新区产业和地方税收贡献比重

6）支柱产业突出但产业经营收益全面回落，地方主体税种收入增幅明显下降

表 22-1、表 22-10 和表 22-11 显示，金州新区的支柱产业是类属于第二产业的制造业和类属于第三产业的房地产业。制造业缴税的主体税种是增值税、消费税和企业所得税；房地产业缴税的主体税种是营业税、企业所得税和契税。2010—2012 年制造业贡献的税收占第二产业

全口径税收比重均在90%以上。据相关部门统计，"十一五"时期制造业中的主导产业电子信息、装备制造和石油化工约占规模以上工业增加值的65%。新区制造业企业以外商投资企业为主，受金融危机、欧债危机、国内产能过剩和人工成本上升等诸多因素影响，企业经营收益下滑，主体税种收入全面减少。2010—2012年房地产业贡献的税收占第三产业全口径税收比重分别为57.59%、56.31%和43.36%。因房地产业缴税以营业税和企业所得税为主且绝大部分税收归新区财政，所以房地产业已经成为对新区财力贡献最大的产业。近年来，国家频频出台抑制房价过快增长的政策措施，调控力度逐年加大，造成新区房地产业相关税收急剧下降。2012年新区房地产业贡献税收同比下降了13个百分点。支柱产业发展全面收缩，导致新区地方主要税种收入（营业税、增值税、企业所得税和契税，约占地方总税收的70%）增幅除契税收入外逐年下降（见表22-12）。2012年与2010年相比，营业税、增值税和企业所得税增幅分别下降了13%、28%和68%。当前，国内外经济仍存在下行压力，国家宏观调控政策未见改变，新区支柱产业发展具有很大的不确定性，增加税收和财力面临前所未有的困难。

表22-10　　　　第二产业构成全口径税收贡献及占税收比重　　　　单位：万元

项目	2010年		2011年		2012年	
	数额	占比	数额	占比	数额	占比
采矿业	591	0.04%	580	0.04%	799	0.05%
制造业	1 234 260.5	91.19%	1 317 092.3	91.46%	1 406 014.9	90.33%
电力、燃气及水的生产和供应业	31 600	2.33%	19 897	1.38%	21 325	1.37%
建筑业	86 997	6.43%	102 522	7.12%	128 426	8.25%
合计	1 353 448.5	100.00%	1 440 091.3	100.00%	1 556 564.9	100.00%

表 22-11　　　　　第三产业构成全口径税收贡献及占税收比重　　　　单位：万元

项目	2010 年		2011 年		2012 年	
	数额	占比	数额	占比	数额	占比
交通运输、仓储及邮政业	21 567	3.75%	23 375	3.44%	19 983	2.86%
信息传输、计算机服务和软件业	2 568	0.45%	2 513	0.37%	2 791	0.40%
批发和零售业	71 124	12.36%	80 603	11.87%	71 556	10.23%
住宿和餐饮业	7 925	1.38%	9 305	1.37%	10 838	1.55%
金融业	27 727	4.82%	42 213	6.22%	56 888	8.13%
房地产业	331 261	57.59%	382 366	56.31%	303 294	43.36%
租赁和商务服务业	25 883	4.50%	36 345	5.35%	96 885	13.85%
居民服务和其他服务业	12 686	2.21%	15 861	2.34%	19 399	2.77%
教育	3 375	0.59%	3 265	0.48%	3 970	0.57%
卫生、社会保险和社会福利业	568	0.10%	590	0.09%	696	0.10%
文化、体育和娱乐业	4 770	0.83%	4 374	0.64%	6 468	0.92%
公共管理和社会组织	37 101	6.45%	45 503	6.70%	60 344	8.63%
其他行业	28 670	4.98%	32 762	4.82%	46 315	6.62%
合计	575 225	100.00%	679 075	100.00%	699 427	100.00%

资料来源　大连市金州新区税务局。

表 22-12　　　2010—2012 年金州新区地方税收及增长情况　　　单位：万元

项目	2010 年		2011 年		2012 年	
	数额	同比增减	数额	同比增减	数额	同比增减
增值税	106 717	16.0%	116 726	9.4%	120 049	2.8%
营业税	156 514	37.1%	148 241	−5.3%	161 024	8.6%
企业所得税	88 729	68.9%	116 575	31.4%	117 524	0.8%
个人所得税	35 351	58.4%	38 305	8.4%	30 046	−21.6%
资源税	3 768	91.8%	1 927	−48.9%	14 838	670.0%
城市维护建设税	22 068	36.3%	62 299	182.3%	66 795	7.2%
房产税	25 000	23.0%	26 935	7.7%	32 543	20.8%
印花税	16 806	50.6%	20 862	24.1%	20 312	−2.6%
城镇土地使用税	25 761	25.9%	24 827	−3.6%	28 104	13.2%
土地增值税	38 402	63.1%	38 511	0.3%	51 877	34.7%
耕地占用税	14 028	−80.7%	23 302	66.1%	25 212	8.2%
契税	83 868	17.9%	102 428	22.1%	134 171	31.0%
合计	617 010	19.0%	720 937	16.8%	802 493	11.3%

资料来源　大连市金州新区税务局。

22.3　影响金州新区可用财力增长的因素分析

影响新区财力增长的因素包括财税体制、产业结构及政策、国内外环境等方方面面，财力充裕或匮乏是诸多因素叠加作用的结果。影响新区财力增长的因素主要为以下几个方面：

1）财政管理体制因素

财政管理体制是国家规范财政分配关系，划分各级政府之间、国家与行政事业单位之间财政管理方面的职责、权力、财政收支范围、利益以及确立预算组织原则的基本制度。财政体制决定政府间支出责任的划分、政府间财政收入的归属和政府间财力的大小。大连市县财政体制不仅决定包括新区在内的县区级政府财力的大小和职能实现程度，也直接影响各县区财源建设和经济社会发展。财政管理体制主要包括三要素：事权、财权、财力。简单地说，事权是指一级政府在公共事务和服务中应承担的任务和职责；财权是指一级政府为满足承担职责支出需要而自筹财政收入的权力，包括税权和费权；财力则是指一级政府占有和使用的财政收入，包括自筹和上级转移支付。财政体制对新区财力影响主要表现为：

（1）新区上缴税收比例大，获得转移支付资金少，导致地方税收增长缓慢，财力相对弱化

一般而言，清晰的事权划分是确立财权的依据和基础，然而我国1994年实行的分税制财政体制并非建立在明确划分各级政府事权的基础之上，其初衷是为了提高财政收入占GDP的比重和中央财政收入占全国财政收入的比重，据此目的确定的财政体制最终形成中央将主要税种自留或与地方共享，其结果是中央财力增长很快，地方财力相应减少。地方上级政府也依此制定地方财政体制，通过确定主体税种和税收分成比例，实现本级财政增收的目的，因而在全国范围内普遍形成财力逐级上移、基层财力紧张的局面。新区属地全口径税收超过80%需上缴中央财政和市财政，造成新区地方税收增长缓慢，财政依存度偏低。此外，由于新区中的原开发区曾是大连地区享受国家优惠政策最大，经济发展状况最好的地区，大连市政府制定市县财政体制时将开发区列为经济发达地区，确定开发区上缴税收分成比例高于其他县区。新区成立后，大连市政府对新区沿用了原开发区体制，其结果是新区上缴市财政税收大于原金州区和开发区上缴的税收。以营业税为例，2003年大连市政府制定的市县财政体制规定，原金州区营业税收入上缴市财政比例为20%，开发区为30%，2010年后对新区实行30%的上缴比例。新区上缴中央和大连市税收比例大，直接造成新区财力增幅落后于经济增幅。同时，大连市政府将新增财力更多地向相对落后的县区倾斜，对新区转移支付资金很少，新增支出依靠新区财政自行解决，进而使新区财政收支矛盾更加突出，可用财力相对弱化。2010—2012年金州新区属地税收贡献比重见图22-3。

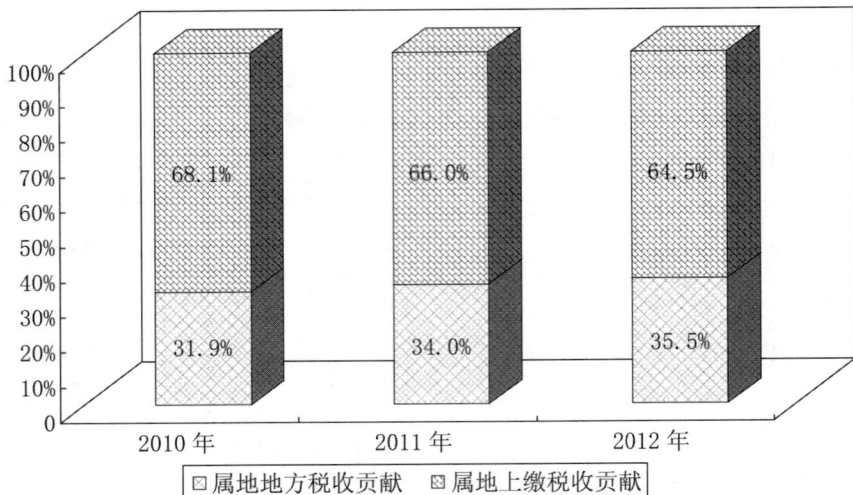

图 22-3　2010—2012 年金州新区属地税收贡献比重

（2）财权上收，事权下放，事权与财力不匹配，造成新区财力相对不足

我国宪法对中央和地方政府的职责范围作出了原则性规定，但并没有通过立法对各级政府事权予以明确划分，导致下级政府事权几乎是上级政府事权的翻版，呈现"上下对口、职责同构"的特征。而我国垂直的行政管理体系使上级政府常常对下级政府发出政策指令或绩效考核指标，但相应的支出责任却由下级政府全部或部分承担，这种"事"在下而"权"在上的行政体制，对下级财政支出膨胀有着强烈的助推效应，致使下级政府财政支出压力日益增强。此外，上级政府常常以立法或规章形式出台支持各项事业发展的宏观调控政策，如农业、教育、科技等，明确规定最低财政支出增长幅度，但上级政府不负担或不全部负担所增加的支出，使上级政府的法定事权成为下级政府的当然事权，最终形成"上级请客、下级买单"的局面，进而加剧了下级财政尤其是县乡财政的收支矛盾。"财权上移、事权下放"是我国现行财政管理体制不完善所导致的必然结果，而处于事权和财权双重挤压下的县乡财政变得日趋困难也就在情理之中。随着新区开发空间的拓展、人口的增加，公共服务范围进一步扩大，财政支出需求迅速增加，在新区地方税收体制性减少的情况下，财力愈显不足。

（3）财税政策变化可能对新区财力产生负面影响

国家"十二五"规划提出要降低间接税比重，相应提高直接税比重，将在交通、物流、文化等领域实行营业税改增值税，同时完善所得税制度，并将财产税纳入收入调节范围等。营改增将于 2014 年在全国范围内铺开，进一步提高个人所得税起征点也现实存在，如果上述政策实施，将会相应减少地方税收收入。"十二五"期间，中央可能开征财产税并将其列入地方税收，如政策实施定会增加地方财力。但历次财税改革证明，当地方财力总量增加时，上级政府通常会更多地考虑本级政府的财政收入比重和财力规模，被认定为经济发达的新区政府财力未必会有实质性的增加，甚至存在趋紧的压力。这种现象在区域经济增速整体回落，财政收入增长缓慢时期更显严重。

2）产业结构政策因素

产业是政府的主要财源。产业结构及政策与政府财力密切相关。不同产业和不同的产业结构所能提供的税收贡献大不相同，而不同的产业政策直接影响产业的发展规模和速度。在财政体制既定的前提下，产业结构及政策关系到政府可用财力的多寡。新区产业结构及政策对财力影响表现在以下几个方面：

（1）第二产业基础雄厚，为区域经济和可用财力未来增长奠定了坚实的基础

工业是支撑地方经济发展的主要力量。新区经济主要来自以制造业为支柱产业的第二产业，多年来全方位的制造业基地建设为新区奠定了良好的工业基础和产业转型条件。2012 年，新区第二产业中的石油化工、装备制造和电子信息三大优势产业约占规模以上工业增加值的 70%，GDP 贡献率的 35%，税收总贡献的 50%。尽管第二产业贡献地方税收受财政体制分成比例过高影响而致其占总税收比重偏低，但其对新区税收贡献仍占各项税收的 48.1%。可见，第二产业稳定发展是实现新区财力持续增长的关键力量。更为重要的是，当前我国正处于由传统工业向现代工业、重工业向新兴工业转型的关键时期，加速推进产业优化升级，着力发展战略新兴产业，已经成为各级政府抢占产业竞争制高点，提升区域核心竞争力，实现经济新跨越的必由之路。尤其 2010

年 9 月国务院常务会议审议并原则通过《国务院关于加快培育和发展战略性新兴产业的决定》以来，举国掀起了发展战略性新兴产业的热潮。国内外实践表明，战略新兴产业与传统产业之间绝不是互相排斥和脱离的关系，也不是简单的交叉和重叠关系，二者其实是一个相互作用、相互渗透、相互促进和相互制约的有机整体。新材料产业的发展离不开钢铁、有色、石化产业；先进制造业的发展离不开现有的机械工业；现代生物医药科技的发展依托于传统医药工业；新兴物联网也离不开现有的信息产业。战略新兴产业只有与传统产业相结合才能得到更好的发展，传统工业的优化升级才能够创造出先进的制造业。正是基于良好的、雄厚的工业基础，新区政府在"十二五"规划中明确提出建设高新技术产业基地、战略性新兴产业基地、先进制造业基地和高端服务业基地的奋斗目标，建设"四个基地"是新区加快转变经济发展方式的重要举措，是确保区域经济持续增长的战略选择，也是扩大新区可用财力的稳固财源。

（2）第二产业节能减排压力增大，可能削减企业税收贡献

近年来，中央高度重视环境保护和节能减排工作，频频下发文件力促减少或关停高污染、高能耗产业。新区第二产业占经济总量的 75%，是大连地区能源消耗的主体，也是节能减排的重点领域。按照市政府要求，"十二五"时期新区降低单位产值二氧化碳排放量指标，将与第二产业比重为 55% 的大连市减排水平保持同步，这将给新区带来巨大的节能减排压力。新区一些传统工业企业因购置控污设备而增加运营成本，导致利润下降，税收贡献减少。有些污染较重的企业可能被迫减产或停产，从而削减政府可用财力。

（3）第三产业过度依赖房地产业，受国家调控政策影响，三产对地方税收贡献日趋下降

第三产业是对新区地方税收贡献最大的产业，占新区各项税收的 50% 以上。房地产业是第三产业的支柱产业，其经济增加值和税收贡献占三产比重均超过 40%。2010 年以来，国家逐步加大房地产调控力度，屡屡出台抑制房价措施，直接导致新区房地产业各项经济指标快速回落，其税收贡献占三产比重由 2010 年 58% 下降至 2012 年的 43%。受

此影响，第三产业地方税收贡献占地方税收比重由 2010 年的 55.3% 下降至 2012 年的 51.6%。"一二五"后期，中央可能继续加大房地产调控力度，房地产业对新区财力贡献存在很大不确定性。此外，营业税改增值税会对第三产业中的交通、物流、邮政等行业税收产生负面影响，新区可用财力将同步缩减。

（4）启动十大功能园区建设，拉动投资快速扩张，助推新区未来可用财力增长

目前，新区政府已启动建设十大功能园区（见表 22-13）。园区重点承载先进制造业、战略新兴产业，旅游、商贸、总部经济等现代服务业发展。"十二五"期间，园区建设预计吸引各项投资达 2 000 亿元。投资规模的快速扩张，将直接拉动原材料、生产设备和劳动力等市场需求，属地企业产值和税收贡献也会同步增长。据有关部门预测，建设十大功能园区将在 5 年内为新区带来近 500 亿元的地方税收收入。

表 22-13   金州新区十大功能园区

产业类别	园区名称	总体情况
先进制造业和战略新兴产业	金州经济开发区	功能园区规划总用地 738.7 平方公里，占金州新区总面积的 71%，其中国家级园区 3 个，省级园区 3 个，市级园区 4 个
	双 D 港产业园区	
	先进制造业园区	
	登沙河临港工业区	
	冷链物流及食品加工园区	
旅游、商贸、总部经济等现代服务业	小窑湾国际商务区	
	金石滩国家旅游度假区	
	金渤海岸现代服务业发展区	
	金石文化旅游产业园区	
都市农业、观光农业	高科技农业园区	

3）国内外环境因素

（1）国外因素

金州新区以外向型经济为主，深受国外经济环境的影响和冲击。目前新区出口额约占全市的 85%，主要贸易伙伴包括日本、韩国、美国

和欧盟等国家和地区。自世界金融危机爆发以来，美国、日本经济复苏缓慢，欧债危机呈恶化趋势，国外需求疲软，贸易保护主义抬头，导致新区企业出口额增速回落，2011 年比 2010 年下降了 5 个百分点。同时，原油、煤炭和铁矿石等国际大宗商品价格因美元和日元贬值普遍上涨，一方面扩大了增值税进项税额，相应减少了新区增值税收入；另一方面导致企业运营成本增加，企业利润下降，企业所得税收入增幅锐减。新区地方增值税和企业所得税收入增幅由 2010 年的 16%、68.9% 降至 2012 年的 2.8% 和 0.8%，分别下降了 13 和 68 个百分点（见表 22-14）。此外，中日领土主权争端未见缓和迹象，可能导致日资企业经营受损甚至撤资，为新区财力增长增添了变数。

表 22-14　　　　　金州新区地方主要税种收入及增幅情况　　　　　单位：万元

项目	2010 年		2011 年		2012 年	
	数额	同比增减	数额	同比增减	数额	同比增减
增值税	106 717	16.0%	116 726	9.4%	120 049	2.8%
营业税	156 514	37.1%	148 241	-5.3%	161 024	8.6%
企业所得税	88 729	68.9%	116 575	31.4%	117 524	0.8%

资料来源　大连市金州新区税务局。

（2）国内因素

近年来，主要依赖政府扩大投资保持增长的国内经济渐呈疲态，GDP 增速由 2010 年 10.4% 降至 2011 年的 9.3% 和 2012 年的 7.8%。伴随我国经济整体下滑，国内需求有所萎缩，产品供需不旺，产能相对过剩，原材料和人工成本持续攀升，导致企业经营和收益整体下降，新区经济面临下行压力，未来可用财力增长面临考验。同时，我国正处于加速转变经济发展方式的关键时期，全国各地大力扶持战略新兴产业和高新技术产业发展，在此领域的国内竞争将更加激烈。与发达地区相比，新区高科技含量、高附加值行业产品相对较少，企业自主创新能力不强，有影响力和带动力的龙头企业不多，很大程度制约了新区经济转型的速度和质量，进而影响了政府可用财力的进一步提高。此外，"十二五"时期国家将进一步深化行政审批制度改革，清理规范行政审批事项，取消部分行政事业性收费，可能造成非税收入减少。

22.4 增加金州新区可用财力的对策建议

对新区可用财力现状及影响因素的分析表明，增加政府财力绝不是简单的财税问题或产业结构政策问题，而是一项极其复杂的系统工程。许多因素新区政府无力解决和改变，只能顺应形势，积极应对，寻求增加可用财力的最优路径。就现状而言，客观要求新区政府必须从国家、省、市和新区经济社会发展全局出发，跳出财力看财力，既要算财税账和产业账，又要算政治账和社会效益账，牢牢抓住上级政府赋予新区发展的新机遇，充分利用现有优势资源，统筹谋划，创新发展，从战略和体制机制层面制定增加新区可用财力的长效措施。

1）举全区之力，积极建设综合配套改革试验区并争取上升为国家战略，借此拓展新区发展空间，突破现实"瓶颈"制约，为政府财力增长创造更优的内外环境

决定财力大小和增速的主要因素是财政体制和财源建设，但在集权式行政管理体制下，在经济趋于下行的环境下，在以传统工业为主的经济增长模式下，短时期内凭借新区自身很难降低税收上解比例，争取到更多的上级财政转移支付资金；很难破解体制机制"瓶颈"和深层次矛盾，进一步解放生产力；很难在短期内建立技术创新体系和优化产业结构，加速经济换挡转型。近年来，辽宁省委、省政府和大连市委、市政府高度重视新区发展面临的现实困难，在全面评估新区特有的区位优势、开放优势、产业优势、管理优势和环境优势的基础上，全力支持新区政府建设综合配套改革试验区，并积极争取试验区上升为国家战略，力求将新区打造成东北对外开放的龙头和示范区，辽宁沿海经济带的重要增长极，大连建设国际化城市的引领区。从宏观视角分析，增加新区可用财力应着力研究以下对策：

一是以加快推进全域城市化为契机，本着先行先试的原则，深化城乡管理体制改革。打破体制机制"瓶颈"制约，加快推进城乡一体化进程，消除城乡二元经济结构和二元体制，实现土地、资金、劳动力等生产要素遵循市场规律在城乡间合理配置和高效利用。加大城乡土地资

源整合力度，推进土地综合整治和城乡建设用地增减挂钩，拓展区域建设用地空间，更大限度地满足重点项目用地需求。建立和完善土地储备和土地储备金制度，科学制定土地储备中长期规划和年度计划，多渠道筹集土地储备资金，更大限度地增加功能园区建设用地储备，为新区发展提供强有力的用地保障。

二是以建设综合配套改革试验区为依托，积极争取上级政府授予新区更多的加速改革开放的优惠政策，在招商引资、项目引进、要素配置、资金调配等方面向试验区倾斜，鼓励国内外企业到新区投资发展，助推新区成为大连乃至全国深化改革开放的示范窗口。

三是按照升存量、调增量的原则，加快实施科技创新工程，加大对传统产业的财政科技投入，推进产业优化升级，使新区成为东北地区传统产业改造升级的技术服务基地。以发展高端化和低碳化产业为取向，重点引进先进制造业、高新技术产业和战略新兴产业，科学规划产业布局，尽快形成百亿级、千亿级高端化产业集群，提升经济核心竞争力和集聚力。倾力发展对新区财力贡献大的传统服务业和现代服务业，不断壮大区域财源。

四是建立产业准入和淘汰评估机制。恪守质量优先原则，建立以财政贡献、经济总量和强度、能耗与环境、土地利用为核心的投资准入评估机制，提高产业可持续发展能力。实施淘汰转移落后产业长效机制，制定限制产业和淘汰产业目录，采取行政执法和市场机制相结合的方式，淘汰落后产能和低端产业，进一步优化产业结构。

五是积极争取上级政府提高功能园区管委会的管理级格，理顺园区与其所在行政区的关系，实现园区和行政区真正融合。赋予管委会完整的经济管理权限和城乡管理权限，提高功能区行政和决策效率，实现区域统一规划、统一布局、统一建设、统一管理。

六是建立以经济发展为核心的功能园区管委会考核制度。由新区政府统一制定各功能园区规划、产业准入和集约用地评价政策，统一下达年度发展计划和考核目标，统一调配建设用地指标。由新区政府组织相关部门和专家对各园区引进项目进行事前评估，按照"资源共享"原则统一调配，避免园区间产业同构，防止区域内部恶性竞争。

七是引入和灵活运用城市开发基金模式、融资租赁模式、公司使用伙伴关系模式和收费证券化模式等基础设施融资模式，完善新区政府投融资体制，扩大投融资渠道，形成多元化投资格局，缓解政府基建支出压力。同时，构建以财政为枢纽的新区投融资预算约束机制，强化对政府性债务借、用、还全程管理和监督，实现政府投资需求和融资管理均衡匹配，防范和杜绝债务风险。

2) 以发展经济为出发点，注重和强化财源及财源质量建设，加速经济换挡转型，不断做大财政"蛋糕"

"问渠哪得清如许，为有源头活水来"。在现行财政体制下，加强财源建设是增加政府可用财力的关键。新区应本着壮大基础财源、发展新兴财源、培植后续财源的理念强化区域财源及财源质量建设，做大财政"蛋糕"。

一是充分利用新区现有的石油化工、装备制造、电子信息、现代冶金和食品加工等产业优势，不断提高产业配套能力，拉长产业链条，扩大产业发展规模，加快实现产业集群化发展。整合财税扶持政策，建立和完善科技创新投入机制，加大对传统产业的科技投入力度，为产业创造良性的内部技术创新环境，加速产业优化升级和经济换挡转型，扩大企业发展盈利空间，巩固壮大基础财源。

二是继续加大招商引资力度，重点引进和发展先进制造业、高新技术产业和战略新兴产业，科学规划产业布局，尽快形成百亿级产业集群，借此提升产业集聚力，优化产业结构，发展壮大新兴财源。

三是借助新市区中心区建设，发挥新区区位优势，在国家政策允许的范围内实行更灵活、更积极的措施，加大房地产开发和宣传力度，促进房地产业持续健康发展。牢固树立环境也是生产力的发展理念，加强城市建设和管理，完善水、电、路、燃气、交通等城市公用设施，提升城市综合服务功能，打造优美、舒适、便捷的人居环境，为房地产业发展创造良好的基础条件，避免房地产业和政府可用财力陡然回落。

四是全力促进服务业与先进制造业融合发展，加快发展生产性服务业。以建设新市区的中心区为契机，完善城乡商品市场体系，重点发展一批集散力强，在大连、东北乃至全国有影响的大型综合批发市场和专业批发市场，形成汽车、建材装饰、家电家具、农贸农机、农副产品等商品交易集散中心。加快发展与制造业密切相关的机械设备、企业管理等现代租赁和商务服务业发展。实施优惠政策，鼓励吸引国际知名的会计、咨询、评估等机构落户新区，打造面向全国和东北亚的现代服务业核心区。加快建立现代物流体系，推动连接东北亚和辐射内地的物流通道、物流设施和区域性物流基地建设。完善物流配送体系，提高物流效率，降低物流成本，大力发展国际物流和保税物流，为新区培育更多税收贡献率高的财源。重视楼宇经济即中央商务区发展，充分考虑产业、旅游、购物、休闲、办公等要素，分类建设与新区经济社会发展相匹配的综合或专业大厦，吸引现代服务业、总部经济、高新产业等高附加值业态进入，借此扩大财源。

五是对民营经济实行国民待遇。在国家政策允许的范围内，凡是对外开放的领域，鼓励民营经济进入；凡是公有制经济可享受的优惠政策，民营经济也可享受。用好用足促进民营经济发展的各项优惠政策，努力扩大区域财源。

六是完善政府政绩考核机制，建立融评价制度、评价指标、评价方法和评价标准于一体的财源质量评价体系。摒弃产值定项目思想，树立"以质兴区"的理念，招商引资、产业结构调整要综合考虑项目用地前期动迁、平整土地、七通一平等基础设施投入成本，综合计算企业土地出让金返还、税式支出、财政贴息和补助等直接或间接政府支出，统筹考虑项目或企业带来的经济总量、税费、就业、技术、品牌等贡献，据此对财源进行质量评价，测算项目或企业的综合经济贡献率。只有综合贡献率大于综合成本时方可引进和扶持，对只能收取一次性土地出让金无其他效益的项目要严格控制。

3）以争取上级政府财政支持和强化财政收支管理为突破口，坚持"开源"、"节流"并举，不断增加新区可用财力

财政体制直接决定新区政府可用财力的多寡，但财政体制具有强制性、稳定性和长期性特点，除中央出台较大财税改革外，大连市政府一般不会轻易调整和变更市县财政体制。也就是说，在体制既定的情况下新区很难通过减少税收上解比例来增加可用财力，唯有加强财源建设才

能做大财政"蛋糕"，唯有强化税收征管，做到应收尽收，才能确保可用财力持续增长。辩证分析新区政府的可用财力，其不仅应体现在绝对数量上，也应体现在相对数量上。如果争取到更多的上级政府转移支付资金支持新区经济社会发展，相当于减少了新区可用财力支出，等同于增加了政府可用财力。在支出标准既定的前提下，如果提高了财政资金使用效率，减少了财政支出，也等同于增加了政府可用财力。由此，新区政府在注重宏观环境建设和财源建设的同时，应积极争取上级政府财政转移支付资金，强化财政收支管理，直接或间接增加新区可用财力。

一是转变新区"财力雄厚"的固有观念，建立调整财政体制和争取上级财政转移支付协调机制，组建由区领导牵头，以财政和发改委等相关部门负责人为成员的工作小组，加强与上级政府和相关部门的沟通与协调，客观反映新区担负和承载的改革发展重任，适时汇报新区税收贡献和发展中面临的现实困难，争取上级政府和相关部门的理解和支持，力争在调整财政体制时提高新区税收分享比例，加大对新区财政转移支付、资金和立项等方面的支持力度。

二是强化财政预算管理，完善预算编制办法，真正按零基预算的要求编制预算，对不同支出项目分别制定科学的预算分配依据和合理的支出标准，每年对每个单位的资金需求逐项重新审批，根据其人员编制和工作任务重新确定预算资金分配计划，使预算编制摆脱原有预算基数束缚，促进预算资金分配合理化，最大限度地节约财政资金。进一步完善财政支出预算执行管理，落实部门和单位预算执行的主体责任，建立责任追究处罚机制，对截留、挪用、滞压财政资金的单位予以严肃处理。探索建立财政支出绩效评价体系，对重点支出项目进行全程绩效评估，减少或取消绩效低、效果差项目的资金投入。加大财政资金整合力度，对基建、教育、卫生、农业等区本级财政支出和上级政府转移支付资金进行摸底梳理，对与新区发展相关的税式支出进行清理排查，在对上述资金进行绩效评价的基础上，进行必要整合并实现常态化管理，切实提高财政资金使用效率。

三是充分考虑税务部门垂直管理实际，建立由财政部门负责的财政税收协调机制，加强财政部门与国税、地税部门的沟通与合作，积极支持"金税工程"建设，帮助税务部门改善税收征管条件，调动其加强税收征管的积极性，实现由重点税源管理向整体税源管理转变，大力打击偷、骗、逃税行为，堵塞税收漏洞，杜绝"跑、冒、滴、漏"现象发生，努力实现应收尽收。

四是严格非税收入管理，对越权设立或不合理、不合法的行政事业性收费和政府性基金项目，予以坚决取缔。按照"据实收缴、统筹使用、激励保障"的原则强化非税收入管理，实现非税收入合理增长。同时，对依靠行政事业性收费开支的单位，实行经费按照部门预算统一标准和制度管理，力促非税收入管理制度化、规范化，从根本上杜绝乱收费、乱处罚现象，切实维护政府公信力。

五是强化行政事业单位国有资产管理，在全区范围内组织开展行政事业单位资产清查，摸清存量资产结构和数量。建立健全国有资产管理制度，确保行政事业单位依法使用、依规处置，提高国有资产使用效率，间接增加可用财力。

六是按照"事权与财力相匹配"的原则，进一步完善区乡财政体制，保证区乡政府拥有行使职权和建设财源的相应财力，促进区域经济社会协调发展，为增加财力夯实基础。

第五篇　促进区域经济发展问题

　　区域经济发展涵盖了一地区经济领域的方方面面。不同地区经济的发展模式和态势迥然不同，即使类似地区在特定的经济领域也存在一定的差别。近5年来，职业教育资源整合、出租车行业管理和设施农业发展问题已经成为中共大连市委、大连市政府的重点议题。笔者与财政同仁会同大连市教育局、交通局、农村经济委员会等部门的负责同志，深入基层，深入实地，就有关问题实施了系统性调研，形成了可操作性成果，以期为大连地区经济健康发展献计献策。毫不夸张地说，这些成果对全国地方政府推进相关经济领域的改革与发展具有普遍的现实指导意义。

第23章　大连职业教育资源整合问题

　　职业教育是现代教育的重要组成部分，是国家工业化和生产社会化的重要支柱，是国民经济和社会发展的重要基础，也是衡量一个国家或地区现代化程度的重要标志之一。改革开放以来，大连职业教育取得了长足的进步和发展，培养了大批具有较高素质的应用型人才，强有力地推动了区域经济社会的快速发展。随着社会主义市场经济体制的不断完善和教育体制改革的逐步深化，大连市职业教育发展近年来面临职业教育资源缺乏与资源分散并存、政策缺位与政出多门并存、投入不足与多头领导并存、生源萎缩与职教生就业难并存、专业众多与职校规模较小并存等诸多尚需解决的问题，职业教育资源亟待整合。

23.1　职业教育资源整合的理论分析

　　1）职业教育

　　按《中华人民共和国职业教育法》（以下简称《职业教育法》）的定义，职业教育是指各级各类职业和技术教育以及普通教育中职业教育的总和。具体而言，职业教育是指使受教育者获得某种职业或生产劳动所需要的职业知识、技能和职业道德的教育。在时间上，职业教育不限于青年时代或者是职前培训，而是伴随一个人职业生涯的全过程；在空间上，职业教育既包括学校本位的职业教育与培训，也包括企业本位、社会本位的"合作教育"。职业教育是现代经济与社会快速发展的产物，其本质特征是及时培养与社会需求相适应的技能型人才，重心是传播、培养和训练专业领域中的知识和技能，重点是职业能力的培养。按照职业教育的具体层次划分，职业教育分为高等职业教育、中等职业教育和初等职业教育。

2）职业教育资源

职业教育资源亦称职业教育条件，是指开展职业教育过程中所占用、使用和消耗的人力、物力和财力资源，以及特定区域的地理环境，人口数量、质量及其分布，经济发展水平，政治和社会结构，社会价值取向等因素的总和。充分挖掘、利用、开发职业教育资源，优化资源配置一直是职业教育改革和发展的重要路径和任务。

职业教育资源的构成，一般可分为学校要素和社会要素。学校要素是指校内各种有利于学生、教师与学校发展的显在和潜在的教育资源，具体包括：由教师资源和学生资源构成的人力资源；由学校品牌、示范专业品牌、特色专业品牌、骨干教师品牌构成的学校品牌资源；由教师群体、教研中心、信息中心、班级构成的团队资源；由实习实训场地、设备管理构成的硬件设施资源；由物质文化、制度文化、组织文化、精神文化构成的文化资源。社会要素是指政府、企业、产业、行业、民间团体等相对独立而又关联的资源，具体包括政府财政资源、产业行业资源、企业技术和设备资源、培训基地资源、社区资源、联办学校资源、机遇资源等等。职业教育资源的学校要素中品牌资源是核心资源。品牌资源包括示范专业品牌、特色专业品牌、骨干教师品牌等，这些资源直接体现着职业教育资源的质量。有了好的品牌资源，教师和学生就能更好地进行教育活动，人力资源、财力资源和信息资源才能发挥作用。由此，许多国家都实行校企合作，其实质就是引进或者输出品牌资源，实现教育资源共享，做到优势互补。实践表明，对现有的职业教育资源进行有效整合是打造品牌资源的必经之路。

3）职业教育资源整合

最早提出“整合”概念的英国哲学家赫伯特·斯宾赛指出：从哲学意义上说，整合是指由系统整体性及系统核心的统摄、凝聚作用而导致的使若干相关部分或因素合成为一个新的统一整体的建构、序化过程。按照劳仁斯和罗斯从组织行为角度对整合的阐述，整合是指一个组织内部不同部门之间用来协调其活动所采取的行为和所使用的结构。所谓职业教育资源整合即指对职业教育现有资源按照统一标准进行优化组合，通过一体化举措实现资源共享和协同工作，最后形成一个高效运行的整体，使资源发挥最大价值的过程。

4）职业教育资源有效整合的判断标准

资源有效整合是经济学研究的效率概念，可分为两个层次。第一个层次是“资源运用效率”，其含义是指一个生产单位、一个区域或一个部门如何组织并运用现有资源，使之发挥最大作用，避免资源浪费，用既定的生产要素生产出最大价值的产品；第二个层次是“资源整合效率”，是指如何在不同生产单位、不同区域与不同行业之间分配有限的资源，即如何使每一种资源能够有效地整合配置在最适宜的使用方面和方向上。资源有效整合的判断标准有二：一是帕累托最优标准。这一标准从经济学边际效益原理出发，认为资源整合给任何一个人带来好处时，不会给其他人带来坏处，即指资源整合时增加的边际效益不应低于边际成本。实践表明，这一标准更多体现了一种理想化的最优标准和目标，由于资源运行受诸多因素制约且不断变化，实践中很难准确计量其边际效益，因此用帕累托最优标准来判断资源整合的合理性存在一定的局限性。二是资源整合产出效益最大化标准。第一，在资源一定的情况下，同样的资源整合运行效益大的为优；第二，在目标实现程度一定的情况下，需要资源整合少的为优。综上所述，大连市职业教育资源整合涉及两个方面：宏观层面，实现职业教育资源在全地区的高效配置；微观层面，实现职业教育资源在学校内部的有效利用。

23.2 大连职业教育资源现状

1）职业教育学校类型及布局

根据大连市教育局统计的数据，2009 年大连现有市属职业学校 109 所。其中，高等职业学校 1 所（公办）。中等职业学校共有 108 所（见图 23-1），公办 75 所，占学校总数的 69.4%，民办 33 所，占 30.6%；中专 64 所，占 59.3%，技校 44 所，占 40.7%。此外，大连还有辽宁省属中等职业学校 8 所，另有 10 所普通高校开设高职高专专业。从行政管理上看，市属中等职业学校由市教育局管理的有 64 所，占学校总数的 59.3%，市劳动局管理的有 44 所，占 40.7%。从办学形式上看，有 31 所学校由教育、劳动等政府部门创办，占学校总数的 28.7%，有 28 所由行业创办，占 25.9%，有 16 所由企业创办，占 14.8%，有 33 所由民间创办，占 30.6%。从学校级次上看，在市属中等职业学校中，国家级重点学校 16 所，省级示范学校 34 所，承担国家级技能型紧缺人才培养任务的学校 11 所，三类学校占学校总数的 56.5%。职业学校有 64 所集中分布在大连市内四区，占学校总数的 59.3%，各区市县（先导区）有 44 所，占 40.7%。

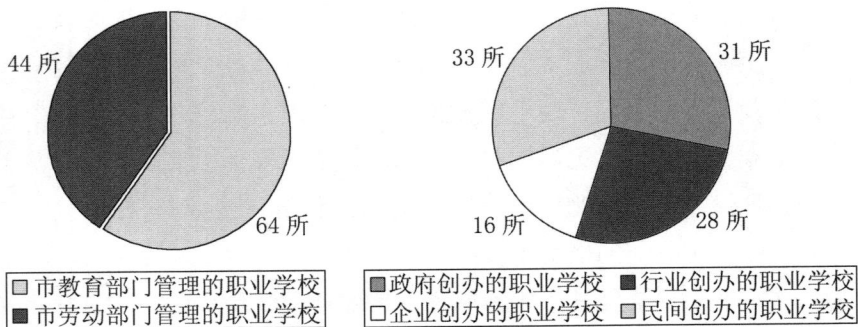

图 23-1 大连市属 108 所中等职业学校类型

2）职业教育人力资源状况

职业教育人力资源主要包括在职教职员工和在校学生。根据大连市财政局调查数据，截至 2009 年年底，市属中等职业学校教职工总数

6 188 人。其中，公办教职员工 4 695 人，占总数的 76%，民办教职员工 1 493 人，占 24%。行政管理人员共 1 411 人，占 23%；工勤人员 772 人，占 12%。教师共 4 005 人，占教职工总数的 65%，教师中文化基础学科教师 1 652 人，专业教师 1 889 人，实习指导教师 464 人。另外聘教师 1 089 人，其中专业教师 615 人，占外聘教师总数的 56.5%。教师学历逐年提高，本科以上学历教师占教师总数超过了 83%，拥有中级职称以上的教师达 62.7%。教师队伍建设成果显著，具有第二专业技术职称的专任教师 321 人，有工作经历的专任教师比例达到 61.5%。具体情况见表 23-1。

表 23-1　　　　　2009 年大连市属职业学校教职工情况表　　　　　单位：人

项目	教职工合计	行政管理人员	工勤人员	合计	文化基础教师	专业教师	实习指导教师	专科	本科	研究生	初级	中级	副高	正高
全市合计	6 965	1 673	872	4 420	1 741	2 204	475	615	3 576	182	1 159	1 251	1 523	55
高等职业学校	777	262	100	415	89	315	11	10	346	59	96	131	163	25
公办中等职业学校	4 695	1 022	506	3 167	1 376	1 461	330	411	2 645	76	883	913	1 210	7
民办中等职业学校	1 493	389	266	838	276	428	134	194	585	47	180	207	150	23

资料来源　大连市财政局。

目前，大连市属职业学校在校学历教育学生 10.97 万人，其中高等职业学校学历生 1.3 万人，占学生总数的 11.9%；公办中等职业学历生 7.47 万人，占 63.1%；民办中等职业学历生 2.2 万人，占 20%。非学历教育学生 17.92 万人，其中公办中等职业学校非学历教育学生为 17.72 万人，占总数的 98.9%；2006—2009 年，职业学校学历教育招生人数比较稳定，高等职业学校招生数在 4 000 到 5 000 人之间，公办中等职业学校招生数在 2.7 到 2.8 万人之间，民办中等职业学校招生人数在 9 000 人左右。尽管近年生源相对稳定，但学生在职业学校的分布却不均衡，其中在校生 3 000 人以上的学校仅 6 所，占学校总数的 6%。在校生千人以上的学校 31 所，占学校总数的 31%，其中公办 24 所，占 77%，民办 7 所，占 23%。在校生 500～1 000 人的学校 25 所，占学校总数的 25%，500 人以下的 45 所，占学校总数的 44%，甚至还有学生数在 200 人以下的学校 20 所。2008 年学历教育学生外部生源地人数近 8 万人中,来自大连地区生源 5.3 万人,与在校学历生相差近 5.7 万人,其中高等职业学校相差 2 000 余人,公办中等职业学校相差 3.6 万人,民办相差 1.8 万人,意味着大连职业教育在校学历生近一半来自外地。2009 年职业学校教师与学历生之比为 25∶1,即平均 25 个学生拥有 1 名教师,其中高等职业学校该比重为 31∶1,公办中等职业学校为 24∶1,而民办中等职业学校则为 26∶1。根据大连市中等职业教育人才需求市场调查结果,2008 至 2010 年,中专及以下人才净增加量为 6 万人,同期需要补充的中专及以下人才数量在 10.5 万人。根据市人才市场供求分析结果,2008 年和 2009 年大连市专科、中专及以下学历的人才需求均高于供给,全市中职学校学生就业安置率已连续五年达到 95% 以上,就业形势良好。具体情况见表 23-2。

表 23-2　　　　　**大连市属职业学校学生及生源情况表**　　　　　单位:人

项目	学历教育学生人数	非学历教育学生人数	学历教育学生生源地人数		近年学历教育招生人数		
			外部生源	大连地区	2006 年	2007 年	2008 年
全市合计	109 694	179 205	79 950	52 836	42 023	41 101	41 263
高等职业学校	13 036	774	10 584	10 584	5 077	4 780	4 364
公办中等职业学校	74 653	177 239	58 286	38 318	27 292	27 642	28 117
民办中等职业学校	22 005	1 192	11 080	3 934	9 654	8 679	8 782

资料来源　大连市财政局。

3)职业教育学校专业设置情况

根据大连市教育局统计数据,目前大连市中等职业学校现开设数控技术、船舶制造、机械加工、通讯技术、电子信息、国际商务、建筑装饰、服装加工、旅游服务等专业近 140 个,基本覆盖了各行各业。其中国家示范专业 3 个,省级示范专业 24 个,市级示范专业 40 个。所有示范专业均分布在公办中等职业学校。在校学生中,一产类专业学生数量占 0.5%,二产类专业学生占 64%,三产类专业学生占 35.5%。与大连区域产业布局基本适应,全市中等职业学校在校生人数排名前五位的专业是制造业、软件与信息服务专业、交通运输仓储业、商贸服务业和旅游服务业(见图 23-2)。职业学校与市场和产业发展对职业教育人才需要之间的联系日益紧密，许多职业学校根据区域经济发展状况适时开设热门专业，如在市属中等职业学校中，开设计算机及应用专业的学校 33 所；开设数控技术应用专业的学校 29 所；开设国际商务专业的学校 26 所；开设商务外语专业的学校 27 所；开设机械加工技术专业的学校为 22 所；开设机电一体化和旅游服务与管理专业的学校 15 所；开设焊接专业的学校 20 所。

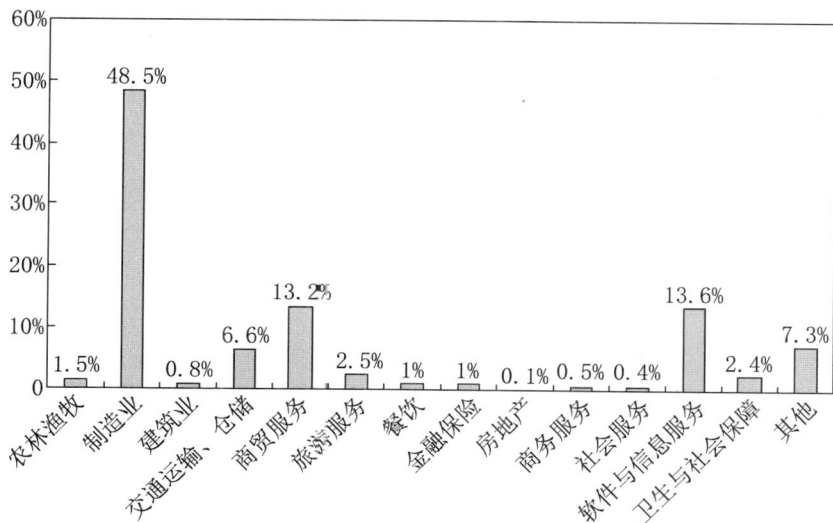

图 23-2 2008 年大连市中职学校按不同专业分布在校生所占比例情况

4）职业教育学校主要硬件资源配置

职业学校硬件资源主要包括占用的土地、各种用途的教室、图书馆、操场、体育馆、食堂和餐厅、宿舍、浴池、交通运输工具及校园网等固定设备及实训基地等等。据大连市教育局统计，全市中等职业学校占地总面积为 328.9 万平方米，其中公办学校占地 193.4 万平方米，民办学校占地 135.5 万平方米。市内公办学校占地面积 86.1 万平方米。大连市财政调查显示，大连市属高中职学校现有校内实训基地约 290 个，其中国家级 19 个，高职学校占 10 个。省级 31 个，高职 26 个。市级 10 个，均在中职学校。其他实训基地近 230 个。校外实训基地达 1 000 多个，主要集中在公办职业学校。实训基地计算机设备所占比重较大。

5）职业教育政府经费保障及政策扶持

近几年，大连市财政逐年加大对职业教育经费投入，不断提高职业教育办学规模、质量和水平。每年教育费附加中用于职业教育的比例已超过 30%。2005 年以来，大连市财政共投入 2.6 亿元用于职业教育实训基地建设，争取国家奖励资金 1 790 万元；2007 年起，大连市财政每年投入 6 000 余万元资助中职院校困难学生，并安排 500 万元用于奖励品学兼优学生；2008 年起，每年投入近 1 000 万元用于中等职业学校教师培训。通过政府统筹，鼓励社会力量办学，积极构建服务型职业教育体系，不断提升职业教育对经济社会的贡献度。

23.3 职业教育资源利用现存问题及成因

1）职业教育资源利用存在制度性障碍

目前，大连市属职业学校主要分属教育部门和劳动部门管理，而省属职业学校和普通高校开设的高职高专专业则分属上级管理部门。由于管理部门的行政管理体制各异，加之受利益驱动，造成对职业教育的管理条块分割、职能交叉、政出多门，甚至互相掣肘，矛盾相当突出，教育资源难以有效整合，无法形成合力。同时，由于职业教育主管部门间信息不对称，对行业发展趋势缺乏全面、客观的判断，在办学数量、规模及开设专业的审批上存在盲目性，缺乏区域统筹，一定程度上造成职业学校良莠不齐，专业设置重复、资源浪费严重，进而影响了大连市整体职业教育办学效益和质量。受管理制度制约，教育部门和劳动部门分管的职业学校的办学体制、运行机制步调不一，在培养目标、投入、招生、收费、教学管理和评价标准、毕业生待遇等方面也无法做到协调统一。实际工作中，甚至出现了教育部门利用教育管理之便将更多职教生源引向教育部门管理的职业学校，而劳动部门则借助技术考核职能为其管理的职业学校学生提供便利等问题，人为造成各类职业学校之间的不公平竞争。此外，由于教育和劳动部门与企业、行业管理部门同样存在"条块分割"，造成教育和劳动部门分管的职业学校与企业、行业培训机构缺乏合作机制，使职业学校与企业无法实现人力资源和设备资源的优势互补。

2）职业学校教师资源配置不合理

职业学校专任教师一般分为三类：文化基础教师、专业教师和实习指导教师。职业教育"技艺授受"的本质决定了职业学校的专业教师和实习指导教师是培养职业学生的核心资源之一。职业教育管理体制的固有弊端和职业学校事实上的功利主义思想造成一定时期内开设同类所谓热门专业的学校盲目增多，导致区域内相关专业教师和实习指导教师稀缺。这种招生在前、培养专业教师在后的"一窝风式"的办学方式，使一些学校必然出现在编教师因专业不对口无法胜任新专业教学，而招聘相关专业教师因教师稀缺难以聘到的现象，经常出现师资配置不合理问题。同时，职业学校专业教师多年来已习惯于单一专业知识的传授，而一旦涉及与其专业相关的其他专业知识则难以授受技艺。以制作机车模型为例，涉及制图、选材、加工、机床操作、热处理、检测、装配、工程计算等多方面专业知识，这就要求专业指导教师是一个"多能型"的人才，然而此类教师在职业学校中异常短缺。为改变专任教师知识结构单一问题，大连市开展了"双师型"教师培训，调研发现，尽管"双师型"教师比重逐年提高，但许多"双师型"教师仍然停留在"证书水平"，难以胜任指导学生开展技能性培训，加之职业学校和企业、行业的行政管理部门缺乏协调和统一规划，致使职业教师资源难以合理流动。一方面职校教师到企业培训或实习普遍难以实施；另一方面企业、行业的能工巧匠和专门技术人才很难成为职业学校的实训指导教师。发达国家和地区的职业学校教师来源具有多样性和多渠道性，专业教师和实训指导教师通常是从企业、行业里选拔出来的能工巧匠和专门技术人才，经过培训（职业教育学基本理论、专业教学论和实践心理学基础），考试合格，才可成为职业教师，此类教师根本不同于我国以"证书导向"为准的所谓"双师型教师"，而是强调职场经历和实践经验。此外，由于部分职业学校生源日益萎缩，教师相对过剩，而一些招生较好的学校则不得不新聘教师，这种教师资源结构性失衡不仅造成职业教育总成本的增加，宏观上也为整合职业教育资源埋下了隐患。受职业教育传统思想观念的影响和实训条件限制，一些中等职业学校偏重于理论教学，一张嘴巴两根粉笔仍然在教学中扮演主要角色，加之教学内容与生产技术进步相脱节，造成职业教育质量不高，缺少特色和吸引力。

3）职业学校生源趋于下滑，学生素质不高

职校学生既是职业教育的对象，又是影响或决定职业教育资源整合的重要因素之一，同时也是许多职业学校生存的重要经费来源。近年来，受多种因素影响，职业学校生源总体上日渐萎缩。根据大连市教育局对大连市中等职业教育生源预测，未来 5 年乃至 10 年，不仅大连本地职校生源日益减少，而且可用于大连中等职业教育的辽宁省内初中毕业生生源和黑龙江、吉林及内蒙古三省区的主要外地生源也呈逐年下滑态势，即使放眼全国也难以改变大连市中等职业学校生源下滑的总体趋势。究其原因：一是随着产业结构的调整和科技进步，职校毕业生就业机会减少，收入偏低，职业稳定性较差，无论是城市还是农村的家长及学生对中等职业教育望而却步。二是高等教育大规模扩招，使许多原本无希望进入高等学校的初中毕业生提高了期望，加之中等职业教育学费高出普通高中，使许多学生选择普通高中或普高补习班继续学习。三是受现行户籍制度、区域间生活水平差距和社会关系等因素影响，许多原本选择在大连学习并想就地择业的外地职教毕业生在就业时，并不比没有接受过职业教育的本地青年占优势，一定程度限制了外地生源数量。四是许多用人单位聘人标准随市场人才供应状况近年发生很大变化，普遍提高用人标准，基本招聘大专以上学历者，中等职教生就业面临很大困难。五是由于政策导向和劳动力低成本，使大量下岗工人和农民工替代了部分本应是职教毕业生就业的岗位，某种程度造成中职毕业生就业推荐困难，学非所用现象也比较突出。六是中等职业教育制度的割裂现状加剧了生源危机。我国中等职业教育与高等教育之间、中等职业教育与普通教育之间、学历教育与岗位技能培训之间、职前教育与职后培训之间，普遍存在割裂现象，职业教育被看做是"断头教育"，难以吸引优秀生源。七是我国长期实施的计划生育国策和城乡普通教育质量的提高对职业教育生源的减少也产生了实质性影响。此外，中央提出将在全国范围内实现免费中等职业教育（2013 年大连已经开始对农村和困难家庭的职校学生实行免费教育），意味着受多种因素制约的外地生源将选择当地职业学校就学，此举将进一步影响大连市职业学校外地生源的招生数量。总之，中等职业学校生源日渐下滑是大势所趋，这将给大连职业教育发展带来很大的挑战。政府无论怎样高标准地规划职业教育资源，如果职业学校未来生源不足，所有的努力都将前功尽弃，还可能招致现在举措越大，今后职业教育资源更加无效率的结果。

在职教生源日渐萎缩同时，职教生素质也在逐年下降。目前职校学生主要从应届毕业生中录取，几乎都是"升学考试"分数较低的学生，由于生源数量不足，部分中等职业学校为了完成招生任务一再降低录取分数，一些职高和技校录取分数下降到 100 分左右，甚至个别学校无需分数，实行登记入学。据一些职校校长反映，有些职校生是"双有生"，即学习有困难和基础知识匮乏，心理与行为有偏差（或身心发展水平低于同龄人）的学生，给学校教学和管理带来很大压力。

4）职业教育专业品牌特色建设力度不够

特色发展是职业教育发展的重要策略和方式，也是展示个性、优势的重要方面。实践证明，职业教育品牌特色建设应从打造精品专业开始，只有真正办出特色，才是提高职业教育整体办学质量的切实之路。只有更多的专业成为了精品专业，品牌院校才能最终形成。现实中，大连市大多职业院校都有创建特色专业的初步意识，但少有富于成效的行动。这一方面是因为学校受制于具体特色资源的匮乏或实施开发营造的难度，另一方面也与职校管理者和学校主办者的办学视野、经营理念和责任意识有关，浓厚的功利色彩使其既缺乏对教育整体的宏观把握，又缺乏对自身特色的微观研究。一些职业院校教育观念陈旧，教学方法僵化，未突出重点和加强品牌特色专业的设备投入，导致专业建设和教学建设缺乏理性。一些学校为了争夺生源，盲目设置新专业，导致教育资源低水平投入，资源浪费严重，毕业生素质良莠不齐，制约了大连市职教专业品牌的建设和发展。据大连市教育局统计数据显示，2007 年大连中等职业学校主要专业的设置非常分散，开设软件与信息服务专业的学校有 49 所，商贸服务类专业 47 所，交通运输、仓储及邮电 28 所，旅游服务 19 所，开设制造类专业的学校多达 70 所。在职校资源千差万别的情况下，如此多的学校开设同种专业，专业品牌建设程度可想而知。

5）职业教育硬件资源利用率低下

由于职校办学质量和招生规模参差不齐，导致一些学校在一定时期内硬件资源如教学设施、实训设备等明显不足，而有些学校硬件资源闲置率较高，甚至出现有些招生较少的中等职业学校的实验实习基地、教学设施和设备长年处于闲置或移作他用的状况。与此同时，有些职业学校随着规模的不断扩大，现实存在教室、宿舍、设备设施严重不足的矛盾。近年来，随着区域产业结构的调整、人才需求的变化以及产品更新换代的影响，一些职校现有的实训设备相对陈旧，淘汰率很高，在更新经费难以保障的情况下，也出现了固有设备闲置、资源浪费的现象。职业学校所建的实训基地为本校免费服务，根据文件规定原则上对政策允许的职业学校应免费开放，但实践中很难执行。由于拥有实训基地的学校缺少足够的实训设备消耗、维护等费用，每次相关职校使用都直接增加学校成本。如果对相关职校收费，不仅涉及缴税问题，而且政策允许的相关职校也未获准收取相应的费用。出于自身利益考虑，拥有实训基地的学校都会故意为相关职校的使用设置重重障碍，相关职校因受训教学计划难以实施，最终无奈放弃。此外，教育部门管理的学校与劳动部门管理的学校所建的实训基地有一定差别，教育部门管理的实训基地更注重烹饪、旅游等传统专业培训，而劳动部门新建的实训基地则倾向于新行业、新专业的培训。加之行政管理部门间"条块分割"，使两部门管理的职业学校很难共用同一个实训基地，也影响了实训基地资源的利用效率。总之，职业学校硬件资源结构性利用率低下的状况即使政府经费充足也会出现，或许经费越充足资源利用率因职校生源的波动和专业的时冷时热，未来可能形成更大的浪费，因此前瞻性整合职校现有硬件资源尤显紧迫和重要。

6）职业教育投入相对不足且不均衡

一是政府对职业教育的投入相对不足。职业教育需要实训基地、实验设施设备和材耗，由于专业设置和技术不断变化，需要教学设备设施根据技术和市场变化不断增加或更新。这种职业教育硬件资源"无限性"需求与财政资源"有限性"之间形成天然的矛盾,往往出现政府财政投入无法满足职业教育现实需要的现象。在职业学校硬件资源管理滞后的情况下,在一定时期内形成一方面财政投入不足,另一方面资源闲置和浪费。二是政府对职业教育投入不均衡。根据国家政策规定,职业教育经费来源渠道主要包括财政拨款,校办企业和社会服务收入,各种社会力量和个人的捐资,利用金融、税收等手段获得的经费收入,对受教育者收取的学费、培训费以及国(境)外资金和民间资本等。由于国家对职业教育的本质属性界定不是十分清楚,使职业教育运作具有明显的市场化取向,政府财政拨款仅是职业教育经费的来源渠道之一,许多职业学校靠自收自支运转。加之国家对职业教育经费的来源结构、职业教育经费占全部教育经费的比重及标准等并没有明确的规定,相关政策只原则上要求政府加大职业教育投入,因此各级政府普遍的做法是根据政府财力可能及各职业学校的运行现状确定财政经费数量和具体投向。现实情况是,在经济较发达地区,政府对所辖的职业学校投入就大,经济贫困地区政府投入则明显不足。即使是同级政府管理的学校,因职校所受行政部门管理不同,也存在政府投入不均衡问题。

23.4 大连职业教育资源整合模式选择与政策取向

《国务院关于大力发展职业教育的决定》(国发〔2005〕35 号,以下简称《决定》)指出,"推动公办职业学校资源整合和重组,走规模化、集体化、连锁化办学的路子",形成"在国务院领导下,分级管理,地方为主,政府统筹,社会参与"的管理体制。《决定》为深化职业教育改革、整合职业教育资源明确了主攻方向。按照中央要求,许多地方政府已经完成了职业教育资源整合,如北京市政府在亦庄开发区征地 1 000 亩,建设了现代化职教园区,先后整合 4 所中职学校入驻,成为开发区一线技能人才的培养基地;天津市通过整合职教资源,建成了国家级职业教育基地;江苏省无锡、常州等城市通过资产置换、招商合资、撤并重组等方式实现了跨类型、跨行业、跨部门的职教资源整合,每市都有 1~2 所职教"航空母舰",使职业教育事业无论从量上还是从质上都得到了明显提高。通过对大连职业教育资源现状分析，借鉴外地经验，整合大连市职业教育资源必须符合国家现行政策，必须因地制宜，统筹兼顾，科学制定资源整合的总体规划，并采取切实可行的、前瞻性的举措予以实施。

1）职业教育资源整合的目的和原则

职业教育资源整合的目的：整合目的决定整合规模和整合方向。职教资源整合的直接目的是提高职业教育现有资源的有效利用程度。通过资源整合，一是使现有的一切可利用的职教资源在一定时期内没有闲置或浪费；二是实现职业教育资源配置趋向帕累托最优，使资源配置在空间上效益最大化。职教资源整合的根本目的是为大连经济建设培养并提供充足的技能型人力资源。《中华人民共和国职业教育法》（以下简称《教育法》）规定，职业教育必须"为本地区经济建设服务"，同时规定中等职业教育的招生和分配范围一般应以本地为主。由此，制定大连市职业教育资源整合规划首先应考虑如何使现有的职教资源得到充分利用，更重要的是根据大连经济社会发展的远景规划和产业结构调整方向，总体预测区域经济建设对职业教育人才的实际需求数量，据此确定职教资源整合的目标取向和对策建议。只有这样，才能确保大连市职业教育事业高效可持续发展。

职业教育资源整合遵循的基本原则：一是效率优先、兼顾公平原则。职教资源整合主要是效率问题，直接目的是在宏观和微观上提升职教资源的利用效率。整合资源必然会在一定程度上改变职业学校布局、生源入学标准、师资力量配置、专业和课程设置等，可能造成局部不公平现象。为此，在重点考虑效率的同时，应尽可能兼顾公平，否则整合规划的制定和实施将陷入两难的境地。二是分类整合、突出特色原则。按照中央文件要求，整合职教资源应以公办中等职业教育整合为主，将办学经费来源趋同、办学方向一致、专业设置相近或互补的职校进行分类整合。以提高办学效益为核心，以就业需求为导向，打破部门和行业界限，优化职教资源结构，发展和培植优势专业，突出办学特色，扩大办学规模，提高办学层次和教育质量。三是精心组织、稳妥推进原则。职业教育资源整合涉及面广，操作难度大，涉及政府部门、行业产业、人力资源等诸多方面，整合过程中必须精心组织、科学规划，既要考虑宏观，又要兼顾微观，既要解决职教资源利用效率不高的问题，又要化解职业教育发展中现存的主要矛盾，既要妥善处理教职员工安置等一系列问题，又要保持职业学校总体运行的稳定，确保职业教育资源整合工作自始至终高效运行。

2）职业教育资源整合模式选择

整合职业教育资源有以下几种主要模式：

（1）政府导向型资源整合模式

这种模式要求政府承担起职教资源优化配置的协调者和主导改革的引领者的责任，将区域职教资源全部纳入政府整合规划并主导资源配置，以提高职教资源使用效率，培养出满足区域经济建设所需的高质量的技能型人才。政府导向型资源整合模式的具体措施包括：一是选择职教资源配置效率最高的方式，制定资源配置规则，营造参与配置的主体都能接受的公平、共享、分利（或补偿）的公共平台和法治、有序、良好的发展环境。二是通过制度创新和市场的作用，建立政府宏观调控、学校自主办学、市场积极引导的运行机制和以职校为主角、市场为中介、企业为需方、政府为调节方的相互作用的宏观模式。三是改革资源配置的现行体制，下放管理权限，包括对资源的所有权、管理权、配置权等，为职业教育的资源重组创造宽松的环境。四是重视加强资源优化配置的统筹规划、协调、指导、监督和服务，落实统筹管理和发展职业教育的责任。各级政府应加强职教资源和经费方面的统筹力度，落实以市级政府为主的管理体制，制定区域职业教育资源配置与重组规划，指导和推进资源整合工作有序开展。

（2）市场导向型资源整合模式

该模式旨在根据市场需求进行职业教育资源优化配置和重组。具体表现为组建职教集团，走集约发展之路。职业教育集团是实现职业教育资源共享，促进职校和企业优势互补的职业教育发展新途径、新模式，是整合职教资源的杠杆，是实现优质教育的根本途径，它可以优化高职院校教育资源的配置，做大做强职业教育。通过组建职教集团，可以加强城乡、校企、学校之间的全方位合作，促进资源集成和共享，可以使成员学校尽快达到一定区域内同类学校的最高水平；同时，可有效地促进职业学校依托专业办产业，办好产业促专业，形成学校和企业之间的良性互动，推动职业学校和企业双赢发展。组建职教集团的具体实施内容：第一，以市场为导向、效益为中心、互利为目的、企业为支撑、学校为主体进行全方位协作。第二，形式上可采用"集群式、集团式、集合式"等多样化模式集约发展。可以选择国家重点中等职业学校或高职院校作为重组龙头，以骨干特色专业为纽带，吸收一批职业院校在平等合作、互惠互利的基础上自愿加盟，做大，做强。第三，在组建范围方面，可尝试与相邻地区的职业院校跨区域进行组合，吸引优质学校和大型企业参与，以便取长补短、优势互补，共同开发职业教育资源。第四，组建对象要把企业吸引进来，借重企业的资源优势和异质属性，实现资源的优化配置、互补和共享。通过以上举措，最终打造融学生培养、职工培训、技能鉴定为一体，校舍、师资、经费、设备统筹使用的新格局，提高人才培养的质量和效益。

（3）伙伴制资源整合模式

这种模式强调职业学校间资源优势互补和成果共享。在保持各职业学校管理体制相对独立的前提下，对职校的培养目标、教育管理、教育质量监控等方面实行统一协调，在专业设置、教学计划、师资等方面实行统筹管理。另外，在办学过程中，不以经济利益最大化为原则，而是力求实现职业教育的社会效益，包括人才培养和教育公平的最大化，防止急功近利。由于公办职校的行政管理主体不完全相同，且职校运行的功利性，实践中该模式在大范围内很难操作。

（4）校企合作资源整合模式

该模式是根据专业的特色和产业链的分工，走产学研结合、联合办学的道路。具体地说，校企合作配置资源可以发挥以下几方面的优势：①学校可有计划地开展行业重点人才需求调研，以保证职业教育专业一定时期内的方向性和有效性；②校企合作进行职业教育人才培养目标和规格的研究，以保证人才培养的适应性；③校企合作制订和修正职业教育专业计划，以保证教学环节的针对性；④校企合作编写职业教材，聘任兼职教师，以保证课堂的适用性；⑤校企合作进行技术应用项目开发，以保证师生技术应用能力的持续提高和技术的应用性、新颖性；⑥校企合作落实实训、实习项目和基地，以保证职业教育的实践性；⑦校企合作进行学生就业指导和聘任工作，以保证职业教育的稳定性。目前大连市部分职业学校已开启了这种模式，但因受多种因素的制约实践效果并不理想。

上述四种模式并非独立存在，封闭运行，而是各有侧重，各有所长，模式间也可相互补充。根据整合需要，可同时采取不同的资源整合模式。按照现行国家政策和国内外成功经验，对于区域整体范围内的职教资源整合选择第一和第二种模式更合理；对于局部和小范围的职教资源整合选用第三和第四种模式为宜；对于分类整合，可同时交叉使用四种模式。

3）大连职业教育资源整合的政策取向

（1）明确发展方向，科学制定职业教育资源整合规划

政府推进职教资源整合的目的不仅是提高职教资源利用效率，做强做大职业教育，更重要的是满足区域经济建设对技能型人才的需求。整合目的决定整合方向。政府推动区域职教资源整合首先必须对现有的职教资源进行系统评估，在充分考虑政府与市场的职能边界、人才供需环境、职教生源变化趋向、区域产业结构等因素的基础上，重点评估现有职教资源是否真正能够满足当前和未来区域经济建设对职教人才的需求，然后明确推进职业教育发展的主攻方向，科学制定职业教育资源整合的具体实施方案，选择适合本地区职业教育发展的资源整合模式。具体而言，政府必须在将职业教育做强做大与满足区域经济建设需要间进行权衡，必须在以政府主导整合、市场主导整合间作出选择，必须在大范围与小范围资源整合间予以明确，也必须在整合举措与政府能力间进行客观评估。职教资源整合绝不是职教硬件资源或软件资源简单的撤并重组，而是一项系统工程，涉及政治、经济、社会的方方面面，政府推进职教资源整合应因地制宜、立足长远、明确方向、统筹兼顾、科学规划、系统实施。

（2）转变办学理念，推进职业教育产业化发展

职业教育是与经济建设联系最为紧密的一类教育。区域经济发展和

产业结构调整对职业教育的办学思想、办学体制、办学模式和教育内容方法有着深刻的影响。在国外，职业教育被当做一种产业来经营，一切按产业的要求去运作，学校如同加工厂，学生是主要生产原料，毕业生是产品，职业教育资源之间形成一个完整的产业链条，互相促进，互相制约。如果学校不能培养出与社会需求相吻合的高质量的毕业生，毕业生就没有出路，进而会影响职校的招生，职校将很难生存发展。因此，政府应树立职业教育产业化经营理念，要有整体意识、市场意识、危机意识，不能把职业教育完全当做一种公益事业，无限制地予以扶持。为此，政府办学理念要实现三个转变：一是要从计划指导转向市场驱动；二是从直接管理向宏观管理转变，让所有学校按照市场需求来发展；三是以学历教育为主转向提高职业技能和岗位能力为主转变，把学生实践技能的培养摆在职业教育教学工作更加突出的位置。职业教育旨在培养和提高个人的职业能力，满足个人选择职业获取收入的需求，是个人人力资本投资的重要组成部分，因而提供的完全是私人产品和服务，其决策由私人选择，其供给也由私人承担。由此，职业教育不仅是一大产业，而且必须实施企业化经营。职教产业的发展必须服从市场竞争规则，政府的直接参与必然造成市场扭曲，不利于竞争，其结果是政府想管却管不好，造成职教资源的严重浪费。由此，选择市场导向型资源整合模式更符合职业教育的未来发展方向。

（3）统筹职教资源，切实提高资源使用效率

今后，应不断深化职业教育管理体制改革，彻底理顺职业教育的领导归属管理问题。可考虑组建新的职业教育管理机构，统一管理职教资源，打破部门所有、条块分割、多头管理的状态。合理规划调整辖区内职业学校布局、师资配置和专业设置，努力提高办学效益。具体而言，政府应在职教资源整合中发挥主导作用，按"有所为、有所不为"的原则，帮助一部分发展前景较好的中等职业学校升格为高等职业学校，将资源利用效率较高、生源相对充足稳定的中等职业学校扶优扶强，关、停、并、转一批无发展潜力、规模较小的中等职业学校，实现资源优化组合。采用多种形式，壮大一批大连经济建设必不可少的中等职业学校。此外，政府在注重现有职教资源内在存量整合和有效利用的同

时，也要注重资源外生性变量和增量资源的开发和组合，摒弃不公平政策，一视同仁地支持不同团体、企业和个人以不同的形式开办和经营职业学校，切实提高区域整体职教资源的使用效率。

（4）实施品牌战略，打造品牌专业和品牌学校

目前，装备制造业、高新技术产业和房地产业已经成为大连的主导产业，作为沿海开放和旅游重点城市，市场对经贸、旅游等传统职校专业学生需求量也很大。因此，职业教育发展应立足于市场经济条件下人才流动性大、多岗位就业的实际，着眼于培养职教学生具有较宽厚的专业知识和技能，拓宽专业口径，扩大专业知识覆盖面，力求符合"大专业、小专门化"的教学要求，彻底冲破专业划分过细、专业面狭窄、"隔行如隔山"等传统专业观念的束缚，及时增设本地急需的热门专业，适度超前规划和开发专、精、优专业和培训项目。同时，深化职教课程改革，加强精品课程、网络课程和校本教材建设，在专业设置上，遵循"精于二产、拓展三产、延伸一产"的原则，积极孵化新兴专业，培育特色专业，打造精品专业，细分和加强各类专业建设，力求打造出在全省乃至全国有影响的品牌专业和品牌职业学校。具体而言，一是根据区域经济特色及产业发展趋向，对全市中等职业教育资源进行针对性整合，增设新技术、新材料、新工艺等二产类的"高、新、尖"专业，如低碳经济、新材料与新能源、电子银行、生物医药、光机电一体化等等；二是大力开发与人们衣食住行和医疗、娱乐等生活需要直接相关的，如商贸物流、网络编辑、电脑速记、营养指导等三产类的新兴专业；三是优化"农字头"专业模块，培育开发与农村地区经济和社会发展相关的"农"字头新专业，如装潢园艺、瓜果栽培、花艺环境设计等专业。依托精品专业，加大对此类学校的扶持力度，打造精品学校，将其建成在全省、全国具有影响力的职业培训基地。

（5）加大扶持力度，促进职业教育稳定发展

职业教育和义务教育不同，其发展受市场波动影响较大，风险更大。按照价值规律，投入越多应回报越多，中等职业学校的学生毕业后大多是到最底层的生产第一线，他们收入不高，但所支出的学费比高中的多，与大专的几乎相同，这就违反了经济价值规律，在一定程度上给

那些想上中职家庭却贫困的学生带来了难题。与普通高中相比，职业教育教学成本高，在政府投入相对较少、职教生源不足的情况下，有些职业学校完全依靠市场化运行举步维艰。面对职业教育投入不足的状况，政府应对现有支持职教发展的财力和政策进行必要的整合，有目的地支持职业教育的发展。同时，在财力允许的范围内并在职教资源整合规划框架下，尽可能增加对职业教育的财力和政策扶持力度。可考虑将中等职业教育经费统一纳入各级政府教育经费预算，加强职校财务监管，避免一些职业学校经费状况好时乱收乱支，经费紧张或不足时倒逼政府收拾残局。政府除全额拨付职业学校教师工资外，采取相应鼓励或奖励政策，对职校实训基地和设备设施方面予以支持。同时，政府对家庭困难和农村的职教生应予以重要支持，帮助此类学生顺利完成学业。

总之，职业教育是就业教育，是生存教育，是面向人人的教育，也是市场化教育。发展职业教育，加速职业教育资源整合将对推动大连市经济社会持续健康发展具有重大作用。政府作为职业教育资源整合的主体，应在科学界定政府与市场职能边界的基础上，结合大连职教资源利用现状和经济建设实际，科学制定资源整合规划，采取切实可行的举措实现职教资源的有效利用和满足区域经济建设对技能型人才的需求。

第 24 章　大连出租车行业管理问题

客运出租车（以下简称出租车）是一个城市的名片，是城市对外服务的窗口。近年来，我国出租车行业矛盾凸显：罢运事件频发，拼客拒载普遍，群众打车困难，各种"黑车"泛滥。在此乱局中，出租车司机和广大群众均抱怨政府监管不力。就此，大多学者认为政府数量管制和价格管制是出租车行业矛盾累积的罪魁祸首，唯有放松管制、全面推行市场化改革才是根治现存问题的良策。但部分学者认为，政府管制是现阶段确保出租车行业基本稳定运行的不二选择。那么，引发当前出租车乱象的原因到底是什么？政府应该负起什么责任？如何实现出租车行业良性发展？围绕这些问题，笔者对大连市出租车行业管理及营运情况做了深入调研，以期寻求解决问题的治本之策。

24.1　大连出租车行业管理营运概况

1）基本概况

根据市交通局出租汽车管理处提供的数据，截至 2013 年年底，大连市共有出租车 12 939 台，其中：市内四区 8 259 台，占总数的 63.5%；县区 4 724 台，占 36.5%。全市共有出租车企业 183 家，经营车辆 7 029 台，占总数的 54.3%；个体业户经营 5 910 台，占 45.7%。市内四区现有企业 171 家，经营车辆 6 175 台，占市内四区总数的 75.2%；个体业户经营 2 040 台，占 24.8%。全市现有出租车从业人员约 3 万人。出租车日客运量 60 多万人次，约占全市客运总量的 10%，已成为城市公共交通的重要补充。

2）大连出租车管理体制和营运模式

大连出租车管理体制和营运模式可以简单地概括为：政府行政许可（特许经营）制度下的公司对个人承包营运，即政府设定一定的市场准入条件，将一定数量的出租车经营权出让给市场化营运的公司，公司又普遍把经营权承包给司机个人营运。

（1）政府行政管理体制

根据《行政许可法》和国务院第 412 号令，客运出租汽车经营权是社会公共资源，属于行政许可事项，因此，大连市政府是出租车行业的行政管理主体。2001 年以前，大连市公用事业管理局和市交通局共同负责出租车行业管理。2001 年行政体制改革后，出租车统一划归市交通局管理，并成立了市出租汽车管理处。管理处下设办公室、稽查科等 8 个职能部门，在编人员 66 人，具体负责市内四区的出租车监管及系统业务指导。其他县区交通管理部门下设管理所负责本行政区域内的出租车监管。出租车实行分区域经营，市内四区经营者须在市内四区营运，其他县区经营者须在各自行政区内营运。政府行政管理主要内容是：

①经营权（营运号牌）管理

出租车经营权由大连市政府统一审批。大连市出租车经营权投放大体经历三个阶段：1992 年以前，经营权实行无偿投放。1992 年至 1997 年，大连市政府采取公开拍卖方式有偿、有期限地投放营运号牌。受出租车市场供求和行政部门计划编制等因素影响，各年营运号牌投放数量和拍卖价格有所不同，拍卖价格最高未超过 20 万元。1998 年以来，大连市政府除 2009 年无偿投放 100 台、2010 年有偿投放 400 台新能源出租车营运号牌外（每台收取国有资源特许经营权转让费 20 万元），未再批准新增出租车辆。

大连市出租车营运号牌使用期限一般为 10 年。到期后市交通部门对经营者的经营资质和服务质量进行考核，合格者办理有效期为 5 年的营运号牌续期使用合同。

根据《大连市客运出租汽车管理条例》规定，营运号牌可进行有偿转让。目前市场转让价格在 60 万元以上，最高近百万元。

②营运价格管理

市内四区出租车运价由大连市政府确定，县区政府负责制定本区域运价。1992 年以来，大连市内四区出租车运价先后 5 次向上调整。前 4 次采取计距（计算距离）方式，通过调整起步价格或里程数确定运价。2011 年考虑道路拥堵因素采取时距（计算时间和距离）方式确定出租车运价。2014 年之前市内四区运价标准为：起步价 8 元，起步里程 3 公里；3 公里及以上公里价 2 元/公里；夜间从晚 22 点至早 5 点起步价 10.4 元/3 公里，公里价加价 30%。同时，收取低速等时费和空载返程费。2014 年政府将出租车运价再次上调。

③财政管理政策

财政收入方面，政府以拍卖形式有偿出让出租车营运号牌取得的收入，以及经营主体自行转让从政府取得的经营号牌时需缴纳的 2 万元/台转让金，都须上缴财政，作为出租汽车行业建设管理专项资金。财政补助方面，2006 年国家实行成品油价格形成机制改革后，把出租车纳入公共交通范畴给予了油价补贴。2006—2010 年大连市财政共发放油价补贴 3.5 亿元，单车平均补助标准达到 1.1 万元/台·年。

（2）出租车营运模式

根据大连市政府有关文件的规定，从大连市政府取得出租车营运号牌的企业实行公司化经营，并须具备资金、场地等资质条件。比如 2010 年大连市政府投放 400 台新能源出租车营运号牌时对公司资质提出如下要求：单位从事客运出租汽车营运的，且车辆数 20 台车以上（含 20 台车）的出租汽车企业；车辆数不足 20 台的企业，可通过收购兼并等方式将车辆数补足 20 台；大连市内四区个体业户也可合并成立股份制公司且车辆数达到 20 台以上。

出租车公司在取得营运号牌后，一般是将带有营运号牌符合直接营运条件的出租车承包给司机个人营运。承包者除缴纳一次性承包费外，在承包期内还要按天计算向公司缴纳份钱。2008 年以前，承包费和由公司或个人与司机协商确定，并签订承包协议。2007 年承包费已涨到15 万元以上，"车份"在 150 元/日左右。2008 年大连市交通局下发文件规定，市内四区承包费用不得超过 13.5 万元，承包期限为 5 年；"车份"每日不得超过 120 元。但据司机反映，即使政府强制规定了费用限额，由于市场上司机供过于求，许多司机为获得承包权不得不支付数额不等的承包溢价，实际承包费和"车份"高于政府限额。

据大连市出租车管理处测算，2010 年市内四区出租汽车公司对外承包的单台出租车纯利润在 3 万元/年左右，如计算承包溢价，公司实际利润更高。承包单台出租车替班营运的 2 名司机月收入合计 1 万元左右。

24.2 大连出租车行业现存的问题及成因

出租车并非新生事物，之所以近年来频繁出现打车难、拼客拒载、黑车乃至司机罢运等矛盾和问题，既有经济社会发展的客观因素，也有体制机制等管理原因。

1）经济社会发展原因

（1）市民收入增加，消费能力提高，打车意愿增强

改革开放以来，大连市经济快速发展，市民收入显著增加。1997年大连市在岗职工人均年工资 7 854 元，2010 年增至 44 617 元，增长了 5.6 倍，而出租车 10 公里白天运价由 16.4 元上调到 22 元，仅增长了 34%。按一个市民平均每月打车 10 公里计算，打车费用占月工资的比重由 1997 年 25‰ 降至 2010 年的 6‰。百姓关于出租车的消费观念已由过去的应急、快捷转变为舒适、便捷，出租车日益成为普通消费品，在拉动出租车需求、增加出租车行业收入的同时，也提高了普通市民对出租车行业发展的关注度。

（2）车辆购置成本降低，公司规模化程度低，管理水平不高

近年来，随着我国汽车产业的发展，小轿车价格不断下降，以出租

车常用车型普通桑塔纳为例，1992 年的价格为 17 万元，是当年在岗职工年工资的 41 倍，2010 年价格降到 8.5 万元，是当年在岗职工年工资的 1.9 倍。在原有市场准入标准不变的情况下，车辆购置成本降低，使一些资金和实力不是很强的小公司纷纷加入出租车行业。目前大连市出租车公司多达 183 家，出租车拥有量超过 900 台的仅 1 家，200～300 台的 3 家，100～200 台的 6 家，其他均在 100 台以下，许多是拥有几台和十几台的小公司。由于公司规模化程度低，管理方式落后，大多公司尤其是民营、个体公司普遍"以包代管，以罚代管"，竞相逐利，疏于管理，甚至连最起码的培训、安全监管等基本职责都未履行，这不仅增加了行政管理部门的监管压力，而且造成司机整体责任感和荣誉感下降，拼客拒载普遍，减损了公众利益和城市形象。

（3）私家车增长迅速，道路拥堵日益严重，出租车有效运力下降

市交警支队车辆管理所公布的数据显示，1998 年大连市机动车保有量 25 万辆，2006 年增至 50 万辆，2011 年已突破百万辆，其中私家车 78 万辆。13 年间大连市机动车保有量增加了 4 倍，每年以 15%～20% 的速度增长。车辆越来越多，道路越来越堵，尤其在上下班高峰期和恶劣天气情况下，因客流激增和出租车有效运力不足，公众普遍面临时段性"打车难"，而此时更易发生司机拼客拒载等违规行为，结果招致市民对出租车营运和政府监管的不满。

2）管理体制机制原因

（1）出租车市场不是完全竞争市场，行业管理水平和服务质量难以自主提高

大连市现行的管理模式，是政府将出租车经营权出让给市场化运作的公司，希望通过市场竞争和公司治理手段提升行业管理水平和服务质量。但是出租车市场不是完全竞争市场，首先，出租车经营号牌属于政府行政许可事项，加上号牌投放数量由政府管制，出租车行业具有一定的垄断性；其次，消费者对出租车服务的选择是随机的，特别是在当前提前预约、电话叫车等服务尚未普及的情况下，消费者为了达到快捷的目的，不能自主选择乘坐哪家公司的出租车（如果选择则将增加消费者的等候成本），即使对服务不满意，也只能忍气吞声，先到目的地再

说。在这两个因素决定下，出租车公司更加重视对经营权的争夺和控制，而不是公司竞争力和经营水平的提升，整个行业管理水平和服务质量难以自主提高。

（2）经营权可转让和延期使用，导致市场价格与政府管制价格背离，利益分配失衡

如前所述，随着居民收入增长，社会对出租车的需求不断增加，而同时，车辆购置成本则相对下降，在政府数量管制的条件下，出租车营运收入和利润在不断增加，更关键的是，由于大连市出租车号牌经营权可以进行转让，而且经营权可无限延期使用（虽然出让时规定有效期为 10 年，但期满后资格审查后可以继续无偿使用，大连市目前尚没有政府到期收回一个经营号牌的情况发生），从而使出租车行业前所未有的受到投资经营者的追捧，单个营运号牌价格由最初的 2 万元左右，增至近年的 60 多万元甚至近百万元。仅靠政府赋予的特许经营权，出租车公司就可获得巨大的超额收益，扭曲了政府和公司的利益分配关系。

营运号牌拥有人如果不想转卖经营权，也可以通过承包的方式获得经营权使用收益。承包人也就是司机不仅要向公司交纳购车款，还要上交经营权使用费——承包费和"车份"。在出租车辆供不应求、司机供过于求的情况下，司机在与公司签订营运合约的谈判中处于被动地位，公司通过掌控经营权和合约期限常常上调承包费和"车份"，将司机收入控制在较低水平。由此不难看出，司机才是出租车的实际出资人，但其并不拥有出租车所有权和完全的收益权，而享有各种权益的公司则近乎"零投资，零成本、零风险、高利润"经营，客观上满足了"食利阶层"的条件。此种营运模式无论从法理层面还是道德层面都有失公平，结果出现公司坐享其成，牟取暴利，司机为增加收入，常常多拉快跑，拼客拒载。正如一些专家所说，此种模式是"亏了政府、富了公司、坑了乘客、苦了司机"。而且这种失衡的利益分配格局从另一个侧面刺激了黑车等非法营运现象的发生。

（3）司机准入门槛低，整体素质不高，影响了服务质量

大连市出租车从业人员准入规定比较简单，申请从业资格的司机大致符合以下条件即可：拥有本市常住户籍或有效暂住证；拥有相应机动

车驾驶证且身体健康；3 年内无重大交通责任事故记录。而且，现在考取机动车驾驶资格也相对容易。如有资金条件，人们很容易从事出租车营运。目前大连市出租车营运司机 3 万多人，除少数是一直从事出租车行业外，一部分为国有企业下岗职工、一部分为失业人员、一部分为外来务工人员，整体素质不高且流动性大，缺乏城市荣誉感和行业责任心，既影响了服务质量，又埋下了安全隐患。

（4）监督监管机制不健全

一是监管基础薄弱，大连市出租汽车管理处在编人员 66 人，管理市内 170 多家企业和 8 200 多台营运出租车，再加上管理手段落后，要实现全面监管是不可能的。二是消费者监督举报积极性不高，如前所述，消费者对出租车的选择是随机的和暂时的，尽快到达目的是消费者的首要需求，对于服务态度和质量，往往采取忍气吞声的做法，即使想举报，往往受举证等客观条件的限制，最终只能息事宁人。三是承包经营模式固化了承包司机和公司的经济关系，即使证据确凿，管理处和公司对司机往往采取警告，或者罚款的方式处理，并没有触及经营权，结果往往是屡教不改、屡改屡犯。

24.3　出租车行业监管的理论辨析

1）出租车行业政府管制缘由

计划经济体制时期，我国出租车辆极少，服务对象主要是外国旅客和高收入者。改革开放后，出租车数量虽有所增加，但主要集中在北京、上海和广州三个城市。随着市场经济的确立和发展，人民生活水平的提高，加之许多城市公共交通服务严重不足，市场对出租车需求日益增加，政府随之放开出租车市场，允许、鼓励个人和企业营运出租车。丰厚的利润导致出租车数量急剧膨胀，由此引发出租车挤占道路，交通恶化；行业竞争激烈，营运者利润微薄。为解决交通拥堵和防止过度竞争，1998 年建设部和公安部联合颁布了《城市出租汽车管理办法》，确立了延续至今的政府对出租车实行数量管制和价格管制的运行格局。所谓数量管制是指政府根据出租车行业市场预测，按照经营权许可审批制度，强制制定区域内一定时期出租车的总体数量。所谓价格管制是指政府根据区域经济社会相关指标及车辆状况，强制确定出租车营运价格。

探究《城市出租汽车管理办法》的制定与实施，其实质是凭借数量管制以防交通拥堵、确保行业稳定营运；依赖价格管制避免过度竞争、维护行业营运秩序。至于市场经济条件下出租车产品是何种属性和政府职责的可行性边界多大，在办法中并未予以明确。换言之，办法的出台更趋向"政府控制论"下解决现实问题的针对性举措，至于政策实施的长期效果则未予充分考虑。2004 年我国实施的《中华人民共和国行政许可法》和《国务院第 412 号令》将出租车法定为有限公共资源，政府实行特许经营，但对出租车据何成为有限公共资源，许可法却并未提及，这也是当前政府对出租车行业实施管制的正当性和合理性备受质疑的原因所在。

2）出租车市场化运作与政府管制营运辨析

从理论上看，出租车行业营运存在这样一个悖论：依照公共产品理论和管制俘虏理论，政府应放开出租车行业管制，实行市场化运作；但根据市场失灵理论和公共利益管制理论，政府对出租车行业实行管制有其合理性和必要性。

（1）出租车产品属性为私人产品，应实行市场化运作

我国政府已颁布的有关出租车行业政策法规中，直接或间接把出租车列为公共交通或有限公共资源。按照公共产品理论，公共交通和有限公共资源类属于公共产品或准公共产品，政府对其管制无可厚非，即使政府管理不到位，只能说明政府行政能力的欠缺而并非有违市场运行规律。然而事实证明，处于经济转轨时期的政府对某种产品属性的认定常常带有武断性，无法得到公众的理解和认同。如果政府对私人产品加以管制，必将累积各种矛盾和问题，招致政府职能"越位"质疑。

按照经济学理论，公共产品是私人产品的对称，其特征有四：①消费的非竞争性；②受益的非排他性；③效用的不可分割性；④提供的非营利性。据此分析出租车产品，其具有明显的私人产品特征。首先，部分人对出租车的消费影响了他人对该产品的消费，一些人从出租车受益影响了他人受益，受益对象之间存在利益冲突，因此出租车消费具有竞

争性。其次，出租车乘客相当于买断了整车的消费，按照法理的次序优先原则，排斥了他人消费，受益人仅限于初始乘客，因此出租车具有受益的排他性。再次，出租车服务只对付款人提供，是不同消费者享受的效用之和，可以被分割为能够买卖的份额，因此出租车效用具有可分割性。最后，出租车经营主体提供服务均以追求经济利益最大化为目标，具有盈利性。据此推断，出租车产品是典型的私人产品。在市场经济条件下，既然出租车产品是私人产品，理论上政府就应该放开出租车数量管制甚至价格管制，让出租车遵循市场规律自主运行，自由竞争，自我发展。

（2）出租车外部负效应导致市场失灵，政府应实行管制

西方发达国家市场经济实践和政府职能演进表明，市场不是万能的，许多经济领域存在市场失灵现象，这也为政府对私人产品领域进行管制提供了理论依据和客观理由。市场失灵是指市场无法有效率地分配商品和劳务的情况。恰如经济学家萨缪尔森所说："市场既无心脏，也无头脑，它没有良心，也不会思考，没有什么顾忌。所以，要通过政府制定政策，纠正某些由市场带来的经济缺陷。"

作为私人产品的出租车原本应由具备条件的经营主体遵照市场运行规律自主经营、自由竞争。政府为维护市场运行秩序和确保公共利益，负责制定"游戏"规则和实施行业监管，做好"守夜人"的角色即可。但是，由于出租车主要在城市营运，占用城市公共道路资源，在我国大多城市交通承载压力很大的情况下，出租车辆增多，定会产生并加重交通拥堵。出租车为实现利润最大化，常常快速或抢道运行，导致事故频发，危及公共安全。在1998年以前我国未实行出租车政府管制时期，各城市出租车数量短期内聚增，招致过度竞争，行业秩序混乱，使政府疲于监管。这种由于出租车自由竞争引发的负面效果，属于典型的外部负效应，是市场机制无法自动减弱或消除的，需要借助政府力量予以校正和弥补。实践证明，政府若要彻底解决因出租车市场化营运引致的挤占公共交通资源、危及公众安全和过度竞争等问题，需要付出高昂的成本和代价，甚至超出政府的能力，由此政府对出租车有必要加以管制。政府管制是指政府对经营者活动所进行的限制和规定，它可使外部负效

应内在化，最大限度地减轻管制者带来的负面影响。然而，政府管制未必会取得理想化效果，现实中常常发生不同程度的政府管制失灵现象。尽管如此，理论和实践都不能否定政府管制存在的合理性和实效性。

（3）政府管制有效与失灵并存

经典经济学理论对市场失灵和政府管制两者的关系进行了具体阐述：政府管制根植于市场，市场失灵是政府管制存在的理由，市场失灵的范围也是政府管制的范围。政府管制理论与实践发展过程中产生了两种近乎对立的理论：公共利益管制理论和管制俘虏理论。公共利益管制理论将政府看做公共利益的代表，应公众矫正市场活动带来的无效率和不公平的要求来实施管制，以保护公众利益，其隐含三个基本假设：一是市场自动运转易发生无效率和不公平，导致市场失灵；二是政府管制是无成本的、有效的反应；三是政府是慈善的、无所不能和无所不知的，能实现社会福利最大化。在公共利益管理理论的拥护者看来，哪里有市场失灵，哪里就有政府管制以矫正市场缺陷。现实中该理论的三个基本假设很难实现，原因在于：一是完全竞争市场的条件很难达到，市场失灵几乎不可避免，造成政府管制无边界；二是在非完全竞争市场条件下，政府对市场失灵加以管制没有依据，管制往往成为政府的主观判断和防止一些领域竞争的壁垒，导致管制失灵和整体公共利益受损；三是受限于政府管理能力，政府常常为管制付出较高的成本。管制俘虏理论则认为，受管制对象影响和利己动机，政府实施管制与其说是为了社会公共利益，不如说是为了利益集团或管制者自身牟利，政府管制给公众带来的某些益处只不过是意外结果。这种将政府管制者作为纯粹经济人的假设过于绝对，由于受公众和社会舆论的监督，政府管制仍会发挥一定作用。部分实证研究表明：时段上看，政府管制可能产生积极的效果；但整体上看，政府管制失灵比市场失灵更为普遍，破坏力更强，更难自动调整。

3）结论：长期看应实行市场化，短期看应完善政府管制

通过前述分析可知，出租车是一种存在外部负效应的私人产品，无论实行市场化运作还是政府管制营运都有其合理性，但皆可能出现这样或那样的矛盾和问题。之所以发达国家在实施政府管制后推行出租车市

场化改革，是基于两个前提：较成熟的市场经济体制和较强的政府监管能力。目前我国市场经济尚不完善，政府监管能力相对较弱，市民社会尚未形成，在此条件下推行出租车市场化改革不可能达到理想效果，或许会陷入比目前状况更糟的困境。尽管如此，发达国家改革经验为我国出租车行业改革指明了方向：待条件成熟时，推行市场化改革。

24.4 出租车行业管制模式及利弊分析

在政府数量和价格双重管制体制下，目前我国出租车行业总体形成两种营运模式：主体管制模式和车辆管制模式。

1）主体管制模式运作方式及利弊分析

主体管制模式是政府对符合规定条件的出租车经营主体，通过审批申请经营许可方式，无偿或有偿授予其出租车经营权（即出租车营运牌照）的管制模式。其具体运作方式是政府审批确定的经营主体以承包经营等形式将出租车转由司机运行，司机根据与公司订立的协议向公司上交"车份"（经营权使用费）。对于新增车辆，政府以无偿或有偿配额形式发放给经营主体。主体管制模式以北京为代表（见图24-1），目前我国绝大多数城市的出租车管制模式与北京相同。

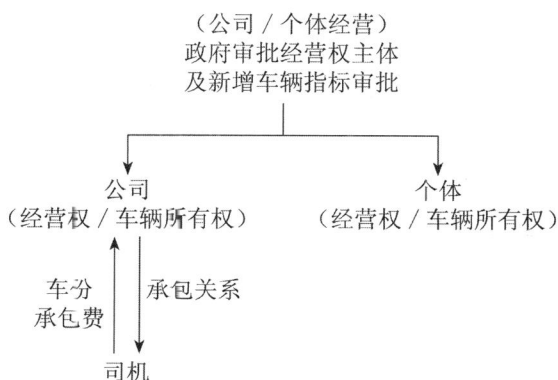

图24-1 北京出租车管制模式

尽管主体管制模式具有提高出租车营运效率的优点，但其弊端重重：

第一，扭曲了公司与司机的利益分配关系，有违公平。在政府数量管制下，出租车经营许可实际上是一种有数量限制的特许权。特许权在其行为主体依照市场法则营运的情况下，自然产生特定收益。政府将特许权交付出租车公司，公司名义上是统一经营，统一管理，实际上却以承包经营方式将特许权转卖给了司机。无论公司采取何种转卖方式，司机都是事实上的出资人。出资人对出租车未有所有权，公司却成为货真价实的所有者和受益人（即"食利阶层"）。这种颠倒和扭曲的非正常经济关系最终导致特许权的收益更多地落入公司手中，而承担了最终经营成本和风险的司机，其资本收益和劳动报酬却得不到任何保障，这种制度安排无论从法理层面还是道德层面都有失公平，结果出现了公司坐收渔利，司机收入微薄，常常拼客、拒载甚至"罢工"，政府在"维稳"压力下或者通过调高运价减损公众利益抑或最后妥协买单的奇怪景象。

第二，扭曲了市场供给与需求的关系，造成管制失败。由于存在数量管制和主体经营权无期限限制，一方面造成颁发许可与社会需求脱节，导致出租车市场供需严重失衡，公众打车困难；另一方面主体经营者形成近乎完全性的排他垄断，某种程度阻碍了出租车行业管理水平和服务质量的提升。此外，政府原本想借助公司来管理出租车行业，公司尤其是民营、个体公司却"以包代管，以罚代管"，竞相逐利。政府严令公司禁止高价转卖出租车辆，但公司普遍暗地溢价承包便是很好的佐证。加之行政监管体制不健全，许多公司"重利轻管"，造成司机素质不高，行业秩序混乱。同时，供需严重失衡和行政监管不到位，导致黑车泛滥，非法营运猖獗。正如专家所说，北京模式是"亏了国家、富了公司、坑了乘客、苦了司机"。

第三，许可自我增殖，加大了改革难度。许可自我增殖是指如果一项许可制度在其建立之时，没有采取措施防止可能产生的弊端，那么旧的许可规制随着时间的推移会使负面问题越积越多，继而引发新的、更多且更复杂的许可规制。北京模式下，政府既要管制经营主体又要管制车辆指标，既要管制运价又要管制"车份"，既要管制拼客拒载又要管制"黑车"。即便政府倾力整治，短期内也恐难奏效。加之经营特许权利润丰厚，引致各类市场主体甚至政府机关事业单位及人员进入，形成了势力较大的"既得利益"阶层。回顾我国历次改革，当触及"既得利益"阶层时，都面临不可预测的难度和阻力。

2）车辆管制模式运作方式及利弊分析

车辆管制模式是政府对附有期限的出租车经营权进行直接拍卖，经营者有偿取得经营权并在办理工商登记后进行自主经营的管制模式。新增出租车经营权则实行单个拍卖。车辆管制模式与主体管制模式的根本区别在于：一是经营许可直接指向出租车辆而不是符合一定条件的经营者，进而实现了经营主体的经营权、车辆的所有权与经营权的统一。获得经营权的主体可自主经营。二是取缔了公司环节，消除了"食利阶层"，实现了特许权收益最大化。车辆管制模式以温州为代表（见图24-2）。

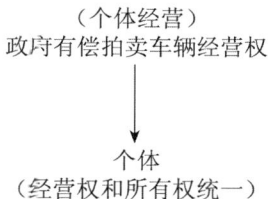

（个体经营）
政府有偿拍卖车辆经营权

↓

个体
（经营权和所有权统一）

图 24-2　温州出租车管制模式

车辆管制模式实现了从经营主体许可到车辆经营许可的转变，使其营运更趋市场化。这一模式的优点在于：第一，有利于提高资源配置效率。第二，有利于实现特许权收益最大化。第三，减少了政府行政管制环节。尽管如此，实践中该模式也暴露出许多问题：一是加大了政府监管难度。政府原由借助公司管理转而直接面对众多出租车个体，对于拥有超过万辆出租车的大城市来说，很难实现监管到位。温州改革之初，出租车服务质量呈下降态势。利益受损的公众将矛头直指"获利"的政府，政府执政能力和公信力饱受质疑。二是车辆最终营运者经营压力仍然很大。由于出租车行业获利丰厚且近年呈上涨态势，特许权往往被层层转卖或转包他人，出租车最终营运者的压力并未减轻，拼客、拒载现象依然存在。三是某种程度固化和加剧了出租车供需失衡。温州在出租车私有化改革前，单个营运号牌价格约20万元，目前已超百万。随着市场需求的增加，政府力图新增出租车辆，却遭到经营权主体和出租车司机的强烈反对，使政府动议屡屡受挫，出租车市场的供需失衡状况未得以解决。

3）出租车行业营运模式及利弊分析

在主体管制模式和车辆管制模式下，全国出租车行业总体形成三种营运模式：北京模式、上海模式和温州模式（见表24-1）。

表24-1　　　　　　　我国现阶段出租车营运主要模式比较

类型	北京（大连）模式——承包经营	上海模式——公车公营	温州模式——个体经营
内容	政府将经营权出让给公司，公司以承包方式经营，司机向公司上交购车款和经营权使用费（承包费和车份）	政府以招投标方式出让经营权给公司（国有为主），公司购买车辆，聘用司机。公司与司机形成雇佣关系。司机收入是底薪加提成	政府公开拍卖经营权给个体，个体购买车辆自主经营
优势	有助于提高行业运行效率	有利于政府宏观调控；有利于行政监管；有利于提高服务质量；有利于增加司机抗风险能力；易形成规模经济和品牌效益	消除了食利阶层；防止公共资源收益流失；有助于提高行业运行效率
缺陷	不利于政府宏观调控；出现食利阶层；公共资源收益流失；公司管理职责缺位，不利于政府监管和提高服务质量；司机压力大，收入低	国有公司可能运行低效	不利于政府宏观调控；分散经营，政府监管难度大；服务质量难提高；炒买炒卖经营权价格；难形成规模经济和品牌效益

上海模式与北京模式和温州模式相比，目前具有较强的吸引力。沈阳、武汉、哈尔滨等城市政府纷纷效仿上海模式进行改革。沈阳于2011年成立国有独资公司——中华劳模出租车公司，政府将300个新

增营运号牌全部出让该公司，采取聘用司机方式营运。武汉和哈尔滨则以新增经营权和提高服务质量为条件，通过招投标形式将新增营运号牌出让给有意愿实行"公车公营"模式的公司。

24.5　大连出租车行业改革与实践构想

1）合理配置出租车经营权，理顺行业利益分配关系

经营权配置是出租车行业营运管理的核心，其直接决定或影响出租车市场供求、利益分配、营运模式、管理效率和服务质量。在政府管制体制下，政府只有实际拥有经营权收益、依法收回经营权且不允许转让，才能建立相对合理的经营权配置机制。

第一，经营权出让和使用收益应归政府所有。政府是出租车行业管理的承载者和责任人，拥有宏观调控和行业监管职责，代表公众拥有经营权收益的支配权。政府将经营权出让给公司，希望借助公司治理手段提升行业管理水平，但市场化运作的公司并未承担起相应的管理责任，而是通过"控制"经营权成为"食利阶层"，结果造成公共资源收益流失、司机合法收入受侵、营运秩序混乱。毫不夸张地说，公司现已成为出租车行业健康发展的最大障碍。当政府采取措施试图调节市场供求和利益分配不公时，公司为保证自身利益往往成为政府施政的强大阻力；当政府为提升行业管理水平购置必要设备时，公司因成本增加不愿承担相应的费用；当政府努力平息出租车行业不稳定因素时，公司却将责任完全推向政府甚至推波助澜。政府责权利与公司责权利高度不对称，必然导致利益分配严重失衡和政府管制失败。建立合理的经营权配置机制，必须将经营权出让和使用收益实际归于政府。

第二，经营权到期回收且不允许转让。实践中，为保护经营权主体权益，地方法规政策规定允许经营权转让。由于信息不对称和出租车预期收益丰厚等原因，市场上出现了层层转让、"倒卖"、"炒卖"经营权的行为，不仅扰乱了行业秩序，也加大了经营权回收难度。根据现行法律规定，出租车特许经营权属于公共产权，所有权归政府，任何单位和个人不得永久占用。当经营权使用期限届满，表明政府与经营主体签订

的经营权使用契约已经终结，政府可无条件收回。由于经营权经政府审批取得并与许可条件相关联，故不允许自由转让，但可在同业间并购。

2）实行"国有公营"营运方式，提高行业管理水平

在政府管制体制下，建立以国有出租车公司为基础的新的营运模式，是顺应管制体制和经营权配置机制的合理选择。新营运模式实践构想：政府成立国有出租车公司，并将新增和回收的营运号牌全部出让该公司，公司承担城市出租车营运，并采取聘用司机方式经营。公司可下设分公司。新营运模式的优势在于：一是有利于防止公共资源收益流失。政府现行规范性文件倾向于无偿出让经营权，将经营权无偿出让给国有公司能够防止公共资源收益流失。二是有利于增强政府宏观调控能力。公有制性质决定了国有出租车公司与政府的责权利趋向一致，有利于政府顺利实施数量管制和价格管制政策，平衡出租车行业利益分配，保护利益相关方合法权益，根本上保证行业稳定运行。三是有利于提升行业管理服务水平。通过国有公司统一制度、统一标准、统一管理、统一培训，真正实现公司规模化、专业化经营，全面提升出租车行业管理服务水平。

3）完善行政监管体系，确保行业稳定规范运行

一是健全法律法规政策体系。人大和政府及相关部门应尽快制定和修订出租车行业管理相关的法律法规政策，明确出租车经营权配置机制和营运模式。科学划分行政管理部门、公司和司机的职责、权利和义务。细化法律法规政策，使其更具可操作性。实现行政执法、公司经营、司机营运有法可依，有章可循。二是加强国有出租车公司监管。规范法人治理结构，建立行之有效的约束机制和激励机制，促进经营者强化公司管理，保证和提高公司营运管理效率。三是加强出租车行业监管。出租车行政管理部门应科学制定出租车行业发展规划、营运价格、承包费和"车份"，实现出租车行业发展与城市经济社会发展相协调，各种价格与利益相关方权益相匹配。四是建立政府多部门参与、条块联动的打击非法营运长效机制，优化出租车市场营运秩序。五是健全出租车行业准入制度，适当提高行业准入标准，切实提高司机综合素质。六是加强行政管理部门内部管理。

第 25 章　大连设施农业发展问题

　　为实现大连农业跨越式发展，促进农业增产、农民增收和农村繁荣，大连市政府于 2008 年下发了《关于加快设施农业小区建设的实施意见》，重点支持设施农业小区和相关配套设施建设。2008—2009 年，大连市县两级财政部门共安排超过 5 亿元资金用于扶持设施农业发展。截至 2010 年，大连市设施农业发展态势强劲，小区规模、设施质量、种植结构和农民增收等各方面均取得了历史性突破。在肯定成绩的同时，也无法回避设施农业发展过程中所面临的诸如发展规划不完善、技术应用水平较低、建设资金筹措困难等一系列亟待解决的问题。实践证明，扶持设施农业发展，是落实惠及民生政策的重要举措，是增加农民收入的有效途径。

25.1　设施农业的理论分析

　　设施农业有广义和狭义之分。广义设施农业包括设施种植和设施养殖；狭义设施农业仅指设施种植，即植物的设施栽培。目前大连市重点发展的设施蔬菜、水果、食用菌和花卉，均属于狭义设施农业范畴。设施农业的主要特征有四：①设施农业是高技术含量、高投入、高产量、高品质和高效益的"五高"农业；②设施农业是规模化、专业化、机械化、智能化、信息化等综合化农业；③设施农业是集经济效益、社会效益和生态效益于一体的农业；④设施农业是抵御风险能力较强的避灾农业。设施农业按主体可分为设施栽培（即保护地栽培）和设施养殖，按设施复杂程度可分为：①简易覆盖型，主要指地膜覆盖；②简易设施型，主要指中小拱棚；③一般设施型，主要指日光温室、塑料大棚等；④复杂设施型，主要指现代化温室和无土栽培等。大连市重点发展的设施农业多为简易设施型和一般设施型。

25.2　大连设施农业发展现状

大连设施农业发展起步较早，是全国日光温室生产的发源地。早在20世纪70年代，瓦房店市农民采用日光温室在冬季生产黄瓜，开创了利用太阳能进行反季节蔬菜生产的先河。步入90年代，在设施农业成功经验的示范和带动下，更多的农民加入到设施农业发展行列。各县级政府因势利导，组织基层干部群众到设施农业发展较好的地区参观学习，同时加大宣传和扶持力度，极大地调动起广大干部群众发展设施农业的积极性，自此设施农业在大连地区遍地开花。2008年，大连市政府开始全方位扶持设施农业发展，各县区也相继出台多项扶持政策，重点加大设施农业小区建设的投入力度，全市掀起了发展设施农业的新高潮。目前，大连设施农业发展总体呈现规模扩大、设施改善、类型齐全、品种丰富、质量提高、销售顺畅、效益良好、农民拥护的喜人局面。

1）政府扶持设施农业发展的政策措施

2006年，大连市财政局和市农委联合下发了《大连市支持保护地生产发展财政资金管理办法》，对农户个人贷款新建大棚按照标准给予贴息补助，并对困难农户额外予以一定的资金支持，这是大连市政府首次对设施农业予以财政资金支持。2008年，大连市政府出台了《关于加快设施农业小区建设的实施意见》（以下简称《意见》），明确规定了小区建设的总体思路、发展目标、发展重点、建设范围和标准以及相应保障性措施，计划5年时间里以每年10万亩的发展速度在全市新建设施农业50

万亩，建设规模化标准小区 1 300 个，每年建设 10 个蔬菜、食用菌和花卉育苗中心。为保证《意见》落实到位，大连市政府与各涉农县区政府负责人签订年度设施农业建设目标责任状，并将之纳入干部政绩考核体系。大连市政府重点发展设施农业的强力举措，极大地调动了县乡政府和农民发展设施农业的积极性，各县区相继制定了发展规划或方案，出台了具体的扶持或奖励办法，大连设施农业整体迈入跨越式发展阶段。

2）政府财政对设施农业投入及民间投资情况

2006 年，市县两级财政共拨付资金 2 467 万元（其中市本级财政 2 000 万元，占总量的 81%），用于全市农户贷款新建大棚贴息补助和支持困难农户发展设施农业。2008 年，大连市财政局、农委和水务局联合下发了《大连市扶持设施农业小区建设专项资金管理办法》，对当年按标准新建和扩建的设施农业小区的日光温室每个补助 5 000 元、大棚每个补助 1 000 元，并分别予以等额的配套补助；对达标的新建、改建和扩建的育苗项目给予不超过 20 万元的以奖代补。同年，大连市财政局分别下发了《大连市防汛及农村小型水利基础设施建设财政专项资金管理办法》、《大连市花卉产业发展财政专项资金管理办法》、《大连市扶持农业产业化发展财政专项资金管理办法》和《大连市种植业保险试点财政补贴办法》等一系列文件，对水利设施、花卉小区建设、农业产业化和种植业保险等予以财政资金支持。为进一步推动设施农业规模化发展，2010 年市农委、财政局等 5 部门联合下发了《关于做好设施农业建设项目管理的意见》，对集中连片 500 亩以上的设施农业大区给予重点扶持，大区日光温室每亩补助 5 000 元，大棚 1 000元，并分别给予补助额 2 倍的配套补助。自此，大连设施农业跨入了政府财政对其投入最大的历史时期（见表 25-1）。

表 25-1　　2006—2009 年市县两级财政投入设施农业情况表　　　单位：万元

项目	2006	2007	2008	2009	四年合计	年均增长率
市级投入	2 000	3 099.6	11 840	30 309	47 248.6	147.47%
县级投入	467	958	2 389	6 205	10 019	136.85%
市县合计	2 467	4 057.6	14 229	36 514	57 267.6	145.53%
市级占比	81.1%	76.4%	83.2%	83.0%	82.5%	

注：2006—2007 年为贷款贴息补助，以后年度为直接补助。

数据来源　大连市财政局。

表 25-1 显示，大连市财政对设施农业的投入由 2006 年的 2 000 万元，猛增到 2009 年的 30 309 万元，4 年增长了 15 倍，年均增长147.47%。县区投入由 2006 年的 467 万元增加到 2009 年的 6 205 万元，4 年增长了 13 倍，年均增长 136.85%。市本级财政投入占市县总投入比重基本在 80% 以上。这说明大连市财政对设施农业的投入以市本级财政投入为主，且投入数量逐年大幅增加（见图 25-1）。

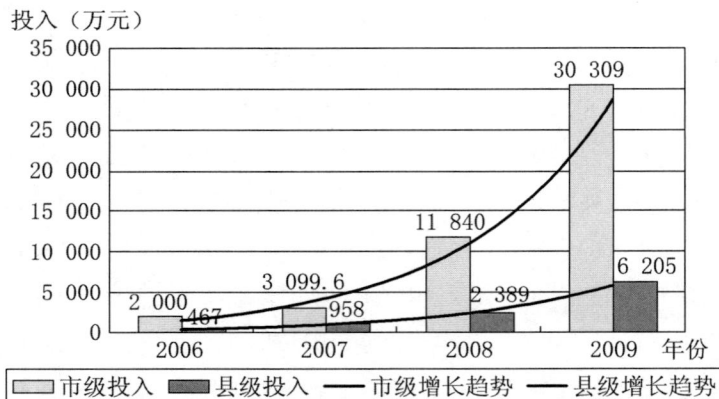

图 25-1　2006—2009 年市县两级财政投入趋势

随着财政投入的加大，财政资金引导民间资金投资大连市设施农业的作用日益显现，越来越多的外地企业和个人到大连地区发展设施农业，原本因缺乏资金对是否发展设施农业犹豫不决的当地村民也开始联合起来，积极筹措资金着手建设设施农业小区。据不完全统计，2006—2009 年市县两级财政对北三市设施农业投入约 4.1 亿元（其中市本级财政投入约 4 亿元，占总投入的 97.1%），直接或间接吸引民间投资超过 45 亿元（见表 25-2、表 25-3），财政资金"四两拨千斤"的作用和政府投资乘数效应凸显。当然，我们也不能忽视近年来设施农业产品需求旺盛、价格稳定、收益较高对民间资本的吸引作用。

3）设施农业建设情况

2009 年大连市设施农业总面积已达 69 万亩，比 2006 年的 52.6 万亩增加了 16.4 万亩，年均递增 9.47%。政府重点扶持兴建的日光温室和大棚面积逐年上升，年均分别增长了 12.85%、13.3%，中小棚 4 年间则下降了 14.29%（见表 25-4）。设施农业棚室结构发生较大变化，

表 25-2　　　　2006—2009 年北三市设施农业市县

瓦级财政投入情况表　　　　　单位：万元

项目		2006	2007	2008	2009	四年合计	年均增长率
瓦房店市	市本级	621	824.4	3 073	5 001	9 519.4	100.44%
	县　级	119	70	95	300	584	36.10%
普兰店市	市本级	552	806.4	3 704	8 768	13 830.4	151.37%
	县　级	0	0	65	135	200	107.69%
庄河市	市本级	378	598	2 532	12 893	16 401	224.31%
	县　级	0	0	0	395	395	
三市合计	市本级	1 551	2 228.8	9 309	26 662	39 750.8	158.08%
	县　级	119	70	160	830	1 179	91.06%

数据来源　大连市财政局及北三市财政局。

表 25-3　　　　2006—2009 年北三市设施农业吸引

民间投资情况表　　　　　单位：万元

县区	2006	2007	2008	2009	四年合计	年均增长率
瓦房店市	32 000	38 000	43 000	60 000	173 000	23.31%
普兰店市	11 088	52 480	59 431	57 337	180 336	72.93%
庄河市	23 202	25 660	18 528	34 003	101 393	13.59%
三市合计	66 290	116 140	120 959	151 340	454 729	31.67%

数据来源　北三市财政部门和农业部门。

日光温室占比已超过 60%（见图 25-2、图 25-3）。从兴建小区的数量看，50 亩以上标准小区（规模小区）由 2006 年的 423 个增加到 2009 年的 6 599 个，4 年增长了 15.6 倍，年均递增近 150%。以上数据表明，政府在调整设施农业设施结构中发挥了重要作用，全市设施质量和规模化程度明显提高。

表 25-4　　　　2006—2009 年大连市设施农业基本情况表　　　单位：万亩、个

年份	设施农业面积							标准小区 (规模小区)
	总面积	日光温室		塑料大棚		中小棚		
		面积	比重	面积	比重	面积	比重	
2006	52.6	30.3	57.66%	12.6	23.92%	9.7	18.42%	423
2007	57.4	33.0	57.50%	14.5	25.28%	9.9	17.22%	582
2008	64.1	38.6	60.20%	19.0	29.72%	6.2	9.66%	4 038
2009	69.0	43.6	63.19%	18.3	26.52%	6.1	8.84%	6 599
年均增长率	9.47%	12.85%		13.30%		-14.29%		149.87%

数据来源　大连市农村经济委员会。

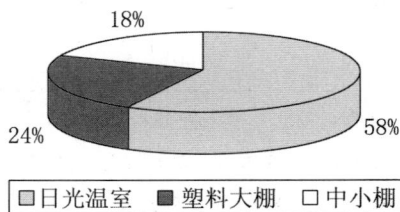

图 25-2　2006 年大连设施农业棚室比重

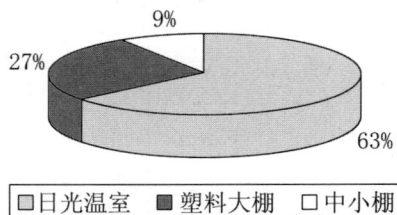

图 25-3　2009 年大连设施农业棚室比重

从 4 年来大连市新增设施农业面积上看，年均递增仅为 3.67%，其中日光温室年均递增 11.26%，大棚和中小棚分别下降了 22.34% 和 10.53%（见表 25-5）。究其原因：一是 2006 年以来大连市政府制定了每年建设 10 万亩设施农业发展计划，计划的落实保证了设施农业总面积基本稳定；二是城市化进程的加快，使部分设施农业被拆除，致使总面积未以每年 10 万亩的数量叠增（见表 25-4、表 25-5）；三是政府调控设施农业向规模化发展的政策发挥了应有作用，日光温室比重逐年增加。

表25-5　　20C6—2009 三大连市新增设施农业基本情况表　单位：万亩、个

| 年份 | 新增设施农业面积 | | | | | | | 标准小区（规模小区） |
| | 新增面积总计 | 日光温室 | | 塑料大棚 | | 中小棚 | | |
		面积	比重	面积	比重	面积	比重	
2006	10.8	6.5	60.29%	3.2	29.91%	1.1	10.50%	247
2007	10.4	5.5	53.09%	3.5	33.77%	1.4	13.14%	207
2008	10.8	5.8	53.30%	3.1	28.94%	1.7	15.86%	778
2009	12.0	8.9	74.27%	1.5	12.57%	0.8	6.75%	1 597
年均增长率	3.67%	11.26%		−22.34%		−10.53%		86.30%

数据来源　大连市农村经济委员会。

由表25-6可见，大连设施农业种植结构主要包括蔬菜、水果、食用菌和花卉。蔬菜和食用菌占设施农业比重呈下降趋势，两年间分别下降了2%和3.6%，但蔬菜类仍然是大连市设施农业的种植主体，占57%左右。新增设施农业中以水果类增长最快，2009年比上年增长了94%，占新增面积比重由31%上升至53%（见表25-7），说明水果类将成为未来大连设施农业发展的主攻方向。

表25-6　　2008—2009 年大连市设施农业种植结构情况表　单位：万亩

| 年份 | 设施农业总面积 | 蔬菜 | | 水果 | | 食用菌 | | 花卉 | |
		面积	比重	面积	比重	面积	比重	面积	比重
2008	64.1	37.5	58.53%	18.9	29.43%	7.1	11.13%	0.6	0.91%
2009	69.0	39.0	56.52%	24.1	34.93%	5.2	7.54%	0.6	0.87%

数据来源　大连市农村经济委员会

表25-7　　2008—2009 年大连市新增设施农业种植结构情况表　单位：万亩

| 年份 | 新增设施农业面积 | 蔬菜 | | 水果 | | 食用菌 | | 花卉 | |
		面积	比重	面积	比重	面积	比重	面积	比重
2008	10.8	5.3	48.84%	3.3	31.00%	2.1	19.08%	0.1	1.08%
2009	12.0	5.2	43.56%	6.4	53.10%	0.3	2.52%	0.1	0.82%

数据来源　大连市农村经济委员会。

从设施农业标准小区情况看，全市 50 亩以上标准小区 2009 年达到 6 599 个，比 2008 年的 4 038 个增长 63.4%，其中日光温室占小区比重由 2008 年的 54% 上升到 2009 年的 68%，大棚占比锐减，两年间下降了 14 个百分点（见表 25-8）。从新增设施农业棚室结构看，日光温室占新增总面积由 2008 年的 53.8% 上升到 2009 年的 74.27%，而大棚则下降了 16 个百分点（见表 25-9）。说明大连市设施农业标准小区以日光温室为主，且面积正不断增加。

表 25-8　　　2008—2009 年大连市设施农业标准小区情况表　　　单位：个

年份	标准小区总数	日光温室		大棚	
		数目	比重	数目	比重
2008	4 038	2 182	54.04%	1 856	45.96%
2009	6 599	4 494	68.10%	2 105	31.90%

数据来源　大连市农村经济委员会。

表 25-9　　　2008—2009 年大连市新增设施农业棚室结构情况表　　　单位：万亩

年份	新增设施农业面积	日光温室		塑料大棚		中小棚		风雨棚	
		面积	比重	面积	比重	面积	比重	面积	比重
2008	10.8	5.8	53.80%	3.1	28.94%	1.7	15.86%	0.2	1.41%
2009	12.0	8.9	74.27%	1.5	12.57%	0.8	6.75%	0.8	6.41%

数据来源　大连市农村经济委员会。

4）设施农业促进农民增收情况

随着政府扶持设施农业发展的力度越来越大，加之市场需求旺盛和产品价格较好，设施农业促进农民增收的作用十分明显。统计数据显示，2006—2009 年，瓦房店市、普兰店市和庄河市农民设施农业年均纯收入分别达到 2 442 元、2 882 元和 1 857 元，与 2006 年相比分别增长了 67.5%、202.4% 和 104.5%，占农民年均纯收入比重分别达到 25.9%、32% 和 17.9%（见表 25-10）。

需要说明的是：表 25-10 数据来自抽样调查和简单测算，与实际情况或有误差，现选择北三市农民增收个案试作说明。瓦房店市案例：2008 年，老虎屯镇马圈村的唐宝仁、于世美夫妇，在 134 延长米和 115

表 25-10　2006—2009 年北三市设施农业农民年均收入情况表　　　单位：元

项目	农民年均纯收入				农民设施农业年均纯收入				农民设施农业年均纯收入占比			
	2006	2007	2008	2009	2006	2007	2008	2009	2006	2007	2008	2009
瓦房店市	6 000	7 180	8 340	9 420	1 458	1 783	2 044	2 442	24.3%	24.8%	24.5%	25.9%
普兰店市	5 294	7 494	8 337	9 005	953	1 439	2 334	2 882	18.0%	19.2%	28.0%	32.0%
庄河市	6 000	7 553	8 508	10 365	908	1 142	1 428	1 857	15.1%	15.1%	16.8%	17.9%

数据来源　北三市农业部门。

延长米两栋日光温室内栽培黄瓜、芸豆，年均纯收入超过 14 万元；杨家乡岚崮村的林宝文，利用 2.1 亩温室栽培香菇，年均纯收入近 20 万元。普兰店市案例：2009 年，太平矿洞设施蓝莓每亩温室收益高达 20 万元；同益蒿房日光温室葡萄每亩收益超过 6 万元。庄河市案例：据鞍子山乡石嘴村村民杨丽芳介绍，以前种玉米、水稻，一年只能收入四五千元，现在乡里帮其建了一个 100 米长的西红柿大棚，每年可赚 3 万多元；据太平岭乡歇马村的于淑云介绍，她所建的草莓大棚，一亩收入 3 万元左右。综合统计数据和案例分析，设施农业是优质高效农业，现已成为大连市农民增收的重要渠道。

5）设施农业带动相关产业发展情况

发展设施农业不仅促进了农民增收，还带动了农资供应、建筑、运输、农产品加工及旅游等相关产业的发展，特别是对农产品加工业和旅游业的带动作用尤为明显。目前，大连市农产品加工企业发展态势良好，许多罐头、成品蔬菜企业产品远销日本、韩国和俄罗斯等地。旅游业更是红火，各县区依托地区产品特色建起各类"农家乐"、旅游度假山庄和观光带等。

6）设施农业综合化发展情况

经过多年发展，尤其是 2008 年大连市政府加大扶持力度以来，大连市设施农业呈现出良好的综合化发展态势，逐步向规模化、标准化、科技化、专业化、市场化和产业化方向发展。一是，设施农业基地初步实现规模化。截至 2009 年，全市 50 亩以上设施农业标准小区达 6 599 个，500 亩以上的大区 26 个，已建成棚桃、葡萄、草莓、樱桃、西红柿、黄瓜、食用菌、花卉和特细菜九大设施农业生产基地，最大基地面积达 7.5 万亩，最小达 0.8 万亩。二是，设施农业质检初步实现标准化。2008 年全市已形成标准化生产小区 718 个。建立 1 个市级、8 个县级和 70 个乡（镇）级农产品质量安全检测网，定期对设施农业产品进行抽样检测。有 5.5 万亩 58 个设施农业生产基地通过绿色食品检测，35.7 万亩 103 个设施农业生产基地达到无公害标准。三是，设施农业生产初步实现科技化。大连市日光温室、大棚等硬件设施科技含量日渐提高，多采用钢筋骨架结构和较先进的保温材料。嫁接育苗、无土栽培、微滴灌、声波助长仪、空间电场等一大批先进技术得到广泛推广和应用。越来越多的新品种、新技术被引进，全市新品种应用率达到 95% 以上，新技术应用率达到 60% 以上。在政府推动下，构建了较完整的科技服务体系。四是，设施农业产业初步实现专业化。目前，各县（市）区依据本地资源条件和品种优势，因地制宜制定了设施农业区域布局规划、品种规划和产业规划，依托地方名、特、优产品，优化提升现有优势，逐步形成"一村一品"乃至"一乡一品"的特色格局，提升了全市设施农业专业化水平。五是设施农业营销初步实现市场化。目前大连市拥有果菜加工型、外销型龙头企业 73 家，果菜贮藏保鲜库 558 个，果菜批发市场 32 处，果菜经济合作组织 81 个，销售果菜能力 500 吨以上的经纪人 1 090 人。这些组织和个人与设施农业经营者签订订单，拓展销路，将产品送入国内外市场。六是设施农业经营初步实现产业化。各县（市）区积极鼓励引导龙头企业、经营大户、农民专业合作社投资发展设施农业，形成了村建民营、园区专建专营、农民专业合作组织联建联营、农户自建自营等多种经营模式，设施农业产业化水平逐年提高。

25.3　设施农业发展现存问题及成因

尽管大连设施农业近年来取得良好成效，但其发展仍面临规划、技术、资金、营销等诸多亟待解决的问题。

1）规划政策层面

一是设施农业的发展方向是实现设施农业现代化。目前大连市设施农业设施建设基本停留在简易设施和一般设施水平，科技含量和生产效益相对较低，政府规划中缺少引导设施农业向高端发展的内容。二是目前的规划仅限于市级和县级，村镇很少参与，使规划难以更好地与地区实际相结合，个别地区出现了为完成建设任务而盲目被动发展设施农业的现象。三是规划未体现差异性。目前大连市设施农业发展并不均衡，县与县、乡与乡间差别较大。基础较好的地区设施农业保持高速发展，基础薄弱的地区发展相对缓慢。在扶持政策相同的情况下，前者更易享受政策，而后者常常望洋兴叹，某种程度上扩大了不均衡。四是某些政策尚需进一步完善。调研发现，享受相同财政补贴的不同新建小区的棚室质量、净面积差别较大，影响了财政资金整体使用效率。五是政府推进设施农业政策性保险试点工作进展相对缓慢，保险覆盖面偏窄且不均衡。

2）技术应用层面

一是设施设备整体技术水平不高。目前大连市设施农业以日光温室为主，部分温室尤其是农民自建温室多为土打墙、竹木结构骨架，仅具防雨、保温功能，难以对光、温等环境因子进行有效调控，不能抗御大风、低温等自然灾害。新建温室大棚多为砖混砌墙，以钢筋水泥为骨架，但作业空间小、立柱多，不便于机械操作。生产过程中的播种、施肥、除草和病虫害防治等大多为人工操作，工作环境差，劳动强度大，生产效率低。二是技术服务能力偏弱。目前大连市农业部门现有专业技术人员知识更新较慢，真实技术水平较低，指导能力较弱，许多技术性问题无法就地解决，一些种植户往往赴外地向民营农科公司求助。

3）组织管理层面

一是各级政府在推进设施农业规模化发展方面力度较大，效果突出，但在产业后续组织管理方面相对薄弱，一定程度存在重建设轻管理、重生产轻市场的问题。二是政府重点扶持发展的龙头企业，其中一些未发挥应有的组织管理作用，未能与当地农民结成稳定的利益联合体，辐射带动能力较弱，开拓市场能力不强，使许多分散种植户仍处于单产单销状态。三是以农民为主体的专业合作社还处于初级发展阶段，主体地位不明确，力量比较薄弱。

4）标准生产层面

全市设施农业技术应用和生产缺乏统一的技术标准、基本的量化指标和成套技术，仍以传统经验为主，标准化生产水平低。温室和大棚种植的品种大多筛选自常规品种，优良专用型栽培品种匮乏，造成农产品产量、品质、档次和价位相对较低，限制了设施农业增产增效。

5）生态环境层面

受市场导向及经济利益驱动，部分效益较高的农产品重茬连作比较突出，且存在盲目过量施用化肥和农药现象，致使某些产品质量逐年下降，棚室内病菌大量繁殖，土壤营养被破坏，个别小区生态环境恶化。此外，棚室土壤缺少雨水冲淋，易发生板结，导致死苗减产。

6）农民认知层面

一是部分农民已习惯于传统种植，难以接受新型生产方式。二是设施农业初始投资大，部分农民担心种植失败，宁可出租土地外出打工，也不愿发展设施农业。三是在土地租金逐年上涨的情况下，部分农民自认未来租金更高，存在待价而沽心理，不愿即时流转土地。四是个别农民思想狭隘。标准小区建设以集中连片土地为依托，而土地分散在不同农户手中，个别农户把土地流转作为报复他人或阻止他人发家致富的工具。庄河市曾出现因一户村民不合作，导致该村几十亩设施农业建设项目流产的情况。

7）资金筹措层面

目前大连市农民自建设施农业资金来源主要包括自有资金、银行贷款和政府投入。农民自有资金主要来自种地收入和外出务工收入，很难凭一己之力发展设施农业；银行贷款资格审查严格，农民个人很难通过审查，即使通过审查，贷款发放程序繁琐，且贷额小、期限短、利息高；政府财政补贴一般不足建设资金的10%，无法根本解决筹资难问题。为缓解设施农业建设资金紧张压力，市本级财政现采取预拨资金方式对县区提前拨付补助资金。调研发现，因县区农业部门不能及时落实项目，使市补资金滞留在县级财政部门，未起到应有的作用。

25.4　推进大连设施农业发展的对策建议

发展设施农业是一项系统工程，需要建立一套全方位、多功能的设施农业发展体系以解决其发展过程中的关键性问题。2008年政府着力扶持设施农业以来，大连市初步建立了设施农业发展体系（见图25-4），但尚需进一步健全完善。

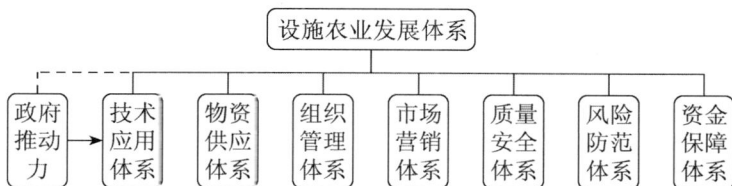

图 25-4　大连市设施农业发展体系框架

1）进一步强化政府推动力

实践证明，政府在实现设施农业规模化、产业化等综合化发展进程中起着极其重要的推动作用。为实现大连设施农业可持续发展，必须进一步强化政府推动力。

第一，完善发展规划。各级政府在突出强调实现设施农业规模化发展的同时，应遵循设施农业发展规律，综合考虑设施农业产业化、标准化等综合化特点进行统筹规划。在重视实用型设施建设的同时，应根据设施类型对简易、一般和复杂型设施进行分层次规划，使总体规划更加科学合理。探索建立全市统一的设施、技术、生产和质量等基本标准，推进设施农业标准化发展。制定规划应广泛听取各方面意见，提高规划的实效性。

第二，强化部门协调配合。设施农业涉及农业、财政、水电、金融等多个政府部门，应尽快建立部门协调配合机制和信息共享机制，使各部门及时了解设施农业发展动态，合力解决现存问题。

第三，积极推动土地流转。一是政府可通过补贴流转价款、提供就业岗位、实行养老保险等措施，引导农民自愿转让土地。二是探索试行土地参股制。引导农民以全部或部分土地租金入股设施农业企业，密切农户与经营者的利益关系，增加农民收入弹性。三是建立土地流转市场，搭建土地流转平台。

第四，强化宣传引导，提高干部群众重视发展设施农业的意识。对设施农业建设中贡献突出的组织和个人予以奖励。

2）健全设施农业技术应用体系

一是制定全市统一的设施农业设备和技术基本参照标准。改变按小区建设规模予以财政资金扶持的做法，实现技术标准与标准小区、大区建设相结合，对未达到设备和技术基本标准的小区不予扶持。同时考虑改变根据建设亩数拨付补贴，代之以温室和大棚净面积为依据测算。二是对设施农业新品种、新设备、新技术引进和示范推广的先进组织和个人以及对本地设施农业技术研发取得突破的组织和个人予以奖励。三是将农业科技服务纳入设施农业发展整体规划，适当增加技术服务投入，建立健全基层技术服务网络。四是招聘一批具有真才实学的农业科技人员充实到基层科技队伍，提高基层整体技术服务水平。五是组织专家深入设施农业小区，指导设施农业实践。六是借助电视、广播、报刊等媒体，通过公开讲座、分发光盘等形式对农民进行全方位培训指导。

3）健全设施农业物资供应体系

首先，搭建统一的物资采购平台。以政府采购部门为依托，借助政府采购以招投标方式面向国内外供应商集中采购的优势，对标准小区建设所需的设施设备及配套物资按照自愿原则进行集中采购。其次，适当增加种苗培育基地投入，按照基地特色种苗质量、当地售苗数量和供苗能力予以财政补贴。最后，推进农资连锁经营市场发展。政府可按照市场化运作方式引导实力雄厚、信誉良好、具有批零基础的农资企业、部门组建农资连锁服务配送中心；选择诚信度高、业绩好的基层经营网点引导成为连锁加盟店，形成县乡村农资连锁经营网络，实现全市农资高效供给。

4）健全设施农业组织管理体系

按照实效性原则，调整政府财政支农资金结构，修订支农资金管理办法，实现设施农业相关支农资金与健全组织管理体系相结合。一是对政府着力培养和重点扶持的辐射带动能力强的生产龙头企业和生产大户，按照其与基地农户结成的利益联合程度及带动农户发展设施农业的规模，分类进行扶持，促进形成"企业+基地+农户"新型产业化组织模式。二是支持具有生产优势的设施农业能人或具有经营购销优势的经纪人，牵头组建专业协会，按照自愿参与的农户数量和农户种植规模，对其予以补助，促进形成"协会+基地+农户"的组织运作模式。三是鼓励农业技术推广部门牵头兴办各类专业协会，促进形成"部门+协会+企业+农户"的生产经营方式，提高设施农业产业化水平。四是重点支持村屯等区域性合作经济组织发展，促进形成"龙头企业+合作经济组织+基地+农民"的运作模式，提高设施农业组织管理水平。

5）健全设施农业市场营销体系

一是充分利用市农委建立的信息网络平台，灵活掌握目标市场大中城市的市场动态，及时准确地提供农产品价格、市场供求等有价值的商务信息。二是将经纪人纳入政府培训计划，提高农业经纪人素质。三是采取贷款贴息等方式，按照农户受益范围和受益程度，扶持企业、产业合作组织、农民经纪人和"大农"投资预冷库、冷藏车及相关配套设施。四是遵循市场运行规律，在设施农业集中产区建设产地批发市场。五是依托出口骨干企业，支持建设设施农业产品出口生产基地，开拓国际市场。

6）健全设施农业质量安全体系

首先，积极推进设施农业标准化生产。加快制定区域绿色无公害农产品生产的基本标准，严格按照统一标准进行生产，从源头上把紧产品质量安全关。采取以奖代补等形式，支持设施农业产品标准化示范区和生产基地建设，大力推广优良品种、节水灌溉、测土配方施肥、高效无毒无残留生物农药等良种良法综合配套生产技术，加快绿色无公害农产品基地认定和产品认证步代，扩大获取绿色食品标志农产品的范围和种类，保证生态环境质量。其次，加强设施农产品质量安全检测。整合现有农产品质量安全检测资源，实现区域内产品质量安全监测网络全覆盖。最后，加大农资市场监查力度，严厉打击生产、销售假冒伪劣和违禁农业投入品的行为。

7) 健全设施农业风险防范体系

一是制定设施农业设施设备抵御自然灾害能力的指导标准，按标准分类给予财政补贴。二是建立农业自然灾害预警机制。通过与气象部门签订合作备忘录，建立定期沟通、会商机制和农业自然灾害预警系统，提高设施农业气象灾害预测和监测水平。三是加快推进设施农业保险商业化进程，引导保险公司开展设施农业保险业务，降低设施农业经营者的种植风险。

8) 健全设施农业资金保障体系

一是按照效益优先原则，突出政府扶持设施农业发展的实效性，引导更多的民间资本投资大连市设施农业。二是加大农、林、水、农业开发、土地治理等财政支农资金的整合力度，优化支出结构，重点扶持设施农业基础设施建设。三是财政部门会同相关部门应加强对设施农业财政补贴资金的跟踪监测和绩效考核，在确保资金安全的前提下，探索建立设施农业项目跟踪问效机制和激励分配机制，提高设施农业资金的使用效益。四是各级政府应协助金融机构清收贷款，用良好的信誉争取金融部门对设施农业更大的支持。五是大力开展招商引资，积极引导和鼓励社会力量发展设施农业。六是调整市本级财政向县区预拨补贴资金的方式，代之以项目为依托，据实拨付。

第六篇　财政发展历程与理财体系构建

　　财政史既是经济史、政治史、社会史，也是一个国家、一个民族的兴衰史。大连财政发展历程是中国近现代史的一个缩影。回望大连财政百年及改革开放三十多年来取得的伟大成就，凸显出中华民族的坚韧与智慧，侵略者的本性与罪恶。历史不容忘却。只有揭示"人治"向"法治"羽化成蝶的演进历程，才能让世人领悟到构建科学的制度体系所应有的支撑点与生命力。

第 26 章　大连财政百年回望①

光阴荏苒，岁月流逝，历史永远地过去了，但历史也永恒地存在着。在人类跨入 21 世纪的时候，让我们走进大连财政发展的百年历程，总结记录下大连财政的沧桑与辉煌。

26.1　历经屈辱（1899—1945 年）

1898 年沙俄强租旅大，揭开了大连地区被殖民统治达 47 年之久的历史。日俄战争，俄国败北。1905 年旅大沦为日本殖民地。俄日统治时期，在大连设立"关东卅"总督府，下设财务部掌管财政。财政收入主要来源于地租、亩捐、户捐和林、渔等税收。殖民者不顾中国人死活，巧立税种，无物不税，榨骨吸髓，横征暴敛，疯狂掠夺，给大连地区人民造成了深重的灾难。尤其日本殖民统治时期，为把大连地区建成侵华的根据地和策源地，殖民者组织日本移民来连经商、开矿，进行经济掠夺。随着日本侵略步伐的加快，军事性支出迅猛增长，军费开支占财政支出比重逐年加大，1942 年达 40% 以上。

---

① 本章为纪念大连建市百年而写。大连发展历程是中国近现代史的缩影，作为一名财政科研工作者，有责任回顾和总结大连财政百年发展，让人们品味其间的沧桑与希望。

"风雨如磐暗故园"。俄日的殖民统治史，是大连的屈辱史，也是大连人民的血泪史。

26.2 饱受沧桑（1945—1978 年）

1945 年日本投降，殖民统治土崩瓦解，民主政府宣告成立，大连人民迎来了自己的春天。政府下设财政局，建立了"统收统支"的财政管理体制。财政收入主要来源于企业收入、正税、关税、地方捐和农业税等。财政收入虽有增长但波动较大，主要缘于企业收入的变化。解放初期，苏军接管了部分效益较好的企业并拿走了收益，地方政府从敌伪手中接管的企业因受损严重大多不能生产，而军需企业又以支援解放战争为目的无法体现收益，以致企业收入屈指可数。1948 年政府"整编"工商业，并开展"创模运动"，企业收入猛增。后受军工企业缩小和民用企业产品滞销及遭遇特大台风袭击的影响，1949 年企业收入锐减，影响了财政的运行。民主政府初期，基本建设类支出和生产建设类支出很少，甚至有些年份预算未作安排。直到 1948 年，生产建设类支出才有所增加，从而为新中国成立后大连经济建设奠定了一定的基础。

新中国成立后，大连划归东北人民政府统管。为稳定货币，恢复经济，财政继续实行统收统支的管理体制。正当大连人民倾力于恢复经济建设的时候，朝鲜战争全面爆发。作为国防重地又是工业城市的大连，自然成为支前的重要力量。为此，政府将可缓办或停办的支出节约下来，以满足与战争有关的支出需要。除军需生产和民用工业生产外，一般不再进行基本建设。由于经济恢复很慢，财政收支明显下降。1951年，财政收支分别比上年下降了 42.4% 和 36.7%。

1953 年，伴着抗美援朝的凯歌，大连步入了第一个五年经济建设时期。为尽快恢复和发展生产，政府在推动财政体制由统收统支向"分类分成"转换的同时，逐步扩大生产建设投入，兴扩建了一批重点骨干项目，如大连钢厂、机车车辆厂和石油七厂等，大连经济渐有起色，财政收入增长较快。"一五"时期，财政收入年均递增 17.2%，为大连经济建设提供了一定的财力保证。

1958 年，开始了"大跃进"和人民公社化运动，造成国民经济比例严重失调，高指标、瞎指挥、浮夸风和"共产风"泛滥成灾，基础财源惨遭破坏，财政收入虚假增长，1958—1960 年年均递增超过150%。财税人员也未幸免，大部分人员下放劳动或被调离工作岗位，出现税收无人征、财政无人管的尴尬局面。为提高公有制"纯度"，国家对个体和集体经济实行更严格的税收政策，刻意限制个体经济和集体经济发展。1963 年，个体经济所得税负担率已达 50%，加成后超过了 86%。

为修复"大跃进"造成的创伤，扭转国民经济比例失调的局面，改变财政管理混乱的状态，解决财政体制的矛盾和问题，1960 年，大连市实行"超收分成"的财政管理体制。按照"上下一本账，全国一盘棋，不搞赤字预算"的原则，将部分重点企业收入上划中央和省级财政，并把生产建设支出改列省级预算，以期达到控制财政支出的目的。同时，恢复财税机构，充实财税干部，查补漏欠税款，消除虚假收支。1963 年，大连市经济明显好转，财政工作逐渐恢复正常。

就在人们喜迎第三个五年计划的时候，史无前例的"文化大革命"爆发了。"十年浩劫"使原本羸弱的大连经济濒临崩溃的边缘。财税工作几乎陷于停顿。在所有制形式上盲目求纯，一而再、再而三地消灭个体经济，1976 年个体经济几乎为零。为实现大连产品自给，自成体系，中央和省先后下放了一些大型企业，使大连财政收入在固有财源受损的情况下不降反升。但受频繁变动的财政体制影响，财政支出未有相应增加。

1976 年，延续十年的"文化大革命"结束了，大连财政重见曙光。

26.3　冲破桎梏（1978—1992 年）

1978 年中共十一届三中全会后，党的工作重心转移到社会主义现代化建设上来。改革开放、发展经济成为各级政府工作的重中之重。经济体制发生深刻变化，计划经济桎梏被冲破，有计划的商品经济开始形成。大连经济和财政工作步入了一个崭新的历史时期。1980 年，大连财政体制一改过去统收统支格局，建立了放权让利的"大包干"体制。新体制极大地调动了各级政府当家理财的积极性，有力地支持了大连市经济建设和各项事业的发展。1980—1992年，财政支出累计达146亿元，年均递增15.6%。为增强企业发展后劲，理顺政府与企业的分配关系，1983年、1984年先后实行两步"利改税"，国有企业上缴利润转由税收形式取代，财政收入结构随之发生很大变化。企业收入占财政收入比重逐年下降，由"五五"时期的59%降到"六五"时期的46%。税收比重逐年上升，由"五五"时期的39%上升到"六五"时期的47%。

1980年后，受部分大型企业上划、财政补贴下放、企业原材料不足和产品滞销等因素影响，财政收入逐年下降。为扭转被动局面，国有企业全面推行承包经营责任制。由于承包制内在的缺陷，执行中出现了包盈不包亏等问题，扭曲了政府与国有企业分配关系，导致国有经济效益大幅下滑，收入锐减，企业出现大面积亏损，财政补贴逐年增加。1978—1983年，财政收入直线下挫，年均递减24.7%。

1985年，国务院批准大连市为计划单列市，享受省级经济管理权限，事权和财权进行了相应的调整。财政收支随中央和省属企业的下放增长较快，分别比上年增长了220%、30%。1987年年初，中央对私营经济和个体经济采取"允许存在，加强管理，兴利抑弊，逐步引导"的方针，私营、个体和三资企业如雨后春笋般迅速发展起来，成为大连新的经济增长点，也为大连经济的腾飞带来了希望。与此同时，第三产业蓬勃发展，无论是运输邮电、商饮服务等传统产业，还是信息咨询、旅游、房地产开发等新型行业都取得了明显进步，形成了具有大连特色的第三产业体系。大连经济进入一个较快的历史发展阶段。

1978—1992年，尽管财政工作取得了很大进步，但由于受诸方面因素影响，导致财政职能弱化，社会财力分散，财政赤字过大，入不敷出，难以为继，根本满足不了各项事业对财政资金的需要，财政仍停留在"吃饭"型财政状态。

26.4   成就希望（1993—1999 年）

1993 年社会主义市场经济体制的确立，标志着大连经济和财政工作步入了不同以往的新时期。1994 年，大连实行了分税制财政体制。分税制明确了中央和地方的财政收支范围，并分别设立了不同的税收征管机构，从而极大地调动了各级政府发展经济、增收节支的积极性。市委、市政府按照市场经济和财政发展的客观要求，适时转变思想，更新观念，抓住改革开放的大好时机，借助沿海开放城市的有利位置，积极探索地方财源建设的新路子，努力寻求新的经济增长点。在巩固和充实基础财源的基础上，大力推动非国有经济的发展。1993 年以来，大连市三资、个体、私营企业规模逐步扩大，非国有经济占财政收入的比重逐年增加，财政收支迅猛增长。1999 年，大连财政可用财力已突破 80 亿元，达到 84.8 亿元，相当于 1949—1971 年 23 年间大连财政收入的总和。财政支出达 84.6 亿元，相当于 1949—1987 年 39 年间大连财政支出的总和。1993—1999 年财政收入年均递增 8.6%，支出年均递增 18.4%。截止到 1999 年，大连财政已连续 7 年实现收支平衡并略有节余，不仅消化了 1992 年以前 4.18 亿元的赤字，而且实现滚存结余 9 672 万元，财政开始步入良性循环的发展轨道。

1）挖潜增收，强化征管，大力组织财政收入

"问渠哪得清如许，为有源头活水来。"经济决定财政，增加财政收入，实现财政状况的根本好转，必须建立在经济持续快速发展的基础上。1993—1999 年，市委、市政府按照社会主义市场经济体制的要求，积极推进经济体制和经济增长方式的转变，调整和优化经济结构，在巩固和促进原有主体财源发展的同时，积极培植开发新兴财源，非国有经济逐渐成为国有企业的替代财源、财政收入新的增长点。这是大连经济在国有企业经济效益未有根本好转的情况下财政摆脱困境的重要原因。

"创业容易，守业难。"为防止税收流失，市政府不断深化税收征管体制改革，严格依法治税，加大征管力度，改进征管手段，大力打击

偷、骗、漏税行为，清理"四假"企业，堵塞税收漏洞，杜绝"跑、冒、滴、漏"现象的发生，努力做到应收尽收。税收收入逐年稳定增长，大连市各项税收连续 3 年突破 100 亿元。

为严肃财经纪律，强化财政监管，提高财政统筹运用资金的能力，市政府逐步摆脱"小财政"的束缚，树立了综合财政观念，将预算外资金和非税收入纳入了预算管理。在落实收支两条线管理的基础上，全面推行"单位开票、银行代收、财政统管"的办法，对预算外资金实行专户管理，建立了综合财政监督管理体系，从根本上堵塞了部门和单位乱支滥用渠道。

2）转变职能，优化结构，确保重点支出

政府职能决定财政支出范围。在计划经济体制下，政府"越位"、"缺位"现象屡见不鲜，直接导致财政收支严重不足，一定程度上影响了大连市经济和社会的持续稳定发展。为此，市政府适时调整理财思路，以构建公共财政框架为目标，按照"有所为、有所不为"的原则，大力调整和优化财政支出结构，保重点，压一般，一改过去"撒胡椒面"的做法，"把钱用在刀刃上"，集中财力办大事，有力地推动了大连经济和各项事业的发展。

（1）努力压缩一般性支出

市委、市政府在广开财源的同时，要求各部门牢固树立勤俭节约的思想，在保证国家政权建设所必需的支出的同时，努力压缩一般性支出。一是对所有党政机关、事业单位实行零基预算管理，改变了部门（单位）支出能上不能下的状况，剔除了财政支出基数不合理的因素，增加了预算编制的透明度，节约了财政资金；二是从 1998 年开始，市政府决定将党政机关、事业单位的办公经费和企业计划亏损补贴在压缩年初预算 10% 的基础上，对党政机关、事业单位的在职职工每人每个办公日再节约 2 元钱经费，全部用于国有企业下岗职工基本生活保障和再就业。1999 年，除教育、科技、公检法司支出外，其他党政机关办公经费又在上年的基础上实行零增长。

（2）重点支持城市建设

按照市政府"不求最大，但求最佳"的城建方针，财政加大了水、电、路等基础设施的投入。1993—1999 年，大连市基本建设支出累计达 98.32 亿元，年均递增 56.6%，如加上城市维护费支出，大连市城建支出 7 年累计超过 120 亿元。城建支出的扩大，不仅改变了大连的市容市貌，解决了制约大连市发展的"瓶颈"，提高了市民的生活质量，而且也为大连招商引资创造了条件。1993 年以来，大连市先后被评为国家级卫生城市、城市综合整治十佳城市、国家级园林城市、国家环境保护模范城市、国家优秀旅游城市。

（3）着力扶持农业发展

1993—1999 年，财政用于支农支出累计达 15.34 亿元，年均递增 18.6%，相当于 1992 年以前 15 年财政投入的总和。重点发展了精品农业、科技农业和旅游农业等特色农业。在不断加大农业投入的同时，各级财政部门充分发挥财政资金的导向作用，吸引大量社会资金投向农业。根据地区特点，着力扶持果品业、水产养殖业和乡镇企业。注重科技兴农，积极推进农业产业化，共建农业精品项目 376 项，兴办外向型企业 2 300 多家，完成荒山造林 93.5 万亩，改造中低产田 140 万亩，农业经济效益大幅提高。

（4）帮助国有企业脱困

为加快国有企业资产重组步伐，支持企业向集团化发展，7 年来财政通过各种专项拨款、税前还贷、税收返还、社会保障等手段对国有企业投入达 46.7 亿元，使国有企业经济效益下滑局面得到控制。为加速企业科技改造，推进企业技术进步和产业升级，增加产品的科技含量，提高国有企业的技术装备水平和市场竞争能力，财政加大了国有企业资金投入，1993—1999 年累计拨付科技三项费 9.57 亿元，年均递增 46%。

（5）增加教育和公检法司的投入

为支持教育事业的发展，实现"科教兴市"的战略目标，提高市民的整体素质，财政从基本建设、城市维护建设费、教育事业费及教育费附加等多方面增加了教育的投入。1993—1999 年，仅教育事业费支出累计已达 40.35 亿元，年均递增 15.6%，基本解决了市内 4 区马路操场、中小学危房抢修等历史遗留问题，并帮助部分区市县解决了历年拖欠教师工资的问题。

为确保市民的生命财产安全，维护社会稳定，财政在压缩一般性支出的基础上，逐年加大公检法司支出，1993—1999 年财政用于公检法司支出 17.84 亿元，年均递增 21.1%。

（6）加大社会保障投入力度

1993—1999 年财政共拨付社会保障资金 19.02 亿元，年均递增 46.4%，是财政收入增长幅度的 5 倍。一是建立了以城镇居民最低生活保障线为主要内容的多层次的抚恤社救制度。"富者知贫，贫者得助"。1995 年，大连在全国率先建立了城镇居民最低生活保障线制度，被誉为"大连模式"。二是保证国有企业下岗职工基本生活和再就业的资金需要。1997—1999 年，财政共拨付资金 9 亿元，安置下岗职工 12.8 万人，为国有企业下岗职工基本生活保障制度尽快过渡为健全的失业保险制度创造了条件。

"功夫不负有心人。"经过近 7 年的艰苦努力，大连财政终于跳出了收收支支的圈子，步入了良性循环的发展轨道，为盘活城市国有资产，提升城市整体功能，促进大连经济建设奠定了坚实的基础，进而也为大连跨入国际性城市行列成就了希望。

虽然大连财政取得了一定的成绩，但也应清醒地看到，不断变幻的国际形势、迅猛发展的国内外经济，定将为财政工作提出新的挑战。仅就财政而言，也面临着诸多的矛盾和困难：一是大连作为老工业基地，以重化工为主，多数企业厂龄都在 60 年以上，设备老化，技术落后，缺乏拳头产品，在向市场经济转轨过程中，逐步陷入困境。虽经几年奋斗，企业效益有所好转，但财政贡献率仍然不高。二是高新技术产业发展比较迟缓，科技创新能力不强，大型高新技术企业较少，高新技术产业比重较低，财政后续财源匮乏。三是受国内外经济因素影响，大连市对外开放先导区招商力度不够，大项目储备不足，外资到位率不高，投资软环境需进一步改善，外资企业对财政的贡献率亟待提高。四是区市县经济发展不平衡，部分地区经济发展相对滞后，财政收入增长缓慢。五是制约大连市经济发展的"瓶颈"因素，如水、农业等，并没有从根本上消除，急需财政追加投入加以改进。六是人口渐呈老龄化趋势，社会保障压力十分沉重，对财政资金的需求逐年增加，等等。

世纪的钟声叩开了大连尘封的历史，风雨刻下的痕迹愈发清晰，发人深省。忆古知今，展望未来，大连财政人应以更加饱满的热情谱写振兴财政的新篇章。

第 27 章　改革开放三十年大连财政纵览

　　改革开放的三十年，是大连财政顺应经济体制转轨，实现财政管理从量变到质变跳跃式发展的三十年，是财政人解放思想，甘作改革先锋，为经济体制改革"铺路搭桥"的三十年，也是财政实践以人为本，探索建设"民生"财政，统筹城乡协调发展的三十年。回顾和总结三十年来大连财政人在财政管理体制、财政管理制度、公共财政体系和财政管理工作等实施的诸项改革及所取得的成就，无不体现财政人解放思想、锐意改革、科学理财的拼搏精神和进取精神。

27.1　财政管理体制不断完善，体制能动作用逐渐增强

　　财政管理体制是政府行政分权和财政分权的集中体现，是政府财政运行的核心内容。财政管理体制直接影响和决定社会经济甚至政治的健康发展。1978 年以来，我国经济体制已由计划经济转为市场经济，顺应时代，大连财政管理体制也经历了"让利"、"放权"、"分权"三个改革阶段。实践中，每个阶段的财政体制改革都具有很强的针对性和时效性，强有力地推动了大连社会经济的发展，并为建设富庶美丽文明大连奠定了坚实的物质基础。为方便阐述，下文将"让利"、"放权"阶

段统一阐述。

1）"让利"、"放权"阶段（1978—1991年）

1978年，辽宁省对大连市实行"定收定支、超收分成、支出包干、结余留用"（1978—1979年）的财政管理体制，把地方屠宰税、车船使用牌照税、城市房地产税、牲畜交易税、集市交易税等5个税种全部下放给大连市。该体制调动了大连各级政府发展经济、努力增加收入的积极性，大连经济形势全面好转，国民经济焕发出勃勃生机。1979年，大连市县两级财政支出比1978年增加近9 000万元，增长了44.4%。

1980年，辽宁省对大连市实行"划分收支，分级包干"（1980—1991年）的财政管理体制，即在确保中央财政支出的前提下，明确各级财政的权利和责任，大连财政在划定收支范围内多收可以多支，少收少支，自求平衡。同时国家对企业财务体制进行改革，先后实行了两步"利改税"，把过去的划分收入改为划分税种，标志着"让利"、"放权"进一步扩大。"让利"，打破了财力集中，使地方政府、部门、企业甚至个人有了新的动力；"放权"，打破了财权的集中，使地方政府、部门、企业甚至个人有了发挥主动性和创造性的空间。财政体制改革始于"让利"，改革之初以"让利"为主，但包含着"放权"，同时"放权"中也包含着"让利"。1979年的"让利"式财政体制改革侧重于对原体制的调整，目的是为改革赢得支持。1980年后逐步以"放权"为主，蕴含着顺应商品经济发展的财政体制改革已经启动。财政包干体制是对高度集中体制的彻底否定，扩大了地方各级政府组织收入和安排支出的自主权，强化了地方的利益主体意识，使地方政府在计划经济下被束缚的主动权得到释放，促进了国民经济和各项社会事业发展。不过，由于"放权"体制设计没有一个清晰的界限，一定程度助长了各级地方政府的短期行为。

1985年，国务院批准大连为计划单列市，享受省级经济管理权限。随着中央和省属企业的再次下放，大连财政收支范围和增长较快，当年财政收入达到15.71亿元，比1984年的4.8亿元增长了3倍多。1987年年初，中央对私营经济和个体经济采取"允许存在，加强管理，兴利抑弊，逐步引导"的方针，私营经济和个体经济成为大连新的经济增长点。这一时期，大连财政收入构成发生很大变化，各项税收占财政收入的比重已达80%，企业收入比重却降到了5%。

为进一步调动地方积极性，1988年，大连市财政管理体制再次进行改革，实行"总额分成加增长分成"体制，将中央财政向地方财政的借款，按照已经确定的数额调减地方支出基数；把房地产税、车船使用税等13个小税种划给地方作为固定收入，并将中央向地方的借款也列为抵减支出基数，增长部分留给地方。同时，进一步改革企业财务体制，全面推行承包经营责任制，结果导致大连国有经济效益大幅下滑。自此，税收逐渐成为财政收入的砥柱。1988年后，大连市第三产业蓬勃发展起来，初步形成了各种经济并存、门类比较齐全、具有大连特色的第三产业体系。当年实现财政收入22亿元，其中各项税收超过了20.4亿元，约占财政收入的93%。

先后实施的"定收定支，超收分成"和"大包干"体制是计划经济体制下财政"让利"、"分权"不断扩大的结果。随着改革逐层深入，市县财政可用财力大大增加，有力地支持了经济建设和各项事业的发展。

2）"分权"阶段（1992—2008年）

由于我国经济体制转向市场经济，原有计划经济体制下的财政体制已经成为阻碍经济社会发展的巨大壁垒。1992年，中央确定在大连等几个省市进行"分税制"改革试点。分税制财政体制是新中国成立以来规模最大、范围最广、内容最多的一次财税变革。根据各级政府事权和财权相结合的原则，按企业隶属关系和税种明确划分地方各级政府财政收入，分设国税与地税两套税收征管机构，并按事权划分财政支出，在各级政府间划分社会管理和经济管理权，以此为依据确定各级政府的预算支出范围。分税制改革突破了"让利、放权"的传统改革思路，向构建市场经济条件下的财政"分税、分权"运行机制迈出了关键的一步。分税制改革调动了各级政府理财的积极性，同时税收征管也得到加强，随意减免税的状况有所好转，税收流失有所控制，大连市财政收入保持稳定增长态势，财政支出结构也得到调整和优化。1999年，大连财政可用财力已达 84.8 亿元,相当于 1949—1987 年 39 年间大连财政支出的总和,并连续 7 年实现了收支平衡,不仅消化了 1992 年以前的财政赤字,而且实现了滚存节余 9 672 万元。

2003 年,大连市政府在进一步规范财政支出责任的基础上,实行了以"属地征税、分税、分享"为主要内容的、新的市对县财政管理体制。通过分税和比例分成的办法,将全部 17 个税种划分为市本级固定收入、区市县固定收入和市县两级共享收入,建立和完善了市县两级收入共享、风险共担的收入分配机制、体制激励机制和转移支付制度。新的分税制财政体制进一步规范了市县两级财政权限,提高了县区级政府增收节支的积极性,增强了本级政府平衡区域差距的能力。2003 年至 2007 年,大连市地方财政一般预算收入累计完成 843.2 亿元,年均增长 22.1%;一般预算支出累计完成 1 136.5 亿元,年均递增 21.3%。2003—2007 年大连市地方财政一般预算收支均比前 5 年翻了一番。县区财政一般预算收入累计完成 452.1 亿元,年均增长 21.6%;一般预算支出累计完成 592.3 亿元,年均递增 19.7%,与收入同步,分别比前一个 5 年翻了一番。2003 年至 2007 年,大连市城市居民人均可支配收入由 8 200 元提高到 15 109 元,增长了 84.3%;农民人均纯收入则由 4 140 元增加到 8 369 元,增长了 102.1%,超过市民人均可支配收入增幅近 18 个百分点。

27.2 财政制度改革逐层深入,制度管理成效日益显现

三十年来,大连财政经历了由社会主义计划经济向社会主义市场经济过渡的关键时期,财政制度改革是这一时期财政工作的主旋律。"九五"时期以前的财政制度改革核心是理顺分配关系,重点是调整和完善国家与企业、国家与个人、中央与地方的利益分配关系,目的在于为微观经济运行创造一个统一的、公平竞争的市场环境。"九五"时期之后的财政制度改革侧重于公共财政制度建设,改革的目的是建立起与市场经济相适应的公共财政体系。财政制度改革主要包括深化部门预算制度、国库集中支付制度、政府采购制度,以及实施全面的"收支两条

线"管理制度。

一是深化部门预算编制改革。科学合理编制部门预算是实现政府资源公平配置的重要前提，是提高财政支出使用效益的制度保障。通过精心试点准备，大连市财政于 2003 年在市直行政事业单位全面试编部门预算，并下发了《大连市本级单位经费预算管理暂行办法》，初步建立了市本级单位基本支出标准和定员定额标准体系。截至 2008 年，市直 88 个主管部门及其所属的近 600 个预算单位，全部按照"人员经费按实际，公用经费按定额，大型专项经费按需求与可能"的原则编制预算。开发了"项目支出预算数据库"，建立了项目支出三年滚动预算编制系统，部门预算管理日趋规范。部门预算改革改变了各部门财政资金的传统分配方式，提高了政府宏观调控能力。

二是深化国库集中收付制度改革。为改变财政资金"以拨代支"的粗放式管理，切实提高资金使用效率，2004 年，大连市全面实施国库集中收付制度改革。大连市财政局成立了国库收付中心，并在 9 个试点部门 25 个单位启动了国库集中支付系统。试点预算单位实行财政统一发放工资支出、住房公积金支出和政府采购支出，其余资金全部由试点单位实行财政授权支付。在总结经验的基础上，大连市国库集中支付改革各项制度日臻成熟和完善，改革取得明显成效。市本级已有 455 个预算单位实行了国库集中支付管理。瓦房店市、普兰店市、庄河市、沙河口区、旅顺口区和甘井子区也实施国库管理制度改革的试点工作。2007 年，大连市成为国家财税库银税收收入电子缴库横向联网试点改革地区之一。此项改革大大提高了财税部门的服务水平，使大连市国库管理制度改革实现了财政资金使用从"中转"变为"直达"，由分散账户管理变为统一账户管理，切实提高了财政资金使用的规范性、安全性和有效性。

三是深化政府采购制度改革。大连政府采购工作始于 1999 年，采购主要集中于服务类，金额很小。2003 年，随着《中华人民共和国政府采购法》正式颁布实施，市政府不断完善政府采购制度、规范政府采购工作程序、强化政府采购招投标管理，先后制定出台了《大连市政府采购协议供货管理暂行办法》等 20 余个政府采购管理办法，建立了较完备的政府采购制度体系。据统计，2003—2007年大连市政府采购预算累计金额达156.1亿元，实际支付135.9亿元，节约资金20.2亿元，节支率12.9%。在深化政府采购制度改革过程中，大连市财政时刻注意与部门预算改革相结合，与国库集中支付管理相结合，与财政监督管理相结合，有效推进政府采购管理规范化、制度化，确保了财政资金安全、高效运行，最大限度地节省了财政资金。

四是深化"收支两条线"管理制度改革。"收支两条线"管理制度改革始于1990年，2001年国务院下发了《关于深化收支两条线改革进一步加强财政管理意见》，标志着"收支两条线"管理制度改革全面启动。该项改革的核心是按照公共财政的要求，将全部财政性收支逐步纳入财政预算管理。从收入方面看，就是对合法合理的收费收入全部纳入财政预算或实行财政专户管理；从支出方面看，就是收支脱钩，执收单位上缴的收费和罚没收入不再与其支出安排挂钩。2001年以来，大连市财政代市政府拟定了《大连市预算外资金管理暂行办法》、《大连市行政事业单位银行账户管理暂行规定》、《大连市行政事业性收费、政府性基金实行票款分离和罚没收入实行罚缴分离暂行办法》等规章制度，为"收支两条线"管理改革提供了法律和制度保障。市本级全部行政事业性收费、政府性基金、罚没收入已纳入预算或财政专户管理。对越权设立的不合理、不合法的行政事业性收费和政府性基金项目全部予以取缔，市本级收费项目已由500多项减少至230余项。为从根本上堵塞部门和单位乱支滥用渠道，保证政府执收执罚部门公正执法，市财政从体制、机制入手，加大非税收入监管力度，对现有的收费项目全部实行预算管理或专户管理，对原来依靠行政事业性收费开支的单位，经费全部按照部门预算统一标准和制度管理，实现了非税收入管理的规范化、科学化。"收支两条线"管理制度改革实现了"三大效应"：银行账户设置规范化，堵住了一些部门自己收费自己花的漏洞；部门和单位自行支配的预算外资金纳入国家财政预算管理，增强了财政预算的完整性；"收支脱钩"管理的实现，既保障了部门和单位履行职能的正常需要，又堵住了部门不合理开支的漏洞。

27.3 公共财政体系稳步构建，民生投入力度逐年加大

中央 1998 年正式提出构建公共财政框架已历经 16 年。16 年间，尤其是 2003—2007 年这 5 年，大连市委、市政府按照公共财政本质要求，遵循市场运行规律，大力调整和优化财政支出结构，倾力建设"民生"财政。大连财政本着"理财为民，勤政为公"的服务理念，客观地把解决民生问题、构筑区域和谐摆在更加突出的工作位置，重点加大与民生密切相关的社会保障、义务教育、公共卫生等公共服务的投入，并将增加的财力重点向农村倾斜，向社会事业发展的薄弱环节倾斜，向困难地区、困难基层、困难群众倾斜。大连财政加快建立以人为本的财政支出体系，争取早日实现"学有所教、劳有所得、病有所医、老有所养、住有所居"的目标。

1）大力支持农业发展

5 年间，大连市用于"三农"投入的资金累计为 78.6 亿元，年均递增 30%，是政府支持"三农"力度最大、农民获得实惠最多的时期。为减轻农民负担，增加农民收入，市委、市政府积极落实农村税费改革。2003 年取消屠宰税和"三提五统"，2004 年在全省率先免征农业税、取消农业特产税，为农民直接减负 3 亿多元，大连市农民税费负担由改革前的人均 135 元降至零。为弥补涉农县区因税费改革形成的财政资金缺口，市本级财政加大对县区的转移支付力度，主动承担了约 80% 的税费改革成本。2004 年，大连市实施粮食直补、良种补贴和链轨式拖拉机修复补贴政策，种粮直补每亩补助标准已由 4.6 元提高到 20 元，农民收入进一步增加。5 年间，市县两级财政累计安排支农支出 54.8 亿元，年均递增 21.9%。重点发展增加农民收入的水产、畜牧、蔬菜、水果和花卉五大区域特色优势产业，发展了一批农业龙头企业和 40 个优势农产品基地群，销售收入累计达 369 亿元，规模以上龙头企业加工能力列全国第一。注意科技兴农，大力支持优良品种和先进技术引进、科技人员下乡等"农科对接"活动。为加强和规范支农资金管理，切实提高支农资金使用效益，市财政创新思路，在支农资金分配过

程中实行政策公开、程序公平和项目公开的"三公开"制度,广泛接受社会监督,成效明显。同时,以新农村建设为目标,积极推动小城镇建设,大连市农村城镇化率已达 39.5%。农村基础设施明显改善,全部实现村村通油路,150 万农民实现饮水安全,6 个县区列入全国"造林绿化百佳县"。广大农民真正尝到了建设社会主义新农村的"甜头",2007 年大连市农民人均纯收入预计超过 8 000 元。

2)大力支持教育事业发展

5 年间,大连市教育支出累计 124.1 亿元,年均递增 22%。重点支持了扶困助学体系建设,市县两级财政累计安排专项资金 3 100 多万元,全面落实城区义务教育阶段困难家庭学生"两免一补"政策,免除了大连市 2.8 万余名困难学生的杂费和课本费,并对寄宿生补助了生活费,保证了这部分学生顺利完成义务教育阶段学习。2004 年,为实施农村贫困家庭学生中等职业教育扶助政策,市财政共拨付资金 1 198.5 万元,帮助近 1.2 万名农村困难学生顺利接受了中等职业教育。为改善农村办学条件,提高教育信息化水平,2004 年财政部门筹集资金 3.5 亿元,新建及改、扩建农村校舍 256 个,改造面积总计 45.3 万平方米,基本消除了农村中小学危房,并为北三市困难地区各新建一所标准化高中。2005 年,市县两级财政安排资金 8 000 万元,扩建了 112 个农村远程教室,增配计算机 12 708 台,初步建成了覆盖大连市的现代化远程教育系统。2006 年,大连市提前启动农村义务教育经费保障机制改革,从春季开学起,全部免除农村义务教育阶段学生杂费;从秋季开学起免费提供教科书,即"两免"政策。截至 2007 年,市县两级财政拨付农村义务教育经费 2.63 亿元,其中市本级承担 1.89 亿元,占总额的 72%。大连市享受"两免"的学校 893 所,受益学生 29.1 万人。

3)大力支持卫生事业发展

5 年间,大连市卫生支出累计 32.5 亿元,年均递增 24.4%。2003 年"非典"疫情爆发,市县两级财政迅速筹集专项资金 1.58 亿元,保障了"非典"防治需要。同时,对受"非典"疫情影响严重的行业,实行税收、行政性收费、政府性基金减免和财政补助等多项救助措施,帮助受"非典"冲击较大的行业迅速恢复生产经营，将"非典"造成的损失降至最小。"非典"疫情暴露了地区公共卫生体系缺陷，为全面提升区市县医疗卫生水平，解决农村居民看病难问题，市政府实施了公共卫生三年规划。从 2005 年开始，市县两级财政累计投入 6.5 亿元，改扩建 6 个区市县 67 所乡镇卫生院、6 个妇幼保健院、5 个急救分中心及 27 个急救分站，易地新建了市传染病医院。为实现农村居民"病有所医"，2004 年，市政府启动以个人缴费、集体扶持和政府资助相结合的新型农村合作医疗制度改革。人均年筹资标准 35 元，其中财政补助 25 元，农民负担 10 元。截至 2007 年，在不增加农民负担的基础上，市政府将新型农村合作医疗年人均筹资标准提高至 80 元，其中财政补助 70 元，承担了绝大部分成本。农民从医保改革中实实在在获益，参保规模迅速扩大，由 2004 年 13.1 万人增加到目前的 212 万人，占农业人口的 95% 以上。

4）大力支持文体计生事业发展

5 年间，大连市文体广播事业费累计 16.6 亿元，年均递增 21.2%。为丰富人民群众精神文化生活，市政府开展了"打造文化大连"系列活动。市财政累计投入专项资金 500 多万元，推出了"公益电影进山乡"、"公益文化百村行"、"高雅艺术进校园"、"高雅艺术进广场"等活动，受益市民达 120 万人次。安排专项资金实施农村电影"2131"工程，每年为农民群众放映电影 12 000 余场；市财政累计安排资金 800 万元，实施"农民体育健身工程"，为大连市 200 个示范村每村建设了一个标准篮球场；拨付专项资金维修改造了市体育场塑胶跑道、看台及电子屏幕等设施，开展了"体育三下乡"等多项大型群体活动；2005 年，大连市启动了有线电视数字化转化工程，财政累计投入资金 5 574.5 万元，完成有线电视数字转换 91 万户。从 2006 年起，市财政每年安排资金 40 万元，实施广播电视村村通工程，实现了大连市农村广播电视无线覆盖；同时，实施了农村计划生育家庭奖励扶助制度。从 2004 年下半年开始，对农村只有 1 个子女或 2 个女孩的计划生育家庭，在夫妇年满 60 周岁后给予奖励扶助，每人每年补助 600 元。市县两级财政累计安排资金 1 556 万元，使 1.1 万名扶助对象及时得到了奖扶资金。

5）大力支持社会保障事业发展

5 年间，大连市社会保障及抚恤社救支出累计 154.4 亿元，年均递增 22.3%。经过艰苦努力，大连市初步建立了以养老、医疗、失业、工伤和生育保险为主，以就业扶助、城乡低保、取暖费和重大节日生活救助等为辅的社会保障体系。一是积极落实各项再就业扶持政策，支持就业再就业。2003 年以来，各级财政安排再就业资金累计 20.1 亿元，重点满足政府开发公益性岗位、就业服务机构补贴、职业技能培训补贴和职业介绍补贴等项支出需要，全力支持大龄就业困难群体、零就业家庭失业人员和高校毕业生就业再就业，2007 年大连市实现新增就业人数达 16.1 万人，登记失业率控制在 3% 以内。为解决失业人员缺乏创业资金的现实困难，鼓励失业人员创业，市政府设立了小额担保贷款基金，在大连市 13 个区市县成立了担保机构，累计向 2.9 万人发放小额担保贷款 5.1 亿元，向 3.2 万人次拨付贴息资金 2 232 万元。二是扩大社会保险覆盖面，待遇标准不断提高。2001 年以来，大连市建立较完善的社会统筹与个人账户相结合的企业养老保险制度，并将事业单位统一纳入基本养老保险范围，使大连市养老保险制度覆盖到大连市所有企事业单位和个体劳动者。连续 5 次提高企业离退休人员基本养老金水平，由最初的人月均 630 元提高至 1 028 元。市财政累计投入养老保险基金补助资金累计 59 亿元，确保了大连市 50 万名企业离退休人员养老金按时足额发放，124 万在职参保职工养老金个人账户做实。此外，市政府筹集资金 0.93 亿元，将 2.5 万名关闭破产企业退休人员纳入医疗保险统筹，救济城乡困难群众 122.4 万人次。截至 2007 年，大连市养老、医疗、失业、工伤和生育保险城镇参保人数分别达 174.98 万人、253.67 万人、78 万人、113.5 万人和 79.2 万人，分别比 2002 年增加 36.69 万人、109.2 万人、9 万人、45.8 万人和 11.6 万人。三是建立和完善城乡最低生活保障制度。为切实改善低保人员生活质量，大连市逐步提高低保标准，由最初的 140 元提高到 280 元。保障人数由最初的 3 020 人增加到 9.6 万人，基本实现了应保尽保。2005 年，低保范围扩大到农村。截至目前，财政累计投入 1.9 亿元，使大连市农村低保年人均标准由之前的 920 元提高到 1 650 元，年均救助由 2.6 万人增加至 5.5 万人。四是积极推进取暖费社会化发放改革。2006 年大连市实行了企业离退休人员采暖费补贴社会化发放改革，为确保改革的顺利进行，市县两级财政向采暖费基金注入资金 3 亿元，并拨付采暖费补贴 2.2 亿元，为 20.3 万名采暖费来源无着落的破产、困难企事业单位离退休人员解决了冬季取暖问题。

27.4　财政机构改革逐步深化，人员职业素养日渐提升

计划经济条件下，由于企业利润基本上缴财政，企业支出所需的资金基本向财政伸手索要，这就造成了各级财政不得不严格审查企业，从而在财政机构的设置上，按分管的部门系统来设置处室，在财政机关人员的分工上，也按企业类别下派专管员。进入"九五"时期以来，大连财政各届领导班子通过"三讲"教育和机构改革，认真贯彻"三个代表"思想，深入落实科学发展观，狠煞"衙门作风"，使大连市财政机关管理逐步由管理型向服务型转变。1997 年，市财政局党组考虑到财政投资基建的资金规模越来越大和基建项目越来越多的实际，为加强对投向基本建设资金的审核力度，减少资金使用上的误差和浪费，将基建技改处的资金审核工作剥离，成立了投资审核中心；为适应政府集中采购商品的需要，将控购办撤销，成立了大连市政府采购管理办公室；为加强对农业综合开发资金的运用和管理，适应农业现代化发展的需要，将农业综合开发办公室从农业处剥离，成立了大连市农业综合开发办公室并且将其并入市财政局；为加强对国库的管理，方便对预算内、外资金银行账户进行管理，保障财政资金的安全运转，跟踪分析地方预算执行情况，逐渐建立起部门预算制度，成立了国库处；为加强对会计师事务所的领导和监督，发展壮大和管理好注册会计师队伍，成立了大连注册会计师公会；为统一管理财政局各业务处室的票据发行和管理工作，成立了收费票据监管中心；此外，根据工作需要，将党务办公室调整为机关党委办公室（含机关党委、监察室），将综合计划处调整为综合改革处。调整后的大连市财政局共有处室 19 个，局属事业单位 6 个，

并代管大连市国有资产管理局。应该说,通过上述改革,市财政局机构得到了精简,一些微观业务得到了梳理和剥离,真正做到了精兵简政。

2001 年,为转变政府职能,适应社会主义市场经济的需要,按照辽宁省委、省政府关于机构改革的总体要求和《大连市党政机构改革方案》及部署,大连市财政局制定了《大连市财政局机关机构改革实施方案》,进行了大改革。首先,撤销由市财政局代管的国有资产管理局及其 5 个处室,分流了 27 名公务员,成立国有资产管委会办公室由市财政局管理。增设国有资本处和统计评价处。其次,本着政府职能由管理型向服务型转变的精神,建立服务型财政、服务型机关,撤销工业、商业、外经企业财务处,成立企业处,统管工业企业、三资企业财务;成立流通处,统管商品流通和外经方面的服务;为加强科教文卫财政支持力度,撤销文教行政财务处,成立行政政法处、科教文处;针对离退休人员越来越多的实际情况,成立老干部处。此次改革后,大连市财政局共计 21 个处室,完成定编、定岗、定员任务,机关编制 189 人,实有 162 人。

随着部门预算改革、国库集中支付改革和综合预算改革的不断深入。2002 年以来,大连市财政局的机构又发生了重大变化:先后成立了大连市财政国库收付中心、土地收益处、政府资产处、行政财务处;撤销了统计评价处、流通处;将监督处更名为监督检查局,将综合处更名为非税收入管理处,将条法处更名为法规处。截至 2007 年,大连市财政局机关共设 22 个处室,分别为办公室、人事教育处(机关党委)、法规处、预算处、国库处、监督检查局、企业处、非税收入管理处、农业处、政府资产处、社保处、会计处、基本建设处、债务金融处、行政政法处、教科文处、土地收益处、政府采购办、农业综合开发办公室、纪检组(监察室)、老干部处、行政财务处。

作风建设和人才建设一直是大连市财政局领导班子的重点工程。从 1995 年开始,大连市财政局开始注重高素质人才的引进和重点培养,特别是 2000 年以来,财政局领导班子重视人才、重视能力、重视工作业绩的机关治理观念得到了确立和实践,一大批高学历、高素质的年轻干部被大胆任用和提拔,逐步充实到初级领导工作岗位上。大连市财政局现有公务员编制 170 名，实有公务员 162 人，其中硕士研究生以上学历 51 人，大学学历 86 人，专科学历 25 人。先后有 17 人被选送到美国和英国攻读硕士学位，其中 9 人获得双硕士学位，5 人获得博士学位。

在重视学历教育的同时，大连市财政局领导班子始终把全员业务培训作为人才建设的一件大事来抓。每年年初人事处提出的年度培训计划，均经过局党组成员的认真讨论和修改，并在执行中严格要求，不打折扣。业务培训之外，加强党风廉政建设的工作也丝毫没有松懈。领导班子以身作则，认真贯彻落实党风廉政建设各项规定，并通过各种形式的学习讨论和谈话，坚持标本兼治、综合治理，注重从源头上预防和遏制腐败。围绕为人民掌好财权、用好财权这一根本问题，教育干部正确对待手中的权力，自觉抵制各种腐朽思想的侵蚀，增强拒腐防变的能力。十多年来，大连市财政局打造了一支廉政、高效、服务型的财政队伍，并始终将之视为财政事业兴旺发达的根本。

三十年来，大连市财政改革和管理工作取得了明显成效。财政管理体制由"让利、放权"体制转向"分权"体制，顺应了市场经济发展的内在要求；财政管理从注重计划管理转向制度管理，各项制度日趋规范完善；财政类型由建设财政转向公共财政，市民生产生活逐年改善；财政队伍建设也取得了喜人成就。在肯定成绩的同时，我们也应清楚地认识到，财政体制、制度、管理等诸方面仍存在亟待深化之处，大连财政人尚需进一步解放思想，创新改革，锐意进取，为财政事业和大连社会经济和谐发展作出更大的贡献。

第28章　大连政府理财体系构建

　　2003—2007 年，是大连社会经济实现跨越式发展、改革开放取得较大突破、人民生活水平明显改善的 5 年，也是大连财政彰显"公共"特质，践行科学理财，倾力关注民生，强有力地推进大连市社会经济协调发展的 5 年。盘点 5 年间大连在振兴东北老工业基地、率先实现现代化的重大战略发展进程中所取得的斐然成绩，也包含着财政人的辛勤劳动。5 年间，各级财政部门切实贯彻市委、市政府决策，锐意改革，开拓创新，逐步建立起融"协调"财政、"综合"财政、"精细"财政、"杠杆"财政和"民生"财政于一体的政府理财体系，为大连未来发展积蓄了丰富的理财观念和雄厚的财力基础。截至 2007 年年底，大连市地方财政一般预算收入累计完成 843.2 亿元，年均增长 22.1%；一般预算支出累计完成 1 136.5亿元，年均递增 21.3%。大连市 2003—2007 年地方财政一般预算收支均比前 5 年翻了一番（见图 28–1）。

收支（亿元）

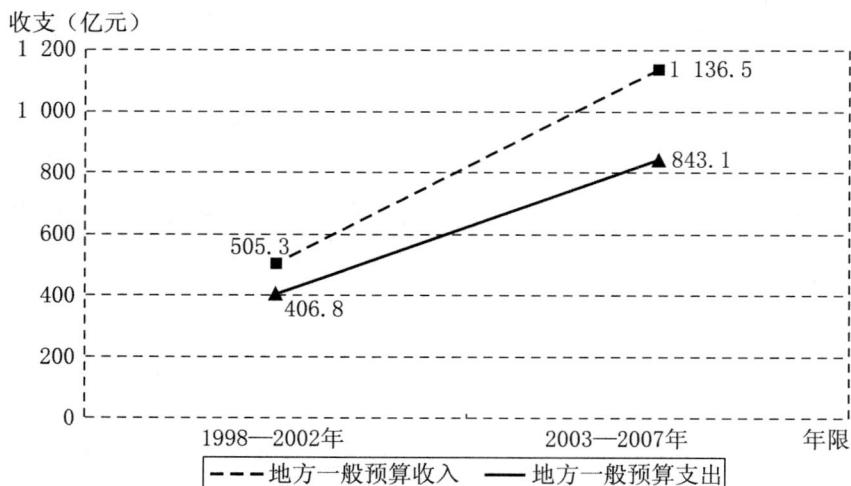

图 28-1　大连市 2003—2007 年与 1998—2002 年地方财政一般预算收支对比

28.1　统筹谋划，建设"协调"财政

　　党的十六届三中全会提出了"统筹城乡发展、统筹区域发展、统筹经济社会发展、统筹人与自然和谐发展、统筹国内发展和对外开放"的新要求，其中的一条主线就是协调发展。作为集中掌控政府绝大部分资源的宏观调控部门——财政部门，在实现"五个统筹"过程中责无旁贷，义不容辞。为实现协调发展，大连财政跳出了就财政论财政的圈子，按照公共财政要求，努力建设"协调"财政。在确保党政机关正常运转的前提下，从缩小城乡差距，促进区域社会经济整体繁荣，推进老工业基地全面振兴的战略高度着眼，统筹谋划，周密部署，进一步理顺和规范政府部门间、市与县间、县与乡间的财政分配关系，通过改革现行财政管理体制，深化部门预算编制改革，规范完善转移支付制度，在大连市范围内初步建立了经费与职责趋统一、财力与事权相匹配的财政协调均衡发展机制和区域财力差异控制机制。

　　2003—2007 年，财政对各项社会事业发展基本保持较均衡的投入，年均增长幅度绝大多数在 20% 左右（见图 28-2）。基本建设和城市维护费累计支出 266.4 亿元，年均增长 17.1%；科技三项费 47.5 亿元，年均增长 21.8%；支农支出 54.8 亿元，年均增长 21.9%；教育支出 124.1 亿元，年均增长 22%；医疗卫生支出 32.5 亿元，年均增长 24.4%；文体计生事业支出 16.6 亿元，年均增长 21.2%；社会保障和抚恤社救支出 154.4 亿元，年均增长 22.3%；公检法司支出 55 亿元，年均增长 20.5%。大连市各项事业呈现协调共荣的局面。

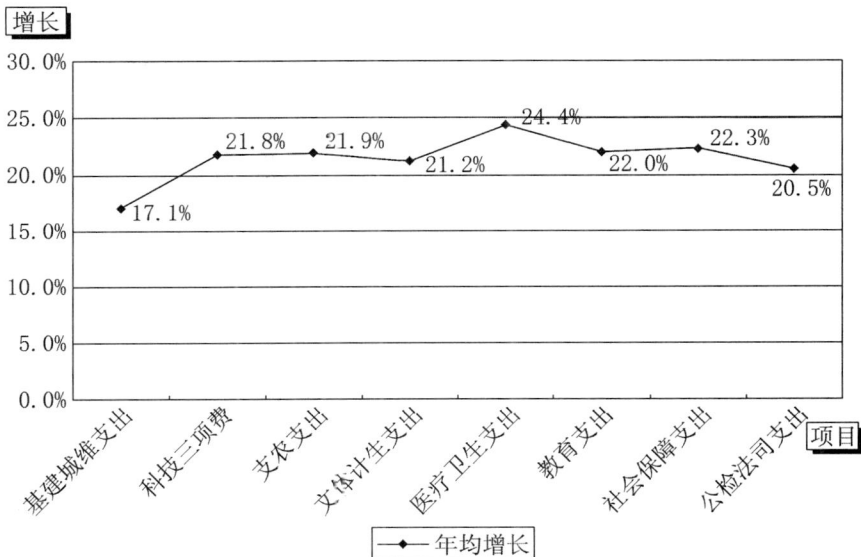

图 28-2　2003—2007 年大连市财政重点支出年均增长情况

为实现城乡和区域协调发展，2003 年，市政府在进一步规范财政支出责任的基础上，实行了以"属地征税、分税、分享"为主要内容的新的市对县财政管理体制。新体制进一步调整和规范财政分配秩序，适当提高市本级财政收入占大连市财政收入比重，使该比重由 2002 年的 44% 提高到 2007 年的 45.2%。随着市政府宏观调控能力的增强，市本级财政更多地承担了全局性、跨区域性公共产品的供给，尤其是与民众生活密切相关的基本公共服务的供给，全地区公共服务均等程度日益提高，广大市民更多地享受到了改革开放和经济繁荣所带来的丰硕成果。继续深化转移支付制度改革，优化转移支付结构，在注重提高"三农"、教育、科技、文化、医疗卫生、社会保障等社会事业发展领域的专项转移支付效率的同时，逐步提高财力性转移支付比重，将增加的财政收入更多地向北三市等经济发展相对滞后的县区和困难乡镇倾斜。2005年，市财政通过选取人均财力、供养人口比重、农民人均纯收入等客观指标，在大连市范围内计算并确定了47个财政相对困难的乡镇，制定下发了《大连市2005—2007年缓解乡镇财政困难补助办法》，市本级每年直接拨付补助资金0.24亿元，提高了基层政权正常运转的保障能力，推动了市县社会经济协调发展。县区财政收入明显高于市本级增长，城乡及区域差距逐步缩小。到2007年年底，县区财政一般预算收入累计完成452.1亿元，年均增长21.6%，比前一个5年翻了一番，其中北三市一般预算收入累计完成108.8亿元，年均增长25.5%；县区一般预算支出累计完成592.3亿元，年均递增19.7%，与收入同步，实现比前一个5年翻了一番，其中北三市一般预算支出累计完成162.8亿元，年均增长22.3%。2002年—2007年，大连市城市居民人均可支配收入由8 200元提高到15 109元，增长了84.3%；农民人均纯收入由4 140元增加到8 369元，增长了102.1%，超过市民人均可支配收入增幅近17.8个百分点。2003—2007年大连市本级与县区财政收入情况见图28-3。

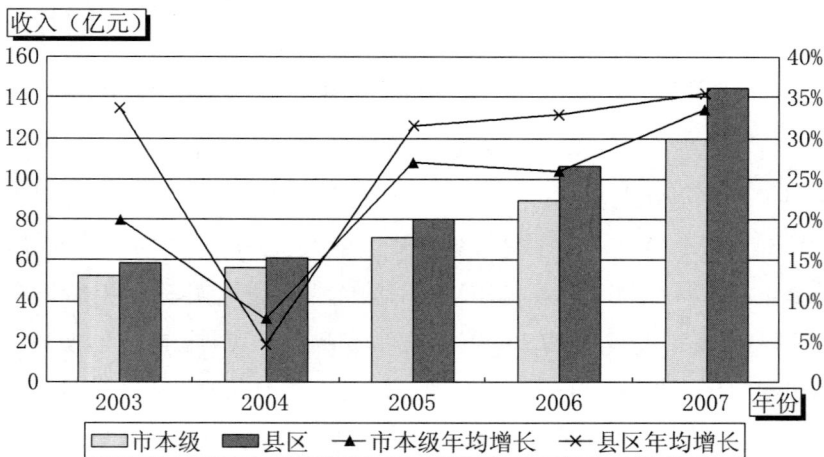

图28-3　2003—2007年大连市本级与县区财政收入情况

28.2　拓宽视野，建设"综合"财政

财力的大小是政府经济工作成效的重要标志，也是衡量政府宏观调控能力的重要标尺。有限的财力难以满足政府促进区域经济共同繁荣、推进社会各项事业协调发展的需要。为壮大财力，全面提升统筹运用财政资金能力，市委、市政府拓宽理财视野，逐步摆脱"小财政"束缚，在巩固和扩大税收收入的前提下，下大力气整合政府财力资源：规范非税收入管理，加强国有土地资产收益征管，将所有政府性收入和支出逐步纳入财政预算统一管理；切实做到税收收入和非税收入一起抓，增量财力和存量财力一起管，初步建立了完整的政府"综合"财政。

一是切实推进税收征管体制改革。继续认真贯彻落实"加强征管、堵塞漏洞、惩治腐败、清缴欠税"的税收征管工作方针，在税收收入自然增长的前提下，严格依法治税，整顿和规范税收秩序，清理和废止自行出台的减免税政策。加大税收征管力度，改进征管手段，大力打击偷、骗、逃税行为，堵塞税收漏洞，杜绝"跑、冒、滴、漏"现象的发生，努力做到应收尽收。同时，以税源普查、摸清底数、减少税收差距为前提，通过统一报表软件、运用广域网传输等手段，建立起财政、税务、工商相互协作的税源监控网络，初步实现了由重点税源管理向整体税源管理过渡。到2007年年底，大连市五年累计完成各项税收712.3亿元，占地方财政一般预算收入的84.5%，年均可比增长20.3%。

二是深化"收支两条线"管理改革。通过系统性清理检查，基本摸清了大连市非税收入家底。对越权设立或不合理、不合法的行政事业性收费和政府性基金项目，坚决予以取缔。市本级收费项目已由500多项减少至目前的230余项。为从根本上堵塞部门和单位乱支滥用的渠道，保证政府执收执罚单位公正执法，市财政从体制、机制入手，加大非税收入监管力度，对现有的收费项目全部实行预算管理或专户管理，对原来依靠行政事业性收费开支的单位，经费全部按照部门预算统一标准和制度管理，实现了非税收入管理的规范化、科学化。

三是加强和规范国有土地收益管理。随着城市基础设施的不断完善和城市功能的整体提升，国有土地收益增长迅速。与此同时，国家加大了对土地市场的宏观调控力度。为适应新形势，市政府成立了专职土地储备机构，将国有土地收益全额纳入财政预算管理，并遵循市场经济规律建立健全了大连市统一的土地储备、交易、招标和挂牌等专项管理制度，使大连市土地市场运作管理得到进一步规范，土地交易程序和价格实现了公开透明。纳入预算管理后的土地出让收益征管工作取得了重大改进，收益规模逐年稳步增长。

2003—2007 年，大连市非税收入累计达 130.9 亿元，年均递增 41.4%。通过建设"综合"财政，不仅规范了财经秩序，满足了公共财政支出需要，支持了大连市社会经济的全面发展，而且实现了政府资源的高效运转。2003—2007 年大连市一般预算收入情况见图 28-4。2003—2007 年大连市一般预算支出情况见图 28-5。

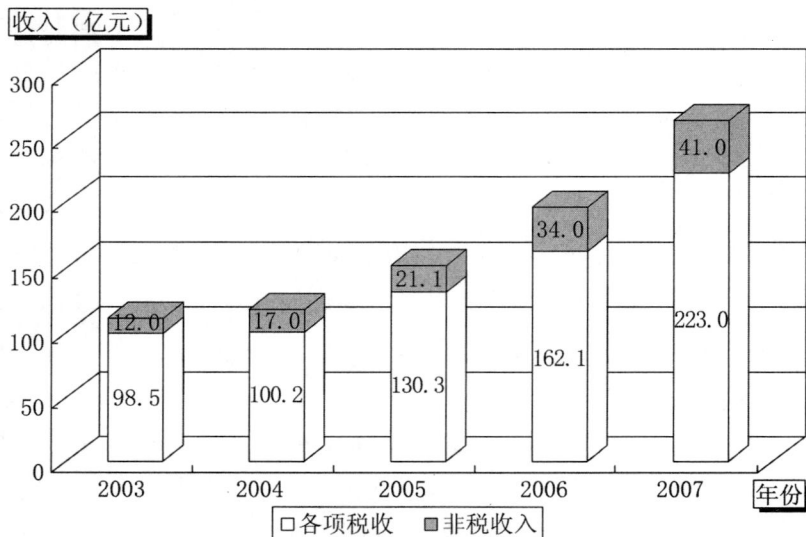

图 28-4 2003—2007 年大连市一般预算收入情况

28.3 革故鼎新，建设"精细"财政

财政收入具有"取之于民，用于之民"的特征，一分一厘都凝结

支出（亿元）

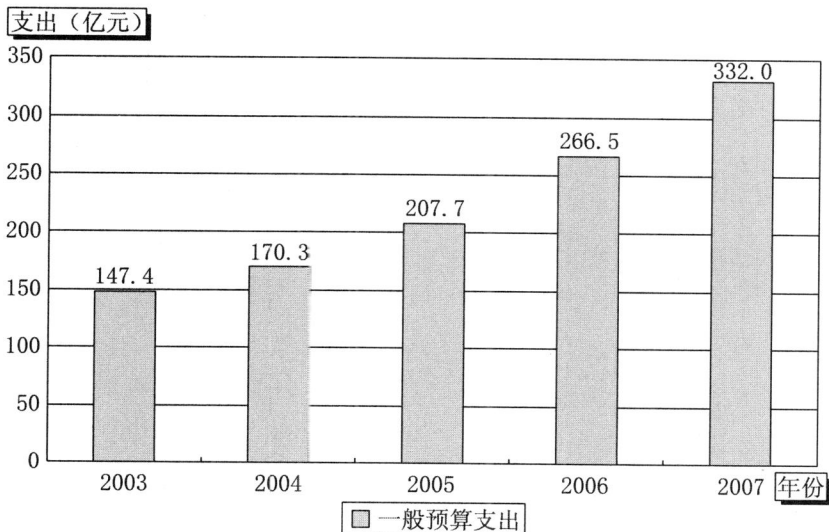

图 28-5　2003—2007 年大连市一般预算支出情况

着大连市人民的血汗。花好财政每一分钱，不仅体现城市管理者的智慧
和责任感，也体现着政府对市民的敬意和尊重。节约一分钱，相当于增
加一分财政收入，也意味着放大一分财政支出的功效。为把有限的财政
资金花出最大的效益，市政府革故鼎新，按照"有所为、有所不为"的
原则，科学界定政府职能，深化部门预算管理制度改革，依制度谋精细，
向制度求成效，最大限度地发挥财政支出效益，全力建设"精细"财政。

　　1）深化政府收支分类改革

　　政府收支分类改革是细化预算编制的重要基础，是增加预算透明
度、强化预算监督、提高财政资金使用效益的根本保障。大连市财政于
2006 年结合财政部《政府收支分类改革方案》，制定了适合大连市实际
的科目使用原则和方法，组织县区财政部门、预算单位和相关部门
3 000 人开展了大规模、多层次的培训工作，并对 2006 年预算数据进行
了转换，实现了 2007 年部门预算按新功能科目编制，并按经济分类科
目编制支出预算，建立了多科目体系，从不同侧面体现财政资金流向，
实现了项目支出预算由粗放向科学、规范管理转变，提高了财政资金使
用的规范性、安全性和有效性。为保持预算科目口径可比，还编制了旧
科目预算，预算执行采取新旧两套科目并行制度，确保科目顺利过渡和

改革平稳推进。

2）深化部门预算编制改革

科学合理编制部门预算是实现政府资源公平配置的重要前提，是提高财政支出使用效益的制度保障。科学编制部门预算，才能真正体现"精打细算"。通过精心试点准备，市财政于 2003 年在市直行政事业单位全面试编部门预算，并下发了《大连市本级单位经费预算管理暂行办法》，初步建立了市本级单位基本支出标准和定员定额标准体系。市直主管部门及其所属预算单位，全部按照"人员经费按实际，公用经费按定额，大型专项经费按需求与可能"的原则编制预算。开发了"项目支出预算数据库"，建立了项目支出三年滚动预算编制系统，部门预算管理日趋规范。同时，研究和探索建立资产配置标准体系和项目支出标准体系，进一步细化了资产和项目预算编制，为全面发挥政府资源的整体效益提供了制度保障。

3）深化政府采购制度改革

2003 年以来，市财政继续完善政府采购制度、规范政府采购工作程序、强化政府采购招投标管理，先后制定出台了《大连市政府采购协议供货管理暂行办法》等 20 余个政府采购管理办法，建立了较完备的政府采购制度体系。同时，大力加强对采购代理机构的资格审查，从中介机构入手，规范政府采购行为。按照《大连市政府采购代理机构考核暂行办法》的规定，市财政局组织对代理机构代理政府采购工作进行系统考核，对不合格的代理机构予以严肃处理，使政府采购工作更加公开、公平、公正，节约了大量财政资金。2003—2007 年，大连市政府采购预算累计金额 145.67 亿元，实际支付 126.54 亿元，节约资金 19.1 亿元，节支率 13.13%。2003—2007 年大连市财政重点支出年均增长情况见图 28-6。

4）强化行政事业单位国有资产管理

行政事业单位国有资产是财政支出的结果，强化行政事业单位国有资产管理，是提高预算编制准确性和科学性的重要基础，也是节约财政支出的重要切入点。按照《行政单位国有资产管理暂行办法》和《事业单位国有资产管理暂行办法》的要求，各级财政部门狠抓贯彻落实，

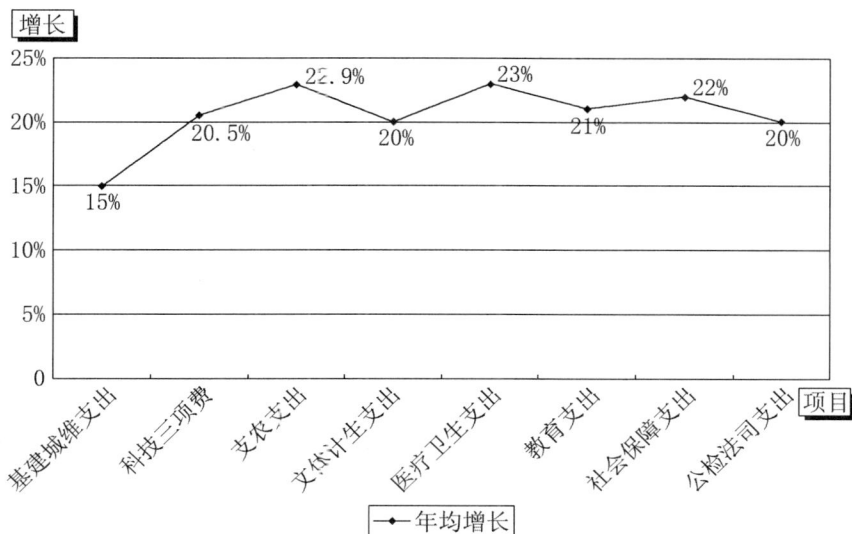

图 28-6 2003—2007 年大连市财政重点支出年均增长情况

在大连市范围内组织开展了行政事业单位资产清查，摸清了存量资产结构，为下一步规范管理奠定了良好的基础。经过 5 年的努力，大连市行政事业单位依法使用、处置固定资产的意识逐步增强，政府资产管理效率进一步提高。

28.4 发动引擎，建设"杠杆"财政

经济决定财政，增加财政收入，做大财政"蛋糕"，必须建立在经济持续快速发展的基础上。财政对经济又具有反作用，促进经济发展，财政肩负责任。5 年间，各级财政部门按照公共财政要求，建立和完善政府投融资体系，努力建设"杠杆"财政，充分发挥财政资金的引擎作用和导向作用，"四两拨千斤"，吸引和带动民间、外地和国外资本投资大连市基础设施和重点经济建设领域，扩大经济总体规模；引导和推动企业技术创新，提升企业科技含量，切实推进经济发展方式转变，做大做强支柱产业，促进经济又好又快发展。

1）加大公共基础设施投入，提升城市整体功能

按照市政府"不求最大，但求最佳"的城市发展理念，市财政加

大了水、电、路等基础设施的投入。5 年间，大连市基本建设和城市维护费累计支出 266.4 亿元，年均递增 17.1%。重点完成了周水子机场改扩建、烟大轮渡等重大交通口岸基础设施建设项目；完成引英入连二期应急工程；新建、改造市区煤气管网 228 公里、自来水管网 214 公里；投资 1.89 亿元建成煤气新厂二期工程，使大连市煤气日生产能力达到 140 万立方米；改造完成排水管网 78 公里；新建、扩建友谊街立交桥等 6 座桥梁和西部大通道、BRT 工程等 8 条市区主要道路；拓宽改造黄河路等道路 46 条，改造长度达 72.14 公里，改造面积 78.86 万平方米；新建公园 12 个，面积 207 万平方米。新增公共绿地 657 万平方米，绿化覆盖率由 41.8% 提高到 43.3%，人均公共绿地面积由 9.8 平方米提高到 11.1 平方米。城建支出的扩大，城市整体功能的提升，不仅改变了大连市容市貌，解决了制约大连市发展的"瓶颈"，提高了市民的生活质量，而且也为大连招商引资、巩固和开发"财源"创造了条件。2003—2007 年大连市基本建设和城市维护费支出情况见图 28-7。

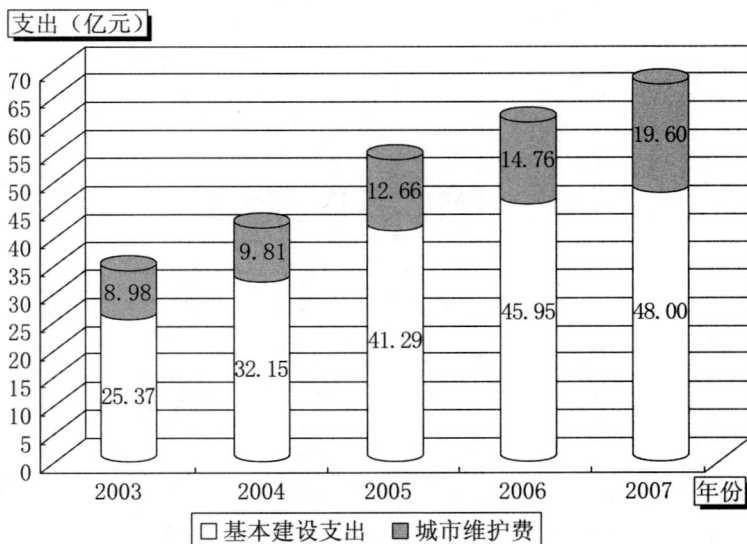

图 28-7 2003—2007 年大连市基本建设和城市维护费支出情况

2）增加企业科技创新扶持力度，全面推进老工业基地振兴

市财政深入贯彻落实中央《关于实施东北地区等老工业基地振兴战略的若干意见》和《大连市人民政府关于提高自主创新能力的若干

规定》文件精神，加大企业科技创新扶持力度，引导和推进企业技术进步和产业升级，增加产品科技含量，提高企业的技术装备水平和市场竞争能力，全面推进经济增长方式转变。2003—2007 年间，市政府共安排企业挖潜改造资金和科技三项费累计 115 亿元，年均递增 29.5%（见图 28-8）。同时，设立振兴老工业基地发展基金，主要用于地方企业技术改造、中外合资合作项目中方资本金补助、工业园区建设和民营及中小企业发展等，基金已由 2003 设立之初的 1 亿元，增加到 2007 年的 6.2 亿元，增长至 6 倍。为提升企业核心竞争力，市政府又分别设立了应用技术研究与开发、产业技术创新、软件产业发展、集成电路设计研发和企业信息化建设等专项资金。市财政灵活运用财政补贴、贴息、奖励等手段，重点支持了瓦轴、重工·起重、冰山、大显、华农等支柱企业的技术创新及科研成果转化；扶持了数控机床、半导体发光芯片、永磁悬浮技术、纳米材料等一大批科技研发项目；对大化、大钢、大水泥等 80 多家企业搬迁改造给予了财政补助。目前，大连市风电设备、数控机床、半导体发光芯片等高科技自主创新项目取得突破，船舶制造、重大装备、轴承、汽车发动机及零部件等产业集群初步形成。通过加大对环渤海内支线、东北集装箱班列、国际集装箱班轮及国际航线的财政扶持力度，大连东北亚国际航运中心建设已初具规模。

　　3）加快推动旅游业、展览业和外向型经济发展

　　市政府分别设立了旅游发展专项资金和展览业发展基金，专项推动旅游和展览业发展。截至 2007 年，两项资金已由最初的 1 000 万元和 700 万元分别增加到 5 000 万元和 2 200 万元。市本级财政通过补助、以奖代补等方式，支持旅游和展览业国内外宣传促销、项目开发等工作，扩大了大连的国内知名度和国际知名度。2003—2007 年，大连市共举办各类展会 2 431 个，旅游收入年均增长 20% 以上。2007 年成功举办了夏季达沃斯会议。同时，市政府注重外向型经济发展。主要用于出口和招商引资奖励、出口退税及落实"走出去"战略的外贸发展基金，已由 1997 年 700 万元增加到目前的 2 200 万元。截至 2007 年，大连市实现自营出口总额 196.9 亿美元，增长 25.8%，是 2002 年全年 71.5 亿美元的 2.75 倍。

支出（亿元）

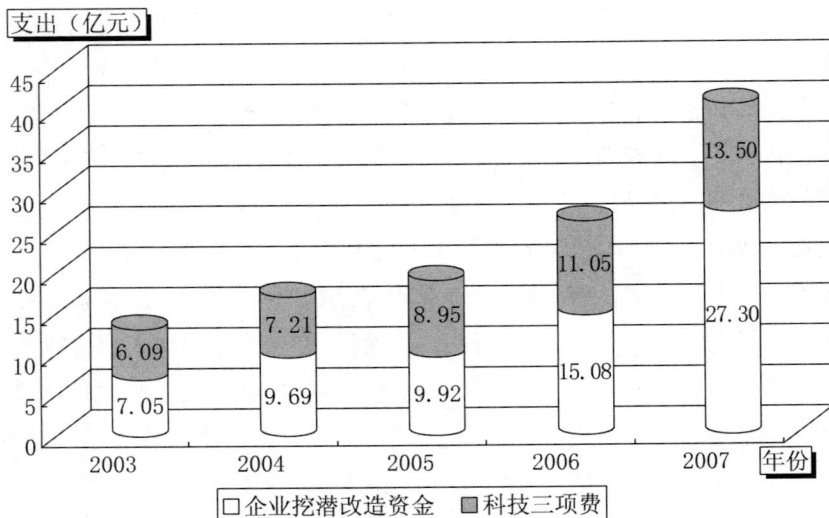

图 28-8　2003—2007 年大连市企业挖潜改造和科技三项费支出情况

28.5　构筑和谐，建设"民生"财政

　　着力解决好民生问题，是贯彻落实科学发展观的必然要求，也是构建和谐社会的紧迫任务。2003—2007 年，市委、市政府最为关注和倾力投入解决的就是民生问题。作为经济综合管理部门，大连财政本着"理财为民，勤政为公"的服务理念，客观地把解决民生问题、构筑区域和谐摆在更加突出的位置上。与之前 5 年相比，财政重点加大与民生密切相关的社会保障、义务教育、公共卫生等公共服务的投入，并将增加的财力重点向农村倾斜，向社会事业发展的薄弱环节倾斜，向困难地区、困难基层、困难群众倾斜，加快建立以人为本的财政支出体系，倾力建设"民生"财政，努力实现"学有所教、劳有所得、病有所医、老有所养、住有所居"的目标①。

　　事实上，大连财政构建政府理财体系是一个较漫长的历史过程。2003 年前的经济体制改革、政府职能转变和财政体制改革为构建理财

---

　　①　因所涉内容已在第 1 章中保障和改善民生予以详细介绍，在此不作赘述。

体系奠定了坚实的基础，而 2007—2013 年的政府理财实践也印证了体系的合理性和科学性，同时理财体系也得到了发展和完善。2013 年党的十八届三中全会明确提出将进一步深化我国经济社会体制和财政管理体制改革，客观要求政府理财体系必须因应时代发展和顺应经济体制改革进行补充和完善，使之更符合社会主义市场经济的内在要求，更符合政府职能转变，更符合大连经济社会发展实际。

第 29 章　专题研究：建设富庶美丽文明
　　　　　　　　大连的财政思考

　　大连市第十一次党代会报告明确提出要把大连建设成为富庶美丽文明的现代化国际城市，并确定了开放引领、转型发展、民生优先和品质立市的发展战略。在新的历史起点，肩负宏观调控、资源配置、收入分配和监督管理职能的财政部门，将承载更大责任与使命。在 2013 年大连市公共财政收入已突破 850 亿元、公共财政支出超过 1 000 亿元的大背景下，财政部门应充分发挥宏观性和综合性强的特定优势，锐意改革，多措并举，力促富庶美丽文明大连早日实现。

29.1　拓宽理财视野，努力做大财政"蛋糕"

　　财力的大小是政府经济工作成效的重要标志，是衡量政府宏观调控能力的重要标尺，也是建设富庶美丽文明大连的基本物质保障。有限的财力难以满足政府促进区域经济共同繁荣、推进社会各项事业协调发展的需要。各级财政部门应拓宽理财视野，彻底摆脱"小财政"束缚，在巩固和扩大税收收入的前提下，下大力气整合政府财力资源，切实做到税收收入和非税收入一起抓，增量财力和存量财力一起管，努力做大财政"蛋糕"。一是完善公共财政预算管理体系。在强化公共预算、基金预算和专户预算管理的基础上，着手试编社会保险基金预算、国有资本经营预算和债务预算，从制度上保障财政收支的完整性和统一性。二是切实推进税收征管体制改革。继续贯彻落实"加强征管、堵塞漏洞、惩治腐败、清缴欠税"的税收征管工作方针，在税收收入自然增长的前提下，严格依法治税，整顿和规范税收秩序，清理和废止自行出台的减免税政策。进一步强化税源监控网络建设，加速实现由重点税源监管向整体税源监管转变。继续加大税收征管力度，大力打击偷、骗、逃税行为，堵塞税收漏洞，杜绝"跑、冒、滴、漏"现象的发生，努力做到应收尽收。三是继续深化"收支两条线"管理改革。坚决取缔越权设立或不合理、不合法的行政事业性收费和政府性基金项目，从根本上堵塞部门和单位乱支滥用渠道，保证政府执收执罚单位公正执法。加大非税收入监管力度，对现有的收费项目全部实行预算管理或专户管理，对依靠行政事业性收费开支的单位，经费全部按照部门预算统一标准和制度管理，实现非税收入管理规范化、科学化。四是加强和规范国有土地收益管理。在将国有土地收益全额纳入财政预算管理的基础上，健全完善土地储备、交易、招标和挂牌等专项管理制度，规范全市土地市场运作，实现土地交易程序和价格公开透明，确保土地收益稳步增长。五是正确处理收入规模、收入结构、收入质量与收入增速的关系，提高税收收入和可用财力占财政收入的比重，确保财政收入真实可靠。

29.2 健全财政体制，力促全域协调共荣

实现全面协调可持续发展是构建和谐大连的本质要求，也是建设富庶美丽文明大连的内在动力。各级财政部门应从全域经济社会发展的大局出发，跳出财政看财政，既算财政账，又算政治账、经济账和社会效益账，力促全域经济社会协调发展。一是按照市场经济运行规则和公共财政本质要求，在确保党政机关正常运转的前提下，进一步理顺和科学界定政府与市场、各级政府间及政府部门间的职责范围和权限，健全财

政管理体制，在全市范围内建立起财力与事权相匹配、经费与职责趋一致的财政均衡发展机制和区域财力差异控制机制，力促经济社会协调共荣。二是在确保税收属地征管体制稳定运行的基础上，充分考虑市本级政府更多地承担了全市重大经济建设项目和公共产品供给的实际，适当提高市本级财政收入比重，增强市政府宏观调控能力，以满足全市重大经济建设项目和全域基本公共服务均等化资金需要。三是进一步完善转移支付制度，优化转移支付结构，将新增财力更多地向经济发展相对滞后的县区和乡镇倾斜，缩小城乡和区域差距，促进全域社会经济协调发展。

29.3　创新理财手段，加速经济转型发展

加快经济发展方式转变是确保我市经济持续发展的关键所在，也是新一届党代会的重要战略部署。财政部门要谋长远，布全局，用足、用活现行财政扶持政策，全力支持资源集约型、环境友好型、科技进步型经济的发展。一是继续深入贯彻落实中央《关于实施东北地区等老工业基地振兴战略的若干意见》和《大连市人民政府关于提高自主创新能力的若干规定》等文件精神，加大企业科技创新扶持力度，引导和推进企业技术进步和产业升级，增加产品科技含量，提高企业的技术装备水平和市场竞争能力，全面推进经济增长方式转变。二是在政府政策框架内，鼓励和支持转型企业通过发行债券、信托或上市融资、金融租赁等市场化手段筹集建设运营资金，为企业创造良好的融资环境，推动企业做大做强。三是充分发挥财政资金"四两拨千斤"的乘数效用，灵活运用财政补贴、贴息、奖励等政策手段，引导、启动、黏合、聚集社会资金投向转型企业，加速企业科技进步和产业升级。四是充分认识中小企业在科技成果转化和吸纳就业中的突出作用，认真贯彻落实支持中小企业发展的税收优惠政策，进一步完善信用担保体系，帮助中小企业解决融资难问题。五是继续加大人力资源扶持力度，完善人才奖励政策和分配办法，吸引更多的高精尖人才来连创业，真正实现科教兴市，人才强市。

29.4 优化支出结构，全力保障和改善民生

公共财政的实质是"公共化"，满足社会公共需要是财政分配的主要目标和工作重心。党代会报告明确提出要继续牢固树立以人为本的执政理念，把保障和改善民生作为一切工作的出发点和落脚点，让改革发展成果最大限度地惠及全市人民。这客观要求财政必须优化支出结构，努力打造"民生财政"。一是充分发挥财政收入分配职能作用，加快推进"富民工程"建设。借鉴和参照东部沿海同类城市不同阶层的工资收入标准，结合大连经济社会发展实际，争取实现财力与相关群体工资性收入水平相匹配。深化收入分配体制改革，着力提高城乡居民人均收入，使市民真正过上幸福殷实的生活。二是逐步建立公共服务标准体系，酌情推进基本公共服务均等化。在充分考虑全市各区域经济社会现实差距的基础上，探索建立基本公共服务量化标准，据此研究制定各项基本公共服务的目标和方案，适时调整和优化财政支出结构，努力实现分配起点的公平。三是大力支持社会保障事业发展。继续健全以养老、医疗、失业、工伤和生育保险为主，以就业扶助、城乡低保、取暖费和重大节日生活救助等为辅的社会保障体系。逐步扩大保障范围，提高补助标准，增加财政专项资金投入，支持社会保障事业发展，切实减轻民众负担和提高社会保障服务质量，确保区域和谐稳定，市民健康幸福。四是大力支持教育事业发展。进一步完善教育扶困助学体系，资助经济困难的学生完成学业。安排专项资金改善区域教学质量和教育环境，提高全市教学水平。五是大力支持文体计生事业发展。增加文体专项资金投入，广泛开展群众性文体活动，丰富全市人民精神文化生活，促进竞技体育和群众体育事业发展。逐步提高计生家庭奖励扶助标准，充分体现党和政府对计生家庭的关爱。六是加大"三农"投入力度，重点支持设施农业发展，促进农业增产、农民增收和农村繁荣。七是树立"集中财力办大事"理念，改变个别领域财政支出多向投入、分散管理的格局，加大此类资金整合力度，集中财力重点解决该领域的根本性问题，切实提高财政资金使用效率。

　　大连各级财政部门应恪守"理财为公、勤政为民"的执政理念，以建设富庶美丽文明大连为己任，抢抓机遇，锐意进取，全力谱写以人为本、科学理财的全新篇章。

附　录

附录1　开展调查研究：提升财政管理水平的有效手段①

　　重温中国共产党党史，之所以中国共产党在艰辛的成长历程中能够闯过道道险阻，并取得今天如此伟大的成就，无不与党的领导集体重视调查研究息息相关。毛泽东司志曾指出："没有调查就没有发言权"，"调查就是解决问题"。邓小平同志强调，"离开调查研究，任何天才的领导者也不可能进行正确的领导"。江泽民同志指出，"调查研究是谋事之基、成事之道"，"没有调查更没有决策权"。尽管调查研究的重要性跃然纸上，尽管每一次政治理论学习，每一次领导重要讲话，每一次政策制定实施，都反复强调调查研究的重要性，但调查研究这一行之有效的工作方法在一些政府部门并未得到深入开展和充分运用。究其原因，很大程度在于部分领导干部对调查研究的认知程度尚待提高，对制约开展调查研究的"瓶颈"问题未及时解决，对保障开展调查研究的

　　①　本书的显著特点是理论与实践深度结合，内容主要来自于实地调研。作为一名基层财政科研工作者，笔者更倾向于发挥调查研究的作用，实事求是地发现和解决财经领域现存的矛盾和问题。

制度建设未予强化。就财政部门而言，要想真正发挥调查研究在提升财政管理水平中的作用，财政干部尤其是领导干部必须充分认识财政调研的重要性。

1）开展调查研究是财政部门扎实开展群众路线教育实践活动的现实切入点

开展群众路线教育实践活动是党中央的重大决策，是辽宁省委、大连市委的战略部署，是财政部门当前最紧迫、最重要、最具体的政治任务。各级党委在开展群众路线教育实践活动方案中都突出强调开展调查研究，调查研究已不再是一项工作要求、一种工作方法，而是这一政治任务的重要组成部分。衡量开展群众路线教育实践活动的成效看什么？一看学习，二看实践。组织学习固然重要，但更重要的是看各部门、各单位是否"求真务实"地查找出问题，并有针对性地加以改进。查找问题靠什么？要靠调查研究。改进工作靠什么？也要靠调查研究。就财政部门而言，只有深入开展调查研究，才能准确把握党中央和地方党委的宏观发展战略，才能直观发现财政管理中现存的不足，才能结合财政实际更新发展观念、转变发展思路、破解发展难题，才能使思想和行动更加符合党的执政规律、市场运行规律、区域经济社会发展规律，才能使财政工作更加符合人民群众的现实要求。在全国上下全面开展群众路线教育实践活动的大背景下，开展调查研究自然成为衡量各级政府部门落实此项任务的重要标尺和现实切入点。走群众路线决非一时之需，而是长久之策，开展调查研究决非短期行为，必须常抓不懈。财政部门只有把调查研究工作做实、做深、做透，才能充分体现其执行能力，才能较好地完成教育实践任务，才能真正将群众路线教育实践活动落到实处。

2）开展调查研究是增强财政干部自身能力的重要途径

财政干部作为政府财政管理的执行者，肩负宏观调控、配置资源、收入分配和财务监管等多项职责，直接承担制定决策、引领发展的重任。财政干部负责管理的每一笔收支、制定的每一项政策都凸显政府意志和政府管理水平。由于财政管理涉及经济社会方方面面，客观要求财政干部不仅具备全新的财务知识，更要具备较强的综合管理能力。在财政改革日新月异，经济形势瞬息万变，新知识新情况层出不穷，新任务、新工作日益繁重的特定历史时期，如果财政干部忽视能力再造，仍然依靠陈旧的财务知识和过时的管理方法从事财政管理工作，注定是低水平、低效率的。财政干部的财务水平可以通过培训和自主学习得到提高，但综合管理能力必须通过实践、通过调查研究获得。正是因为缺少调查研究，有些干部丧失了主观能动性，人云亦云，俨然成了其他部门甚至企业争取财政资金的代言人；正是因为缺少调查研究，有些干部坐井观天，管中窥豹，就财政论财政，使财政部门在政府决策中常常陷于被动；正是因为缺少调查研究，有些干部主观臆造，文过饰非，滋生了官僚主义和形式主义。财政干部只有深入开展调查研究，才能掌握实情，体察民意，保证科学决策；才能统筹兼顾，有的放矢，解决发展难题；才能上下协调，相互促进，实现和谐发展；才能扬长避短，重塑自我，提升管理水平。深入开展调查研究是助推财政干部能力再造的最佳方法，是提高财政干部职业素养的重要途径，也是财政干部必备的基本功。

3）开展调查研究是提升财政管理水平的有效手段

财政管理是政府为了履行职能，对所需的物质资源进行的决策、计划、组织、协调和监督活动的总称。财政管理既是政府管理的重要组成部分，也是政府活动的物质基础。财政管理的主体是政府，客体是财政分配活动。财政管理这种集政治属性和经济属性于一体的特质决定了具体承担财政管理工作的财政部门，肩负更大的责任，承受更大的压力，既要充分维护政府利益把宏观管住，又要切实顾及局部利益把微观搞活。财政管理的双重属性决定了其管理对象涉及面广、综合性强、情况复杂，管理方法和手段操作难度很大，这也是财政部门往往成为矛盾的焦点，甚至是众矢之的的根源所在。做好财政管理工作是门艺术。客观要求财政管理工作要讲科学、要讲统筹，要讲究工作思路和工作方法。好的工作方法可能化解矛盾，理顺关系，好的工作思路可以让财政管理工作更加主动，意见建议更加有建设性。这些工作思路和工作方法从哪里来？是从调查研究中来，从解放思想中来。财政管理水平的高低看什么？看财政管理决策是否科学，看财政管理计划是否合理，看财政管理组织是否高效，看财政管理协调是否得当，看财政管理监督是否有力。说到底，就是看财政部门是否真正发挥了财政管理职能作用。财政部门的首要职责是科学决策，面对日新月异的社会经济发展，财政部门有责任为政府提供预见性、针对性和实效性的意见建议，有责任发现带有苗头性、倾向性的问题并拿出防范措施，以供政府决策。科学决策从哪里来？从调查研究中来。正如江泽民同志所强调的那样："没有调查更没有决策权。"主动是本分，被动是失职。财政管理要做到计划合理、组织高效、协调得当、监督有力，同样离不开调查研究。调查研究是财政部门一切政策制定、资金安排的起点，是财政部门研究改进方法的本源。只有深入开展调查研究，才能使财政部门的意见更具科学性、合理性和实效性，才更能体现财政管理水平。一些财政干部之所以片面抱怨政府或部门制定的政策不合理，是因缺少调研自己不明白；一些干部之所以参与政策制定过程中与相关部门同志沟通不畅，是因缺少调研依据没有说服力；一些干部之所以汇报时一"具体"就言词闪烁，是因缺少调研自己不清楚。凡此种种，都是财政管理水平不高的具体表现，是忽视财政调研招致的必然结果。深入开展调查研究是开启财政管理水平大门的"金钥匙"。

总之，深入开展财政调研是财政部门扎实开展群众路线教育实践活动的现实切入点，是增强广大财政干部自身能力的重要途径，是提升财政管理水平的有效手段。

附录2 大势研判：经济硬着陆的衡量指标与走势分析

2010年以来，为抑制通胀，央行实施货币紧缩政策，连续5次加息、12次提高存款准备金率，但2011年6月我国CPI仍同比上涨6.4%，创下3年来的新高，超过国际严重通胀5%警戒线。业内人士普遍认为CPI将继续上涨，货币政策会持续收紧，由此在世界范围内加深了中国经济可能出现硬着陆的担忧。2013年，我国GDP实现增速7.7%，创14年来最低，国际一些知名专家认为中国经济将持续回落，经济硬着陆隐忧依然存在。

1）经济硬着陆及主要衡量指标

经济硬着陆是指一国政府试图在短期内消除严重通货膨胀，实施强力的财政与货币紧缩政策，结果导致市场经济各种均衡关系遭到破坏，经济增速出现严重下滑的现象。经济硬着陆的主要影响是经济增速严重下滑，市场萧条，企业减产或倒闭，失业增加，人均收入减少，甚至出现政局动荡。

衡量我国经济硬着陆的主要指标有三：①经济增长率。经济学界把GDP低于7%作为我国经济出现硬着陆的底线指标。②居民消费价格指数（CPI）。作为衡量通胀的重要指标，CPI如果持续上涨，财政与货币政策长期收紧，可能招致经济硬着陆。③失业率。经济学界普遍认为中国可接受的失业率应低于6%。超过6%，将影响经济社会健康发展。1991—2010年我国GDP、CPI和失业率变动情况见附图-1。

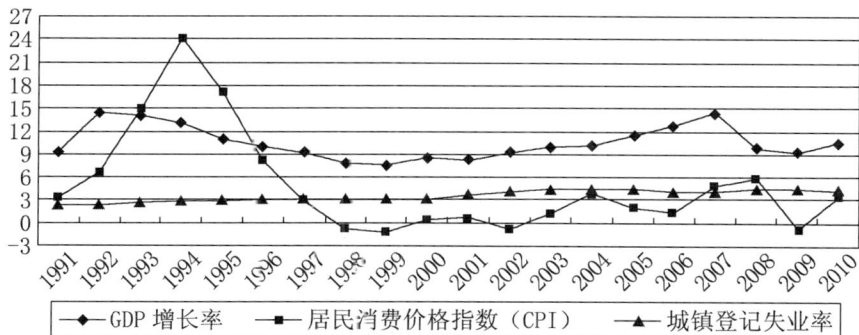

附图-1 1991—2010年我国GDP、CPI和失业率变动趋势

资料来源 相关年度《中国统计年鉴》。

2）经济硬着陆风险研判

中国经济会否硬着陆根本取决于三个因素：一是通胀的严重程度及上涨时限；二是抑制通胀的手段和力度；三是严重通胀与经济硬着陆危害性程度比较。回顾2009年以来我国持续上涨的CPI走势和成因以及抑制通胀措施，基本得出中国正处于通胀快速上升阶段，抑胀措施短期内很难奏效，央行可能进一步收紧银根的结论，这隐含了中国经济存在硬着陆的风险。

（1）严重通胀可能导致比经济硬着陆更糟的后果

通胀作为一种公共风险，对社会经济具有重大影响。持续的严重通胀直接破坏市场机制正常运行，扭曲商品相对价格，降低资源配置效率，招致泡沫经济，侵蚀人均收入，引发公众不满，甚至损害国家政权基础。正是由于严重通胀可能导致比经济硬着陆更大的破坏性，世界各国对通胀从来不敢掉以轻心。目前我国 CPI 增长率已超国际严重通胀警戒线，且上行空间较大，如不及时抑制，后果严重。恰如温家宝所说：通胀，再加上收入分配不公，以及贪污腐败，足以影响社会的稳定，甚至政权的巩固。由此，中央把抑胀作为当前政府工作的重中之重。

（2）我国现阶段通胀严重，上升压力很大

近两年，涉及百姓日常生活的商品和服务价格均有明显的上涨，加之房价居高不下，使民众对国家统计局 CPI 核算方法和公布的数据质疑不断。2011 年，国家对 CPI 权重进行调整，变化最大的是食品类权重降低 2.21%，居住类权重增加 4.22%，但"由于房产属于投资不属于消费"，所以仍未将房价计入 CPI。比照美国将自有住房以虚拟租金形式计入 CPI 核算的统计方法，我国通胀的确存在被低估的问题。追溯两年来不断攀升的 CPI 指标，任何将这种持续的通胀归咎于短期的自然灾害或某种商品价格的快速上涨都显得那么苍白无力。正如弗里德曼所说：无论何时何地，通胀都是一种货币现象。换言之，通胀是货币超发的结果。货币超发导致我国严重通胀，原因有四：

一是外汇占款导致国内货币投放量增加。外汇占款是指受资国中央银行收购外汇资产而相应投放的本国货币。1994 年，为增加外汇储备，我国进行汇改，实行汇率并轨和强制结售汇制度。简单地说，就是将引入外资和企业出口获得的外汇（主要是美元）通过商业银行集中到中央银行，央行按照即时汇率印发等量的人民币返付兑换方。随着出口和招商引资额的增加，我国外汇占款激增，国内货币投放量迅速扩大，仅 1994 年外汇占款就增加 3 606.26 亿元，同比增长 411.89%，导致当年物价飞涨，CPI 升至 24%。鉴于现行外汇制度被动增加国内货币投放量，中央对放松银根异常谨慎，即使在我国全面抵御亚洲金融危机时，政府实施的也只是稳健的货币政策。由此可见，在我国出口和招商引资总体增长、外汇储备已超 3 万亿美元的大背景下，假如不采取"稳健的货币政策"，仅外汇占款增发货币一项随时都会引发通货膨胀。正如一些专家所言：不解决外汇占款就无法遏制通胀。

二是信贷超常投放导致市场货币供应量猛增。2008年，为应对全球金融危机，中央迅速推出4万亿经济刺激计划并实施积极的财政政策和适当宽松的货币政策，央行连续降低基准利率和存款准备金率，金融系统开始超速放贷，仅2009年我国新增信贷投放量就达9.6万亿，同比增长1倍，远远超出当年5万亿信贷计划规模。2010年新增信贷投放量7.95万亿，超出原计划4 500亿。信贷量超常规扩张，加之非均衡投放，使大量资金涌向大型基础设施尤其是轨道交通建设及房地产市场，导致钢筋、水泥、建材、房地产等价格节节攀升，助推了CPI上涨并进一步放大了某些领域的经济泡沫。信贷"天量"投放导致市场流动性泛滥，投机现象屡见不鲜，一时通胀预期弥漫全国。2009年许多经济学者就对经济刺激计划提出质疑，并预言严重通胀已为期不远。

三是央行主动增发货币导致市场流动性更盛。外汇占款迫使央行长期被动增发货币，但央行每年仍主动印发不等的基础货币投向市场，使市场流动性更盛，加速了CPI上涨。从广义货币M2与CPI增长率相关性看，货币超发是导致我国通胀的根本原因。从扣除外汇占款后的M2与CPI增长率相关性看，央行主动增发货币对CPI上涨也产生直接影响，由附表-1可见，凡扣除外汇占款后的M2增长率较高的年份，也正是我国发生严重通胀之时。

附表-1　　　　1994—2010年我国GDP、M2、扣除外汇占款后的M2和CPI增长率情况

年份	1994	1996	1998	2000	2002	2004	2006	2008	2010
GDP增长率(%)	13.08	10.01	7.83	8.43	9.08	10.09	12.68	9.63	10.30
M2增长率(%)	34.5	25.3	14.8	12.3	16.8	14.7	17.0	17.8	19.7
扣除外汇占款后的M2增长率(%)	24.81	23.23	17.08	14.47	15.19	8.12	8.38	12.34	21.05
CPI增长率(%)	24.1	8.3	-0.8	0.4	-0.8	3.9	1.5	5.9	3.3

资料来源　根据国家统计局有关数据计算。

四是美国量化宽松的货币政策助推我国通胀压力。为战胜金融危机，美国自2008年年底以来先后实施了两轮量化宽松的货币政策。量化宽松的本质就是印钞票，即向市场投放美元，增加流动性。由于美元

是国际货币，增印的美元不会全部停留在美国国内，而是流向世界市场，最终给包括中国在内的许多国家带来通胀压力。正如有些专家所说：量化宽松表面上是美国"自扫门前雪"，本质却是一种"以邻为壑"的货币贬值政策。由于美元贬值，直接引发以美元结算的国际大宗商品的价格总体波动上涨，某种程度给我国输入了成本推动型通胀。

综上所述，我国严重通胀主要是外汇占款、信贷超常投放、货币主动增发以及美元贬值叠加作用的结果。截至目前，我国通胀已持续 2 年且上升压力很大，如不采取措施及时抑制，肯定恶化。

（3）我国现行的抑胀措施和力度难以消除目前的严重通胀

我国现行的抑胀措施主要是货币紧缩政策，即通过频繁提高存款准备金率和存贷款利率以回笼货币和抑制信贷投放。深入分析这两种政策手段和实施力度，难以消除目前的严重通胀。

一是提高存款准备金率并未全部回笼外汇占款所释放的货币。央行自 2003 年开始采取发行央行票据的方法以对冲外汇占款释放的基础货币，由于 2005 年后我国外汇占款激增，央票远远不能满足对冲需要。从 2006 年 7 月起，央行开始频繁调整存款准备金率回笼不断攀升的新增外汇占款，目前存款准备金率已提至 21.5%。尽管如此，2008 年以来通过提高存款准备金率不仅未能回笼外汇占款所释放的全部货币，外汇占款余额反而相对增加（见附表-2），说明凭借目前存款准备金率的水平和力度，只能纾解通胀，但无法消除通胀。中国人民银行货币政策司司长张晓慧等人 2008 年曾撰文指出：中国的最优存款准备金率为 24.64%。即使存款准备金率已上调至 24.64% 以上，如果外汇占款过高局面未能得到有效缓解，不排除央行进一步提高存款准备金率的使用空间。2011 年 4 月，央行行长周小川指出：中国存款准备金率不存在绝对的上限，提高到何种水平，取决于多个条件。

二是货币政策滞后效应和放贷结构影响了利率政策的抑胀效果。正常情况下，采用提高存贷款利率政策以减少市场流动性，在世界范围内都是抑胀的有效手段。2007 年我国 CPI 增长率达 4.8%，当年存贷款基准利率提至 4.14% 和 7.47%，高于目前存贷款利率水平。利率政策的抑胀效果因市场对此政策作出反应需要一段时间（一般滞后 1 年以

附表-2　　　提高存款准备金冻结资金与外汇占款情况　　　单位：万亿元人民币

时间	人民币存款余额	存款准备金率	存款准备金余额	央行发行债券余额	冻结资金余额	外汇占款余额
2008	46.60	15.5%	7.22	4.58	11.80	16.84
2009	59.70	15.5%	9.25	4.21	13.46	19.31
2010	71.80	18.0%	12.92	4.05	16.97	22.58
2011.1	71.28	19.0%	13.54	3.85	17.39	23.08
2011.2	72.60	19.5%	14.16	3.49	17.65	23.30
2011.3	75.28	20.0%	15.06	3.12	18.17	23.70
2011.4	75.63	20.5%	15.50	2.96	18.47	24.01
2011.5	76.73	21.0%	16.11	2.93	19.04	24.39

　　数据来源　根据中国人民银行公布的相关数据概算。

上），所以直到 2009 年 CPI 增长率才降至 -0.7%，见附表-1 和附表-3。一些专家推测，尽管目前我国存贷款利率已提至 3.5% 和 6.56%，但其抑胀效果至少在 2012 年才可能体现，至于效果如何目前很难判断。正如周小川所说：利率政策是否管用，目前的加息力度是否减轻了通胀程度，或在一段时间后产生影响，进而达到政府控制目标，需要用未来而非当前数据说明。同时，利率政策的抑胀效果受放贷结构影响较大。2008 年我国宏观调控政策由抑胀急速转向提振经济，央行连续下调存贷款利率并加速放贷。由于经济刺激政策以政府投资为主导，使金融机构的新增贷款主要投向地方政府融资平台（融资主要用于大规模基础设施建设）、国有企业以及房地产业。据中国人民银行发布的 2009 年和 2010 年金融机构贷款投向统计报告显示，近两年投向基础设施行业和房地产行业的新增贷款，占新增贷款总额的比重均在 19% 以上，两项合计占比超过 40%。如果加上投向国有企业的新增贷款，三项合计占比超过 50%。在央行回笼货币力度加大、商业银行贷款总量相对减少的情况下，这种放贷结构降低了利率政策的抑胀效果：一是对金融机构而言，向地方政府融资平台放贷相对安全，在贷款利率提高、市场流动性变缓、经济可能减速的情况下，金融机构从自身利益出发，更愿意向地方政府融资平台放贷。也就是说，提高贷款利率后，地方政府融资平台获得贷款可能不降反升。二是国有企业与金融机构已经形成长期的、稳固的存贷关系，国有企业一直是金融机构尤其是国有股份制银行放贷的优选对象。相关数据表明，提高贷款利率对金融机构继续向国有企业放贷影响不是很大。三是自20世纪90年代房地产业成为我国支柱产业以来，其逐渐与金融机构和地方政府近乎结成了"生死同盟"。许多经济学者断言：如果房地产业这根"支柱"倒塌，金融机构和地方政府可能"大厦将倾"。在这纠结的经济甚至是政治利益链条下，提高贷款利率政策无法阻止金融机构继续向房地产业贷款，这也是短期内房地产业在中央出台的"史上最严厉措施"打压下岿然不动、房价居高不下的重要原因之一。上述放贷结构直接造成市场信贷供给"冰火两重天"的局面，一边是地方政府融资平台、国有企业和房地产业贷款相对充裕，一边是广大中小企业面临融资难、贷款难，进而使利率政策的抑胀效果大打折扣。此外，"负利率"也增加了通胀压力。当CPI增长率高于同期存款利率时，即形成"负利率"。"负利率"使民众不愿意把钱存入银行，而是选择购买固定资产以实现保值和增值，在一些领域导致过度投机，甚至引发抢购风，推动物价上涨。目前出现的房地产热、收藏热、黄金白银热等都与"负利率"息息相关。

附表-3 2005—2011年5月我国存贷款利率及新增贷款变化情况

年/月份	2005	2006	2007	2008	2009	2010	2011.1	2011.2	2011.3	2011.4	2011.5
1年期存款基准利率（%）	2.25	2.52	4.14	2.25	2.25	2.75	2.75	3	3	3.25	3.25
1年期贷款基准利率（%）	5.58	6.12	7.47	5.31	5.31	5.81	5.81	6.06	6.06	6.31	6.31
新增贷款（万亿元）	1.65	3.07	3.63	4.18	9.62	7.95	0.43	0.54	0.59	0.74	0.55

资料来源 中国人民银行。

3）经济硬着陆走势分析

货币累积超发和紧缩政策抑胀受限，决定了在未来一段时间内我国将面临更大的通胀压力。采取何种宏观调控政策既能遏制通胀又能保持经济高速增长将长期考验中央决策者的智慧。紧缩政策过强，可能导致经济硬着陆；紧缩政策过弱，无法阻止通胀对经济体的破坏。实际上，在经济全球化的大背景下，对任何经济体的经济运行状况进行准确的评估和预测都是极其困难的，政府凭借主观意志和所实施的宏观调控政策未必能够完全掌控经济走势。否则就不会出现经济发达的日本和"亚洲四小龙"在 1997 亚洲金融危机中损失惨重，也不会出现美国爆发次贷危机最终酿成全球金融危机使自身"世界唯一超级大国地位"受到指责和挑战。经过改革开放和经济高速增长，中国经济社会已累积起较强的抵御内外冲击的能力，这也为中央调控经济创造了更大的空间和弹性。然而，经济发展必须遵循市场运行规律，一旦这种规律被长期扭曲和破坏，经济硬着陆将为期不远，甚至可能招致比硬着陆更严重的经济危机。系统分析我国经济会否硬着陆，可以得出以下两种近乎相反的判断：

（1）近期看，中国经济不会出现硬着陆

一是中央保增长的决心比抑胀的决心更大。目前中央调控经济的态度显而易见，一方面致力于遏制通胀，另一方面想方设法避免经济硬着陆。从我国 1994 年遏制急剧通胀到 1998 年实施积极财政政策刺激经济增长，再从 2007 年由抑制通胀到 2008 年急速转向提振经济整个过程看，中央对确保经济增长的决心要比抑制严重通胀的决心更大。由此判断，抑胀措施不会达到使经济出现硬着陆的强力程度，除非通胀的危害超过经济硬着陆所带来的危害。由于利率政策效果存在滞后性，抑胀措施还有待时间检验。如果通胀率继续攀升，央行仍有提高存款准备金率和加息的空间，但底线不会是将 CPI 增长率降至 3% 以下，而是确保 GDP 保持在 7% 以上。假如经济增速出现快速下滑，央行还会放松银根阻止经济回落。近日，国务院副总理王岐山在小企业金融服务座谈会上强调：金融系统应把握好稳健的货币政策执行力度，加强小企业等薄弱环节的资金支持。央行召开第二季度例会并发布公告指出：当前通胀压力仍处高位，要继续实施稳健的货币政策，同时表示要"把握好政策的节奏和力度"。有分析认为，我国 2013 年下半年的货币政策可能由相对紧缩转为定向宽松。许多经济学者预测：中国通胀在未来几年内将维持在 4%～6%水平，经济增速保持在 7%～9%之间。

二是统计数据表明我国经济增速回落，但基本排除硬着陆风险。国家统计局公布的最新数据显示，我国 2013 年第二季度 GDP 同比增长 9.5%，低于第一季度的 9.7%。中国物流信息中心发布的报告指出，6月份中国制造业采购经理指数（PMI）为 50.9，环比回落 1.1%。该指数在 50 以上反映当前经济继续保持增长，环比回落意味着经济增速出现放缓势头，这与前两个季度 GDP 增长率所反映的经济走势趋于一致。市场主流观点认为：在抑胀措施作用下，中国经济有放缓迹象，但增速仍保持 9%以上的高位，表明今年不太可能出现硬着陆。国际投资和金融机构 7 月 14 日发布报告，普遍排除了中国经济硬着陆的风险。

（2）长期看，中国经济的确存在硬着陆隐忧

一是依赖政府投资维持高增长的发展模式必然会盛极而衰。长期以来，我国保持经济高速增长的主要动力是号称"三驾马车"的投资、出口和消费。而今，形势发生很大变化：出口方面，受欧美国家经济复苏缓慢、人民币升值和出口产品竞争加剧等因素影响，我国出口呈下降态势，2013 年 5 月份全国出口总值比上月下降了 10.5%。尽管政府采取出口退税等政策力求实现出口持续增长，但分析人士认为，未来出口形势不容乐观。消费方面，受收入分配、社会保障、人口老龄化等固有因素影响，我国居民消费占 GDP 比重一直处于较低水平。6 月份，社会消费品零售总额同比增长 17.7%，扣除 CPI 增长率，创 6 年来最疲软的月度数据记录。许多学者认为，在现行政策下我国消费不足局面在相当长时间内不会有大的改观。投资方面，2008—2009 年，我国固定资产投资占国内生产总值比重由 42%上升到 47%。2010 年和 2011 上半年，这一比例已接近 50%，说明 2008 年以来我国经济增长主要依赖投资。从投资结构上看，主要来自政府投资，一些经济学者将之称为"刚性投资"。"刚性投资"推动经济增长的同时，也给我国未来经济埋下了硬着陆抑或更大的隐患。刚性投资制约市场资源合理配置。2008年实施的刺激经济计划实质是政府主导的投资扩张计划，为配合计划落实，金融机构超常投放信贷以重点保障地方政府融资平台、国有企业扩大生产以及房地产扩张需要，使大部分生产要素和资源向这些领域集

中，政府配置资源的份额被人为放大，市场配置资源的份额受到严重挤压，造成市场资源使用效率低下，经济内外结构失衡，项目重复建设严重，地方政府债务高企，民营经济发展受限，个别领域出现严重经济泡沫，同时还引发了严重通胀。当紧缩银根抑胀和防止经济过热时，政府重点投资领域却成为利率调控的掣肘，既降低了利率政策效用，又造成了民营经济资金紧张，使市场均衡关系和资源配置再次遭到破坏。2008年以来之所以"国进民退"论甚嚣尘上，原因也在于此。这一违背市场运行规律的做法短期内可以提振经济，如长期不予纠正，很容易导致旧体制复归，经济增长出现盛极而衰。准确预测美国次贷危机和全球金融危机爆发、有"末日博士"之称的美国经济学家罗比尼预言：依赖政府投资维持高增长的中国，在2012—2013年之间经济可能突然停摆。同时，刚性投资过度耗费资源。各级政府为加大投资力度，使原本不需要新改扩建的项目"被建设"，使市场可投资的领域由政府包揽，造成各种资源过度耗费。2010年，中国超过美国成为世界最大的能源消费国，能源消费量占全球的20.3%。许多外国评论指出：中国是世界能源价格上涨、能源争夺战越演越烈的重要推手。此外，政府加速拍卖土地以解决资金短缺问题，在几年时间里几乎将后世子孙的土地资源提前透支贻尽。一旦土地收益下滑，那些大多依靠"土地财政"维系运转的地方政府，在不可逆的民生支出和累积的沉重债务重压下，有濒临破产的危险。种种迹象表明，中国经济增长已经大大超越了自身的极限，政府刚性投资如不及时止步，"经济衰落"或将不远矣！

二是我国保增长的主要调控措施几乎用尽。在货币紧缩政策下，我国经济已出现放缓势头。考虑到政府刚性投资增长必将盛极而衰以及出口和消费未有起色，经济快速下滑可能提前到来。然而，细观我国历次保增长措施，可以肯定：未来快速提升经济的主要宏观调控措施几乎用尽。回顾1994年我国出现的恶性通胀，原因主要是外汇占款激增导致货币超发造成，中央采取货币紧缩政策于1996年快速实现了经济"软着陆"。1997年亚洲金融危机爆发，我国出口遭受重创加之银根收紧，经济增长快速回落，为此中央果断实施积极财政政策救市，最终实现了保增长目标。与之比较，2008年以来我国出现严重通胀的主因是中央实施反危机刺激经济计划致使货币超发和信贷过量投放。刺激经济计划既是通胀的根源也是促进经济增长的动力。当收紧银根抑胀时，经济增速也相应回落。在政府刚性投资已经成为维系我国经济高速增长的主要支撑的情况下，一旦经济出现加速下滑，政府将再无有效的宏观调控措施确保经济持续增长。如果继续采取"以投资促投资"、"以泡沫促泡沫"的方式救市，现在所有"唱衰中国"的预言那时将得到验证。

三是消费难以扩大对保增长鞭长莫及。在政府刚性投资必将盛极而衰、出口受制于人且短期难有起色的境况下，确保经济增长的重担无可争议地压在扩大消费上。理论上讲，消费是内需增长的终极动力和可持续发展的枢纽，应该能够承担保增长重任。发达国家经济增长基本以消费为支撑，如美国消费对 GDP 的贡献率（最终消费率）一般在 70% 以上，2010 年达到 87.6%。自亚洲金融危机以来，中央就明确提出要以扩大消费促增长，历经 13 年后我国最终消费率由 1998 年的 59.6% 下降到 2010 年的 37.3%，仅是美国的一半。一些经济学者据此指出，我国错失了扩大消费的良机，在相当长一段时间内消费难堪保增长重任。我国最终消费率长期偏低主要归于收入分配制度不合理、社会福利制度不健全、税制不完善等多种因素。在传统的重投资、轻消费，重增长、轻民生观念的影响下，任何一项扩大消费的重要举措在实际落实过程中都面临很大困难。政府宁可筹集千亿资金修建潜在风险很大的高铁，也不愿在政府财力相对充裕的情况下做实基本养老保险个人账户。此种制度安排，消费促增长的特质再高也会鞭长莫及。

参考文献

［1］ Coffman. The economic reasons for price and entry regulation of taxicabs:a comment［J］. Journal of Transport Economics and Policy, 1977 (11):288-297.

［2］ Gilbert G, Samuels R E. The taxicab—an urban transportation survivor［R］. Chapel Hill:The University of North Carolina Press, 1982.

［3］ Beesley. Information for regulating:the case of taxis［J］. The Economic Journal,1983(93):594-615.

［4］ Teal R F, Berglund M. The impacts of taxicab deregulation in the USA［J］. Journal of Transport Economics and Policy,1987,21(1): 37-56.

［5］ Toner J, Mackie. The economics of taxicab regulation:a welfare assessment ［R］. Transport Policies-Selected Proceedings of the Sixth World Conference on Transport Research, 1992.

［6］ Paul A S. Economics［M］. New York:McGraw-Hill INC, 1995.

［7］ Cairns R D, Liston-Heyes C. Competition and regulation in the taxi industry［J］. Journal of Public Economics,1996,59(1): 1-15.

［8］ Arnott R. Taxi travel should be subsidized［J］. Journal of Urban Economics,1996(40):316-333.

[9] Gaunt Clive. Information for regulators: the case of taxicab licenses prices[J]. International Journal of Transport Economics, 1996: 331-345.

[10] Yujiro Hayami. Development economics [M]. Oxford: Oxford University Press, 1997.

[11] Morrison P. Restructuring effects of deregulation: the case of the New Zealand [J]. Taxi Industry, Environment and Planning, 1997 (5): 913-928.

[12] Debraj Ray. Development economics [M]. Princeton: Princeton University Press, 1998.

[13] Productivity Commission. Regulation of the taxi industry [M]. Canberra: Ausinfo, 1999.

[14] 李罗力. 金融风暴——东南亚金融危机透视[M]. 贵阳:贵州人民出版社,1997.

[15] 佘国信,等. 地区间财力差异与调节[M]. 北京:中国财政经济出版社,1998.

[16] 卢现祥. 寻租经济学导论[M]. 北京:中国财政经济出版社,2000.

[17] 陈富良. 政府规则:公共利益论与部门利益论的观点与评论[J]. 江西财经大学学报, 2001(1):21-23.

[18] 鲍海君,吴次芳. 论失地农民社会保障体系建设[J]. 管理世界,2002(10):37-42.

[19] 周家高. 英国出租车的经营与管理[J]. 城市公用事业,2002(5):41-42.

[20] 卢海元. 土地换保障:妥善安置失地农民的基本设想[J]. 中国农村观察,2003(6):48-54.

[21] 大连市劳动和社会保障局. 关于印发甘井子区中下泉地区农民转为城镇居民参加社会保障实施办法(试行)的通知[Z]. 大连:2003.

[22] 焦建国,周天勇. 建设公共财政的几个重大问题[J]. 经济研究参考,2004(65):16-32.

[23] 汪祥春. 宏观经济学[M]. 大连:东北财经大学出版社,2004.

[24]姚洋. 转轨中国:审视社会公正和平等[M]. 北京:中国人民大学出版社,2004.

[25]张泰峰,Eric Reader. 公共财政学[M]. 郑州:郑州大学出版社,2004.

[26]胡乃武,张可云. 统筹中国区域发展问题研究[J]. 经济理论与经济管理,2004(1),5-14.

[27]王春雷. 通货紧缩时期的财政与货币政策[M]. 大连:东北财经大学出版社,2004.

[28]罗尔斯. 正义论[M]. 何怀宏,等,译. 北京:中国社会科学出版社,2005.

[29]孟春,阎坤. 中国稳健财政政策研究[M]. 北京:中国财政经济出版社,2005.

[30]沈坤荣,付文林. 中国的财政分权制度与地区经济增长[J]. 管理世界,2005(1):31-39.

[31]邓宏图,周立群. 工业反哺农业、城乡协调发展战略:历史与现实的视角[J]. 改革,2005(9):13-19.

[32]邢俊英. 优化财政支出结构 落实科学发展观[J]. 中央财经大学学报,2005(4):1-5.

[33]葛乃旭. 重建我国政府间转移支付制度的构想[J]. 财贸经济,2005(1):61-67.

[34]刘成. 体制转轨和经济发展中的政府公共服务供给——现阶段我国政府公共产品供给问题的规范分析[J]. 经济研究参考,2005(25):30-36.

[35]宋立. 我国公共服务供给中各级政府事权财权配置改革研究[J]. 经济研究参考,2005(25):3-30.

[36]张玉玲. 从和谐视角看公共服务均等化——访贾康[N]. 光明日报,2006-11-23.

[37]鲁昕. 公共财政是建立和完善社会保障制度的重要基础[J]. 地方财政研究,2006(11):4-7.

[38]金人庆. 完善公共财政制度 逐步实现基本公共服务均等化

[J].求是,2006(22):7-9.

[39] 中共河北省党校课题组.河北省财政转移支付政策研究——河北省财政转移支付均等化效应的实证分析[J].经济研究参考,2006(90):13-30.

[40] 江明融.公共服务均等化论略[J].中南财经政法大学学报,2006(3):43-47.

[41] 杨涛.城市化进程中失地农民合法权益保护[J].经济论坛,2006(1):117-118.

[42] 吴玉岭.契约自由的滥用与规制——美国反托拉斯法中的垄断协议[M].南京:江苏人民出版社,2007.

[43] 龚金保.需求层次理论与公共服务均等化的实现顺序[J].财政研究,2007(10):33-35.

[44] 王泽彩.财政均富:实现公共服务均等化的理论探索[J].财政研究,2007(1):25-28.

[45] 夏杰长,张晓欣.我国公共服务供给不足的财政因素分析与对策探讨[J].经济研究参考,2007(5):33-41.

[46] 鲍宗豪.社会需求与社会和谐[J].中国社会科学,2007(5):49-53.

[47] 安体富,任强.公共服务均等化:理论、问题与对策[J].财贸经济,2007(8):48-53.

[48] 吴秀荣.追求民生的公平正义 构建社会主义和谐社会[J].中共南京市委党校南京市行政学院学报,2007(4):43-47.

[49] 周强.坚持公平正义与构建和谐社会[J].理论导刊,2007(2):11-13.

[50] 马国贤.解决农业县财政贫困是构建和谐社会政府间财政关系的核心[J].铜陵学院学报,2007(4):3-7.

[51] 周天,斯彩英,陈伟.地方财政支出结构差异对地区差距影响效应研究[J].财政研究,2007(10):10-13.

[52] 白景明.稳步推进城乡基本公共服务均等化战略[J].财政研究简报,2007(19):1-8.

[53] 贾康. 分配问题上的政府责任与政策理性——从区分"公平"与"均平"说起[J]. 中国金融, 2007(16): 25-27.

[54] 中国(海南)改革发展研究院. 以基本公共服务均等化为重点的中央地方关系——"中国公共服务体制: 中央与地方关系"国际研讨会观点综述[J]. 经济研究参考, 2007(1): 19-23.

[55] 周建元. 和谐财政理论: 评述与研究[J]. 中央财经大学学报, 2007(9): 1-5.

[56] 朱诗柱. 和谐社会视角下完善公共财政体制的研究[J]. 财政研究, 2007(10): 47-50.

[57] 肖鹏. 公共服务提供的政府与社会分担机制研究[J]. 财政研究, 2007(3): 56-58.

[58] 王家永. 基本公共服务均等化: 财政责任与对策[J]. 财政研究, 2008(8): 64-66.

[59] 世界银行东亚与太平洋地区. 改善农村公共服务[M]. 北京: 中信出版社, 2008.

[60] 刘尚希. 论民生财政[J]. 财政研究, 2008(8): 2-10.

[61] 田雷, 王家永. 保障和改善民生需关注的几个问题[J]. 地方财政研究, 2009(7): 34-37.

[62] 大连市人民政府. 关于印发甘井子区综合配套改革总体方案的通知[Z]. 大连: 2009.

[63] 王家永, 等. 大连县乡财源建设研究[J]. 经济研究参考, 2010(50F-10): 2-13.

[64] 王家永. 改革开放三十年大连财政工作总结回顾[G]//辽宁省财政厅. 辽宁财政与改革开放三十年. 北京: 经济科学出版社, 2010.

[65] 王家永, 等. 大连设施农业发展问题研究[J]. 经济研究参考, 2011(51): 55-62.

[66] 王家永. 中国经济存在硬着陆隐忧[N]. 中国经济时报, 2011-08-05.

[67] 大连市人民政府. 大连市加快推进全域城市化实施方案[Z]. 大连: 2012.

[68] 王家永. 出租车行业改革:理论辨析与实践构想[J]. 经济问题研究,2012(11):111–115.

[69] 王家永. 统筹谋划 创新改革 科学实现全域城市化——大连市甘井子区推动农转城的实践与启示[J]. 经济研究参考,2013(31):70–77.

[70] 1999—2013 年大连市政府工作报告和大连市预算执行情况和预算草案的报告.

[71] 唐军. 在大连市委十一届六次全会暨经济工作会议上的报告[R]. 大连:2014.

[72] 李万才. 在大连市委十一届六次全会暨经济工作会议上的讲话[R]. 大连:2014.

关键词索引

后 记

在本书付梓之际，感谢大连市财政系统的各位领导和同仁，是他们勤于思考、善于钻研、求真务实、锐意进取的精神时刻鞭策我积极探索，努力实践，勤耕不辍。尤其感谢王纪成副局长多年来的谆谆教诲和悉心引导，正是他的指点和欢勉，开阔了我的视野、拓宽了我的思路、增添了我的力量，使我能够潜心钻研财经理论和不断深入实践。应该说，这本书蕴含着他的智慧与期许。

感谢我的挚友王振宇、郑金波、田雷、王政力、王斌，是他们的支持与关怀坚定了我出版此书的勇气和信心。

感谢大连市财政科学研究所的分管局领导和同事，是他们的体谅与分担，使我能够腾出精力、挤出时间撰写此书。本书不仅属于我，也属于他们。

更要感谢我的家人，是他们的精心呵护与关爱，使我感受到人生真正的幸福与快乐，让我专注创作。

一并感谢东北财经大学出版社田世忠社长和高鹏主任，他们为本书的出版不辞辛苦、热情相助，令我不胜感激。

期望财政事业蒸蒸日上！

期望本书读者从中获益！

王家永

2015 年 6 月